Georg Brünner
Christoph Pasrucker

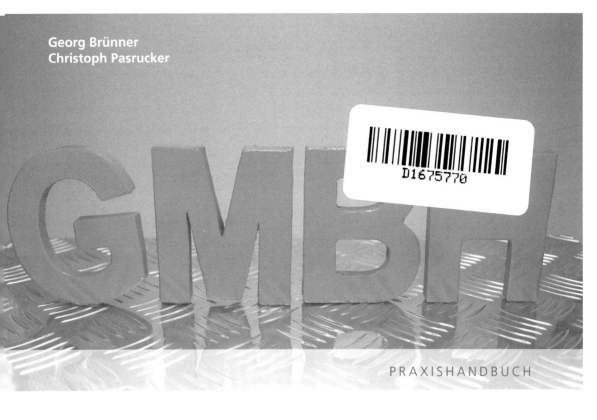

PRAXISHANDBUCH

Die GmbH von der **Gründung** bis zur **Auflösung**

Grundlagen, Praxistipps & Musterverträge

2. Auflage

inkl DOWNLOAD der 24 Musterverträge

Autoren:

Mag. Georg Brünner

Jurist, Prüfer am Burgenländischen Landes-Rechnungshof, davor ua für das Land Steiermark im Bereich Wissenschaft und Forschung tätig; Vortrags- und Lehrerfahrung in den Bereichen Steuer- und Wirtschaftsrecht am bfi Steiermark und der FH JOANNEUM, Fachautor

Mag. Mag. Dr. Christoph Pasrucker

Jurist, Abschluss des Diplom- und Doktoratsstudium der Rechtswissenschaften sowie des Diplomstudiums der Philosophie an der Universität Graz, momentan tätig als Jurist der Abteilung „Personal und Recht" der FH JOANNEUM, davor Absolvierung der Gerichtspraxis, Law Moot Court Coordinator der BCC 2007 beim World University Service und Young Researcher an der Universität Tilburg (Niederlande)

2. Auflage
April 2016

ISBN: 978-3-7041-0653-7 (Print)
978-3-7041-2055-7 (E-Book)
dbv-Verlag – Fachverlag für Steuer- und Wirtschaftsrecht
8010 Graz, Geidorfgürtel 24, Tel (0316) 38 30 33; Fax (0316) 38 30 43
1030 Wien, Faradaygasse 6, Tel (01) 796 35 62-24, Fax (01) 796 35 62-25
Internet: www.dbv.at, email: office@dbv.at

Copyright © 2016 by dbv-Verlag Graz, Wien

Alle Rechte, insbesondere das Recht der Vervielfältigung und Verbreitung sind vorbehalten.

Kein Teil des Werkes darf in irgendeiner Form ohne schriftliche Genehmigung des Verlages reproduziert oder unter Verwendung elektronischer Systeme gespeichert, verarbeitet, vervielfältigt oder verbreitet werden.

Aus Gründen der einfacheren Lesbarkeit wird auf die geschlechtsspezifische Differenzierung, wie zB Künstler/in, verzichtet. Entsprechende Begriffe gelten im Sinne der Gleichbehandlung grundsätzlich für beide Geschlechter.

Alle Angaben in diesem Buch erfolgen ohne Gewähr, eine Haftung der Autoren und des Verlages ist ausgeschlossen.

Druck und Herstellung
dbv-Druck-, Beratungs- und Verlagsgesellschaft mbH, Graz

Vorwort

Das österreichische Recht bietet Unternehmern und Unternehmensgründern – die nicht als Einzelunternehmer tätig sein möchten – lediglich sechs Rechtsformen für die Zusammenarbeit mit weiteren Personen an. Diese können in Personengesellschaften (GesBR, OG und KG; Sonderfall: GmbH & Co KG) und Kapitalgesellschaften (GmbH und AG) eingeteilt werden. In die konkrete Entscheidung darüber welche Rechtsform gewählt wird, werden wohl folgende Fragen einzubeziehen sein: Welche Tätigkeit soll konkret ausgeübt werden? Welches Startkapital steht zur Verfügung (Gründungskosten und -aufwand)? Wer übernimmt für die unternehmerische Tätigkeit die Haftung? Die Unterschiede zwischen den Gesellschaftsformen können wie folgt zusammengefasst werden: Bei Personengesellschaften haften die Gesellschafter mit ihrem Privatvermögen und nehmen im Tagesgeschäft eine wichtige Rolle ein. Die Gründung kann unbürokratisch erfolgen und ist recht günstig. Bei Kapitalgesellschaften ist die Haftung der Gesellschafter auf ihre Einlage beschränkt und ihr Einsatz im Tagesgeschäft nicht zwingend vorgesehen. Die Gründung und der laufende Betrieb gestalten sich allerdings entsprechend aufwendig und komplex.

Die Rechtsform „Gesellschaft mit beschränkter Haftung" (GmbH) war in den letzten Jahren zwei grundlegenden Reformen unterworfen. Der Gesetzgeber hat dabei einen Zick-Zack-Kurs eingeschlagen. Im Juli 2013 wurde in einem Eilverfahren aus der GmbH die GmbH „light". Der Zusatz „light" bedeutete vereinfacht gesagt, dass das Mindeststammkapital auf € 10.000,-- gesenkt wurde. Bereits Anfang März 2014 trat die nächste grundlegende Novelle in Kraft: Die Gründung der GmbH ist zwar weiterhin mit einem Stammkapital in Höhe von € 10.000,-- (privilegiert) möglich, doch ist dieses innerhalb von 10 Jahren auf € 35.000,-- anzuheben. Die Novelle diente nicht unmittelbar der Verbesserung des Gläubigerschutzes. Vielmehr sollte damit der prognostizierte Steuerausfall (Körperschaftssteuer, Kapitalertragssteuer) kompensiert werden.

Das vorliegende Werk wendet sich insbesondere auch an potenzielle Gründer. Diese sollen im Anschluss an eine Einführung in die zur Verfügung stehenden Gesellschaftsformen detaillierte Informationen zur GmbH erhalten. Darüber hinaus sollen Unternehmer angesprochen werden, die einen Wechsel der Gesellschaftsform hin zur GmbH in Betracht ziehen. Aufgrund des Aufbaues und Inhaltes des Buches können als weitere Zielgruppe Berufseinsteiger in den unterschiedlichen Branchen genannt werden. Diese erhalten im vorliegenden Praxishandbuch einen ersten Überblick zur „Gesellschaft mit beschränkter Haftung".

Graz, im April 2016　　　　　　　　　　　　　　　　　　　　　　　　　　Die Autoren

Inhaltsverzeichnis

	Seite
Vorwort	3
Kapitel 1 Einführung	11
Kapitel 2 Überblick über die in Österreich zur Verfügung stehenden Gesellschaftsformen	

2.1	Das Gesellschaftsrecht	13
2.2	Personengesellschaften	15
2.2.1	Die GesBR	16
2.2.1.1	Rechtsnatur, Gesellschaftsvermögen und Haftung	18
2.2.1.2	Gesellschaftsvertrag	20
2.2.1.3	Geschäftsführung, Vertretung	20
2.2.1.4	Einlagen, Gewinne und Verluste	21
2.2.1.5	Eintritt, Austritt, Beendigung	22
2.2.2	Offene Gesellschaft	23
2.2.2.1	Rechtsnatur, Gesellschaftsvermögen und Haftung	23
2.2.2.2	Gesellschaftsvertrag und Gründung	24
2.2.2.3	Geschäftsführung, Vertretung	25
2.2.2.4	Einlagen, Gewinne, Verluste	26
2.2.2.5	Eintritt, Austritt, Beendigung	26
2.2.3	Die Kommanditgesellschaft	27
2.2.3.1	Rechtsnatur, Gesellschaftsvermögen und Haftung	28
2.2.3.2	Gesellschaftsvertrag und Gründung	28
2.2.3.3	Geschäftsführung, Vertretung	28
2.2.3.4	Einlagen, Gewinne, Verluste	29
2.2.3.5	Eintritt, Austritt, Beendigung	29
2.2.3.6	GmbH & Co KG	30
2.3	Kapitalgesellschaften	30
2.3.1	Die Aktiengesellschaft	32
2.3.1.1	Rechtspersönlichkeit, Gesellschaftsvermögen und Haftung	32
2.3.1.2	Gesellschaftsvertrag	32
2.3.1.3	Gründung	34
2.3.1.4	Organe	34
2.3.1.5	Der Aktionär	38

Seite

2.3.2	Die Societas Europaea (Europäische AG)	38
2.3.3	Ausländische Gesellschaftsformen	39
2.3.4	Die GmbH – eine Einführung	40

Kapitel 3   Gründung

3.1	Vor der Eintragung		45
	3.1.1	Die Vorgründungsgesellschaft	45
	3.1.2	Der Gesellschaftsvertrag	46
	3.1.2.1	Firma	47
	3.1.2.2	Der Sitz	48
	3.1.2.3	Unternehmensgegenstand	49
	3.1.2.4	Stammkapital und Einlagen	50
	3.1.2.5	Säumige Gesellschafter	53
	3.1.2.6	Errichtungserklärung	54
	3.1.2.7	Geschäftsführerbestellung	54
	3.1.2.8	Gründungskosten	54
	3.1.3	Die Vorgesellschaft	55
3.2	Eintragung		57
3.3	Gründerhaftung		60
3.4	Privilegierte Gründung		60

Kapitel 4   Organe

4.1	Geschäftsführer		62
	4.1.1	Bestellung	62
	4.1.2	Abberufung	66
	4.1.3	Notgeschäftsführer	67
	4.1.4	Rücktritt	68
	4.1.5	Geschäftsführung	69
	4.1.6	Vertretung	71
	4.1.7	Haftung …	72
	4.1.7.1	… gegenüber der Gesellschaft	72
	4.1.7.2	… gegenüber den Gesellschaftern	76
	4.1.7.3	… gegenüber Gläubigern der Gesellschaft und Dritten	77

		Seite
4.2	Exkurs: Prokura und Handlungsvollmacht	77
4.2.1	Prokura	77
4.2.2	Handlungsvollmacht	79
4.3	Generalversammlung	79
4.3.1	Einberufung der Generalversammlung	80
4.3.2	Beschlussfähigkeit und Beschlussmehrheiten	81
4.3.3	Beschlussgegenstände	83
4.3.4	Fehlerhafte Beschlüsse	85
4.3.4.1	Nichtigkeit	86
4.3.4.2	Anfechtbarkeit	86
4.3.4.3	Anfechtung – Klage auf „Nichtigerklärung"	86
4.4	Aufsichtsrat	88
4.4.1	Arten	88
4.4.1.1	Notwendiger Aufsichtsrat	88
4.4.1.2	Fakultativer Aufsichtsrat	88
4.4.2	Bestellung, Funktionsdauer und Abberufung	89
4.4.3	Organisation	91
4.4.4	Aufgaben, Rechte und Pflichten	92
4.5	Abschlussprüfer	93

Kapitel 5   Gesellschafter

5.1	Beginn und Ende der Gesellschafterstellung – Verfügung über den Geschäftsanteil	95
5.2	Rechte	96
5.2.1	Vermögensrechte	96
5.2.2	Herrschaftsrechte	98
5.2.3	Sonderrechte	100
5.3	Pflichten	100
5.3.1	Leistung der übernommenen Einlage (Einlagepflicht)	100
5.3.2	Nachschusspflicht	101
5.3.3	Treuepflicht	103
5.3.4	Besondere Pflichten – Nebenleistungen	103
5.3.5	Haftung gegenüber Dritten	104

Seite

Kapitel 6 Veränderungen

6.1	Änderung des Gesellschaftsvertrags	105
6.2	Kapitalerhöhung	106
6.2.1	Ordentliche Kapitalerhöhung	106
6.2.2	Nominelle Kapitalerhöhung	107
6.3	Kapitalherabsetzung	108
6.3.1	Ordentliche Kapitalherabsetzung	108
6.3.2	Vereinfachte Kapitalherabsetzung	110
6.3.3	Einziehung von Geschäftsanteilen	111
6.4	Gesellschafterwechsel	111
6.4.1	Teilung eines Geschäftsanteils	112
6.4.2	Vinkulierung, Vorkaufs- und Aufgriffs- sowie Anbietungs- und Mitverkaufsrechte	113
6.4.3	Übertragung von Todes wegen	115
6.4.4	Haftung	115
6.4.5	Anmeldung	116

Kapitel 7 Beendigung

7.1	Auflösung und Liquidation	117
7.1.1	Liquidatoren	118
7.1.1.1	Bestellung	118
7.1.1.2	Abberufung	119
7.1.1.3	Eintragung	119
7.1.1.4	Rechte und Pflichten	120
7.2	Auflösungsgründe	121
7.2.1	Ablauf der im Gesellschaftsvertrag bestimmten Zeit	121
7.2.2	Gesellschafterbeschluss	121
7.2.3	Nichtigkeitsklage	122
7.2.4	Gesellschaftsvertragliche Auflösungsgründe	122
7.2.5	Eröffnung des Konkurses	123
7.2.6	Ablehnung der Eröffnung des Insolvenzverfahrens	123
7.2.7	Fusion (Verschmelzung)	124
7.2.8	Übertragende Umwandlung	124
7.2.9	(Auf-)Spaltung	124

Seite

7.2.10	Verfügung der Behörde	124
7.2.11	Beschluss des Gerichts	125
7.3	Verteilung des Vermögens und Löschung	125
7.4	Fortsetzung der Gesellschaft	127
7.5	Übersicht	128

Kapitel 8   Exkurs: GmbH light

8.1	Das Gesellschaftsrechts-Änderungsgesetz 2013	129
8.2	Das Abgabenänderungsgesetz 2014	130

Kapitel 9   Muster: Checklisten, Verträge, Formulare uvm

9.1	Checkliste Gründung	132
9.1.1	Wie sieht meine Geschäfsidee aus?	132
9.1.2	Was gebe ich auf, was gewinne ich als Unternehmer?	132
9.1.3	Bin ich eine Gründerpersönlichkeit?	132
9.1.4	SWOT-Analyse	133
9.1.5	Grundsatzüberlegungen konkretisieren	133
9.1.6	Gründungsschritte	134
9.2	Checkliste Gesellschaftsvertrag	136
9.3	Vorvertrag zu einem GmbH-Gesellschaftsvertrag	137
9.4	Gesellschaftsvertrag	139
9.5	Firmenbuchanmeldung der Gesellschaft	146
9.6	Bestätigung des Kreditinstituts	149
9.7	Gewerbeanmeldung	150
9.8	Erklärung betreffend Gewerbeausschlussgründe	152
9.9	Sacheinlagevertrag (Einbringungsvertrag)	153
9.10	Geschäftsordnung einer GmbH-Geschäftsführung	155
9.11	Geschäftsbrief	159
9.12	Geschäftsführerbestellungsbeschluss	160
9.13	Anmeldung eines neuen Geschäftsführers	161
9.14	Musterzeichnungserklärung	163
9.15	Firmenbucheingabe Prokura	164

		Seite
9.16	Kapitalerhöhungsbeschluss	166
9.17	Umlaufbeschluss	168
9.18	Abtretungsvertrag	170
9.19	Firmenbucheingabe Gesellschafterwechsel	173
9.20	Auflösungsbeschluss	175
9.21	Firmenbucheingabe Auflösung und Liquidation	177
9.22	Veröffentlichung Gläubigeraufforderung	180
9.23	Firmenbucheingabe Erlöschen der Firma	181
9.24	Antrag auf Eröffnung des Konkursverfahrens	183

Anhang

Paragrafenverzeichnis	185
Stichwortverzeichnis	188

 Zusätzlich steht Ihnen das gesamte Musterkapitel 9 unter www.dbv.at/downloads/ im Menüpunkt „Ergänzungen zu dbv-Werken" zur Verfügung.
Passwort: 0653

Kapitel 1
Einführung

Was verbirgt sich hinter der Abkürzung GmbH? Scherzhaft von manchem als „Gehst mit, bist hin" aufgelöst, steht hinter ihr die verbreitetste Gesellschaftsform Österreichs, die – entgegen dem geläufigen Witz – keineswegs schicksalhaft im Bankrott ihrer Gesellschafter endet. Der geschäftliche Erfolg hängt primär immer noch von den handelnden Personen ab. Einige der erfolgreichsten Unternehmen Österreichs werden als GmbH geführt.

GmbH steht schließlich für „Gesellschaft mit beschränkter Haftung", was nicht bedeutet, dass die Gesellschaft nicht für alle ihre Schulden einzustehen hat, sondern, dass die Haftung der Gesellschafter auf einen bestimmten Betrag beschränkt ist. Was es damit auf sich hat und noch einiges mehr soll dem Leser in den folgenden Kapiteln näher gebracht werden.

Kapitel 2 widmet sich einer kurzen Einführung in das Gesellschaftsrecht. „Was unterscheidet die Personen- von den Kapitalgesellschaften?" oder „Welche relevanten Gesellschaftsformen existieren noch neben der GmbH und worin unterscheiden sie sich?" sind zwei der Fragen, die dieses Kapitel adressiert.

In **Kapitel 3** werden die einzelnen Schritte und Rechtsakte bis hin zum letztendlichen Entstehen der GmbH dargestellt. Hierbei haben sich die Gesellschafter in spe insbesondere auf einen Gesellschaftsvertrag zu einigen. Das GmbH-Gesetz macht ihnen dabei einige zwingende Vorgaben, lässt ihnen aber andererseits auch viel Raum für eigene Regelungen. Entstanden ist die GmbH nachdem sie nach Anmeldung zur Eintragung in das Firmenbuch ebendort eingetragen wird.

Kapitel 4 beschäftigt sich mit den Organen der GmbH. Hier sind die Geschäftsführer, die Generalversammlung und der Aufsichtsrat zu nennen. Ihnen allen bzw den jeweiligen Organwaltern kommen bestimmte Rollen im Rahmen der Gesellschaft zu, die mit den entsprechenden Rechten und Pflichten verbunden sind. Die Geschäftsführer leiten und vertreten die Gesellschaft, wobei sie einen besonderen Grad an Sorgfalt einzuhalten haben. Die Gesellschafter üben im Rahmen der Generalversammlung Einfluss auf die Geschicke der Gesellschaft aus. Der Aufsichtsrat dient – wie der Name bereits verrät – insbesondere der Kontrolle der Entwicklung der GmbH.

Die Rechte und Pflichten der Gesellschafter werden in **Kapitel 5** dargestellt. Ihre primäre Verpflichtung besteht in der Leistung der Einlage. Demgegenüber stehen Mitspracherechte und natürlich ein Recht auf einen Anteil am allfälligen Gewinn.

Einmal gegründet, bleibt auch bei der GmbH nicht immer jeder Stein auf Dauer auf dem anderen. Deshalb werden in **Kapitel 6** verschiedene Änderungen, die auf eine Gesellschaft zukommen können, besprochen. Dazu gehören ua die Änderung des Gesellschaftsvertrages, Kapitalerhöhungen und -herabsetzungen oder das Ausscheiden eines Gesellschafters.

Das Ende einer GmbH und die dafür in Frage kommenden Gründe behandelt **Kapitel 7**. Bevor die Gesellschaft aus dem Leben scheiden darf, ist zumeist eine sogenannte Liquidation bzw Abwicklung durchzuführen, in deren Rahmen das Gesellschaftsvermögen zu verwerten ist und die Gläubiger der GmbH zu befriedigen sind.

Mit 1.7.2013 traten die Neuerungen des Gesellschaftsrechts-Änderungsgesetzes in Kraft. Damit wurde die sogenannte „GmbH light" mit einem Stammkapital von € 10.000,-- eingeführt. Mit dem Abgabenänderungsgesetz 2014 wurden die entsprechenden Bestimmungen bereits wieder zurückgenommen und dafür die Möglichkeit der Gründungsprivilegierung geschaffen. In **Kapitel 8** werden die zwei Novellen und die daraus resultierenden Rechtsfolgen dargestellt.

Kapitel 9 besteht aus zwei Checklisten (zur Unternehmensgründung und zum Gesellschaftsvertrag), verschiedenen Mustern zu den im Buch behandelten Themen (Firmenbuchanmeldungen, Abtretung von Geschäftsanteilen usw) und insbesondere einem Mustergesellschaftsvertrag, der sich an einem im Buch entwickelten Beispiel orientiert. Hier ist jedenfalls anzumerken, dass jeder Gesellschaftsvertrag insbesondere an die jeweilige Gesellschafterkonstellation und die sonstigen Rahmenbedingungen anzupassen ist. Schnelles „Copy & Paste" kommt bei einer derartig wichtigen Entscheidung nicht in Frage!

Kapitel 2
Überblick über die in Österreich zur Verfügung stehenden Gesellschaftsformen

Die GmbH ist vor allem für Klein- und Mittelbetriebe die beliebteste Gesellschaftsform in Österreich, aber auch viele österreichische Top-Unternehmen werden als GmbH geführt. Bei über der Hälfte der eingetragenen Rechtsträger im Firmenbuch handelt es sich um eine GmbH. Warum? Was macht die GmbH so besonders? Um diesen Fragen nachzugehen, müssen einige Inhalte des österreichischen Gesellschaftsrechts näher erklärt werden und ist ein Vergleich zu anderen in Österreich verfügbaren Gesellschaftsformen zu ziehen. Auch wird sich nach der Lektüre dieses Kapitels mancher Gründungswillige vielleicht für eine andere Gesellschaftsform entscheiden.

2.1 Das Gesellschaftsrecht

Das Gesellschaftsrecht regelt das Recht der privatrechtlichen Personenvereinigungen, die zur Erreichung eines bestimmten gemeinsamen Zwecks gegründet werden. Die Gesellschaften werden daher grundsätzlich auch immer durch einen gemeinsamen multilateralen Vertrag (**Gesellschaftsvertrag**) der Gründer aus der Taufe gehoben, in dem – basierend auf den gesetzlichen Vorgaben – insbesondere die Rechtsbeziehungen zwischen den Mitgliedern untereinander, zwischen den Mitgliedern und der Gesellschaft oder den Mitgliedern gegenüber Dritten geregelt werden. Eine Ausnahme zu diesem Grundsatz bilden die Einpersonengründungen im GmbH- und Aktienrecht.

Der erwähnte gemeinsame Zweck kann erwerbswirtschaftlicher oder ideeller Natur (geistige, kulturelle oder künstlerische Zwecke) sein. Neben dem recht allgemeinen **Gesellschaftszweck** existiert noch der sogenannte **Unternehmensgegenstand** (*siehe auch Tz 3.1.2.3*). Mit ihm wird der konkrete Tätigkeitsbereich der Gesellschaft festlegt.

Neben dem Gesellschaftsrecht spielen insbesondere auch das Unternehmensrecht und das Steuerrecht eine entscheidende Rolle im Rahmen der Auswahl der Rechtsform.

Das österreichische Gesellschaftsrecht kennt einen **Typenzwang**. Es können nur solche Gesellschaften gegründet werden, die auch gesetzlich vorgesehen sind. „Eigenkreationen" sind daher nicht möglich. Es ist nur zulässig, die innerhalb einer Gesellschaftsform bestehenden, gesetzlich vorgesehenen Spielräume zu nutzen, die aber zT beträchtlich sind. Neben den zwingenden gesetzlichen Regelungen, die die Gestaltungsfreiheit der Gesellschafter einschränken, existiert eine Vielzahl an dispositiven

Regelungen, die – sollte anderes vereinbart worden sein – nicht zur Anwendung kommen.

Achtung

Vereinbarungen, die von zwingenden gesetzlichen Vorgaben abweichen sind wirkungslos!

Eine grundlegende Unterscheidung im Gesellschaftsrecht ist jene zwischen **Personengesellschaften** und **Kapitalgesellschaften**. Die GesbR, die OG und KG sowie die stille Gesellschaft und die EWIV (Europäische Wirtschaftliche Interessenvereinigung) sind unter den Personengesellschaften einzuordnen. Die AG, die europäische Aktiengesellschaft SE (Société Européenne oder Societas Europaea) und die GmbH sind die in Österreich verfügbaren Kapitalgesellschaftsformen. Als Ergänzung ist die europäische Einpersonengesellschaft (Societas Unius Personae) als eine Einpersonengesellschaft mit beschränkter Haftung in Planung.

Daneben existieren Genossenschaften und sonstige Vereine (ua Erwerbs- und Wirtschaftsgenossenschaften, Versicherungsvereine oder Sparkassenvereine) sowie sogenannte „mitgliederlose rechtsfähige Zweckvermögen", wie zB Privatstiftungen oder Sparkassen.

Keine Gesellschaften im Sinne des Gesellschaftsrechts bilden zB Organisationen des öffentlichen Rechts (der Staat, Gemeinden), familienrechtliche Gemeinschaften (Ehe, Adoption) oder einfache Schuldverhältnisse, die nicht die Verfolgung eines gemeinsamen Zwecks zum Ziel haben.

Wo liegt nun der entscheidende Unterschied, insbesondere für den Gesellschafter? Dies ist insbesondere mit Blick auf die wichtigsten Gesellschaftstypen und anhand der gesellschaftsrechtlichen Kriterien, Rechtsnatur der Gesellschaft, Vermögensordnung, Rolle der Gesellschafter, Geschäftsführung, Vertretung, Haftung/Risiko der Gesellschafter, Haftung der Gesellschaft, Gründungsformalitäten, Gesellschafterwechsel und Beendigung, herauszuarbeiten. Daneben sind ua auch unternehmens- und steuerrechtliche Aspekte zu beachten. Äußerst relevant sind ebenso die aus den rechtlichen Anforderungen und Regelungen erwachsenden Kosten der Gründung (Notariatskosten, Kosten einer Firmenbucheintragung, Mindestkapital etc) sowie die laufenden Kosten (zu bezahlende Organwalter, umfangreiches Rechnungswesen und umfangreiche Buchführung etc), die die jeweilige Gesellschaftsform hervorruft.

Hinweis

Vor einer Gründung eines Unternehmens sollte jedenfalls auch geprüft werden, ob nicht staatliche oder sonstige Förderungen in Anspruch genommen werden können! Wichtige Informationen für Unternehmer liefert ua das Unternehmensserviceportal des Bundes unter www.usp.gv.at. Insbesondere die Wirtschaftskammern bieten darüber hinaus Gründungsberatungen an.

Die Gerichtskosten für Anmeldungen, Beglaubigungen etc sind aus dem **Gerichtsgebührengesetz** (GGG) ersichtlich. Die Kosten für Neueintragungen ins Firmenbuch, die bei allen besprochenen Gesellschaftsformen – mit Ausnahme der GesBR – notwendig sind, bestimmen sich zB nach TP 10 I b GGG. Die Notariatsgebühren ergeben sich aus dem **Notariatstarifgesetz** (NTG).

Hinweis

*Das **Firmenbuch** setzt sich aus Hauptbuch und Urkundensammlung zusammen. Es wird zum Zweck der Offenlegung von eintragungspflichtigen Tatsachen durch das Firmenbuchgericht geführt. Es darf daher jedermann in das Hauptbuch und die Urkundensammlung Einsicht nehmen. Mittlerweile wird das Firmenbuch als Datenbank geführt. Details dazu finden sich unter www.justiz.gv.at/firmenbuch*

Hinweis

Die bereits und in weiterer Folge angeführten Gesetze können im Internet unter www.ris.bka.gv.at abgerufen werden.

2.2 Personengesellschaften

Bei den Personengesellschaften steht die Persönlichkeit der Gesellschafter im Vordergrund. Bei ihnen herrscht daher grundsätzlich **Selbstorganschaft** vor, da die Gesellschafter die entsprechenden Aufgaben übernehmen, und haften die Gesellschafter auch insbesondere persönlich und unbeschränkt mit ihrem gesamten Privatvermögen für die Verbindlichkeiten der Gesellschaft.

> **Beispiel:**
>
> Georg ist Gesellschafter einer OG (*siehe Tz 2.2.1*). Diese hat Schulden beim Unternehmen von Sabine, die trotz Fälligkeit auch nach mehrmaliger Zahlungsaufforderung nicht durch die OG beglichen werden. Georg könnte nun ohne weiteres von Sabine für die Zahlung der gesamten Schuld in Anspruch genommen werden! Dazu hätte sie nicht einmal zuerst die OG zur Zahlung auffordern oder klagen müssen. Sie kann nämlich vielmehr sogleich Georg persönlich unmittelbar auf Zahlung der Schulden in Anspruch nehmen. Eine Klage gegen die OG ist daher überhaupt nicht notwendig!

Die Gesellschafter verfügen also grundsätzlich über einen sehr starken Einfluss auf „ihre" Gesellschaft. Aufgrund der großen Bedeutung der Individualität der Gesellschafter im Rahmen der Personengesellschaften ist ein Gesellschafterwechsel in der Regel nicht vorgesehen bzw nicht ohne weiteres durchführbar. Den Gesellschaftern von Personengesellschaften – nicht Kapitalgesellschaften – steht die Möglichkeit der **actio pro socio** (Mitgliedschaftsklage) offen. Ein Gesellschafter kann damit Ansprüche der Gesellschaft gegen Gesellschafter einklagen. Er klagt dabei im eigenen Namen, aber für die Gesellschaft, zB auf Schadenersatz oder Leistung der Einlage.

Darüber hinaus treffen die Gesellschafter umfangreichere **Treuepflichten** und **Wettbewerbsverbote**. Die Gesellschafter sind ihren Mitgesellschaftern und der Gesellschaft gegenüber dazu verpflichtet, den vereinbarten Gesellschaftszweck zu fördern und der Verwirklichung des Gesellschaftszwecks abträgliche Handlungen zu unterlassen bzw ihre Rechte nur entsprechend auszuüben. Dies beinhaltet vor allem auch das Unterlassen von Konkurrenztätigkeiten (siehe § 112 Unternehmensgesetzbuch, UGB) oder gesellschaftsschädlichen Nebengeschäften. Ein Zuwiderhandeln kann natürlich Schadenersatzansprüche der Gesellschaft hervorrufen, aber auch mit dem Ausschluss aus der Gesellschaft enden. Treuwidrig gefasste Gesellschafterbeschlüsse könnten angefochten werden oder nichtig sein. Darüber hinaus ist es möglich, dass – soweit im Gesellschaftsvertrag vereinbart – Vertragsstrafen fällig werden. Es empfiehlt sich daher im Zweifel, vor einem entsprechenden Tätig werden, eine Einverständniserklärung der anderen Gesellschafter einzuholen.

Den Treuepflichten der Gesellschafter steht der **Gleichbehandlungsgrundsatz** gegenüber, der die Gesellschaft dazu verpflichtet, die Gesellschafter bei Vorliegen gleicher Sachverhalte auch gleich zu behandeln. Eine Ungleichbehandlung ist immer sachlich zu rechtfertigen, Willkür verboten. Der Grundsatz behindert aber nicht die Vereinbarung ungleicher Rechte und Pflichten im Gesellschaftsvertrag, solange damit nicht die Grenze zur Sittenwidrigkeit, zB durch vertragliche „Knebelung" oder „wucherische Ausbeutung", überschritten wird. Handelt die Gesellschaft schließlich entgegen ihrer Pflicht zur Gleichbehandlung, so kann sie schadenersatzpflichtig werden. Gleichheitswidrige Beschlüsse der übrigen Gesellschafter oder gleichheitswidrige Handlungen der Geschäftsführung können auch nichtig bzw anfechtbar sein.

Steuerrecht:

*Personengesellschaften selbst unterliegen nicht der Einkommensteuer; sie sind keine Einkommensteuersubjekte. Ein allfälliger Gewinn wird daher nicht der Gesellschaft, sondern den Gesellschaftern zugerechnet (**Durchgriffsprinzip**). Ein etwaiger Gewinnanteil eines Gesellschafters ist einkommensteuerpflichtig, wobei ein Verlustausgleich mit anderen Einkünften möglich ist, was bei einem entsprechenden Verlust zu einer Minderung des besteuerten Einkommens und daher der Steuerlast führt.*

Beispiel:

Dazu ein sehr vereinfachtes Beispiel: Georg ist Gesellschafter einer OG, die nicht gut läuft; auf ihn entfällt ein Verlust von € 5.000,-- für das Geschäftsjahr. Parallel ist er als Dienstnehmer angestellt und verdient € 20.000,-- pro Jahr. Einkommensteuer müsste er daher nur von € 15.000,-- zahlen.

2.2.1 Die GesBR

Die Bestimmungen über die „Gesellschaft bürgerlichen Rechts" wurden im Herbst 2014 nach über 200 Jahren einer grundlegenden Novelle unterzogen. Die Gesellschaft ist nunmehr in den §§ 1175 bis 1216e des **Allgemeinen Bürgerlichen**

Gesetzbuches (ABGB) geregelt. In Kraft traten die neuen Bestimmungen zu Beginn des Jahres 2015.

Das Ziel der Novelle war es, die GesBR an die geänderten Verhältnisse anzupassen. Aus diesem Grund kam es zu Klarstellungen und Angleichungen an die Offene Gesellschaft (OG, *siehe Tz 2.2.2*).

Klargestellt wurde ua:

- Die GesBR dient als Auffanggesellschaft für alle Zusammenschlüsse, die nicht eine andere Rechtsform aufweisen;
- die GesBR besitzt keine Rechtspersönlichkeit;
- unkörperliche Sachen im Gesellschaftsvermögen stehen im Gesamthandeigentum, körperliche Sachen im Miteigentum der Gesellschafter;
- die Rechtsverhältnisse zwischen den Gesellschaftern können weitgehend frei gestaltet werden und
- alle Gesellschafter haften solidarisch für gesellschaftsbezogene Verbindlichkeiten.

Zu einer Angleichung an die Bestimmungen über die OG kam es insbesondere in folgenden Punkten:

- Im Rahmen der ordentlichen Geschäftsführung gilt der Grundsatz der Alleingeschäftsführung. Im Gesellschaftsvertrag kann allerdings die Gesamtgeschäftsführung nach dem Mehrheitsprinzip vereinbart werden.
- Jeder Gesellschafter kann Geschäftsführungsmaßnahmen widersprechen; für außergewöhnliche Geschäfte sind einstimmige Gesellschafterbeschlüsse notwendig.
- Dritte können auf die Vertretungsbefugnis der Gesellschafter bei unternehmerisch tätigen Außengesellschaften vertrauen (Vertrauensschutz).
- Die Geschäftsführerbefugnis kann aus wichtigen Gründen entzogen werden; ein umfassendes Bucheinsichtsrecht und Informationsrecht bestehen allerdings in jedem Fall.
- Jedem Gesellschafter steht ein Kündigungsrecht zu, das vertraglich nicht ausgeschlossen werden kann.
- Bei einem Gesellschafterwechsel durch Aus- oder Eintritt sind keine einzelnen Übertragungsakte notwendig; der eintretende Gesellschafter übernimmt die Rechte im Wege der Gesamtrechtsnachfolge.
- Der Ausschluss eines Gesellschafters durch Klage ist möglich.
- Die GesBR kann in eine OG oder KG umgewandelt werden.

Eine GesBR muss von mindestens zwei Personen gegründet werden. Als Gesellschafter können dabei sowohl natürliche als auch juristische Personen sowie eine OG oder KG auftreten. Die Gründung einer Einmann-GesBR wird somit bereits durch das Gesetz ausgeschlossen.

Die Gesellschaft darf für jeden erlaubten Zweck gegründet werden, soweit er nicht gegen das Gesetz oder die guten Sitten verstößt.

Hinweis
Eine GesBR dürfte daher zB nicht zur Bildung eines Kartells in Verletzung des Kartellrechts gegründet werden.

Die GesBR findet in der Praxis vor allem als Gelegenheitsgesellschaft Anwendung. Dabei wird sie nur zur Vollendung eines bestimmten Geschäfts eingegangen. Ein gutes Beispiel dafür sind Arbeitsgemeinschaften (insbesondere im Baugewerbe) oder Bietergemeinschaften.

Daneben findet sie Anwendung bei Zusammenschlüssen von Angehörigen freier Berufe (zB Rechtsanwälte oder Notare), Emissions- und Kreditkonsortien, Jagdgesellschaften sowie im Vorgründungsstadium anderer Gesellschaftsformen. Das Standesrecht einiger freier Berufe und Regelungen zum Versicherungs- und Bankwesen schließen die GesBR in einigen Fällen als Basis einer Zusammenarbeit aber aus bzw ist die Beteiligung berufsfremder Personen auch in einigen Fällen nicht möglich. Schließlich kann selbst die Organisation der Betreuung einer im Koma liegenden Person durch ihre Familienangehörigen in Form einer GesBR erfolgen.

Die Gründung der GesBR ist grundsätzlich wenig kostenintensiv und verursacht auch geringe laufende Kosten. Die Gesellschafter können sich mit einem Kassabuch und einem Inventarbuch begnügen oder aber auch eine Buchführung mit Gewinn- und Verlustrechnung gemäß den unternehmensrechtlichen Regeln vereinbaren. Die konkrete Wahl der Gesellschafter wird vor allem von der Größe und intendierten Lebensdauer der Gesellschaft abhängen.

2.2.1.1 Rechtsnatur, Gesellschaftsvermögen und Haftung

Die GesBR hat **keine Rechtspersönlichkeit**. Sie erwirbt somit weder Rechte noch Pflichten. Sie ist auch nicht parteifähig (weder im Zivil- noch im Verwaltungsverfahren) und kann daher weder Kläger noch Beklagter sein. Somit können gegen sie auch keine Exekutionstitel ergehen. Parteien eines Rechtsstreits sind die Gesellschafter. Die GesBR selbst ist ebenso weder gewerberechtsfähig noch kann sie mangels Rechtsfähigkeit in öffentliche Register (wie zB das Firmenbuch) eingetragen werden, weshalb auch die entsprechenden Kosten wegfallen. Buchführungspflichten treffen sie daher wiederum nicht. Der Gesetzgeber hält es für nicht zweckmäßig, eigenständige Rechtsträger zuzulassen, die nirgendwo in einem öffentlichen Buch registriert sind. Dies würde im Geschäftsverkehr zu größeren Unsicherheiten führen.

Aus diesem Grund wird die GesBR oft als **„geborene Innengesellschaft"** bezeichnet. Sie dient grundsätzlich nur dazu, das Rechtsverhältnis zwischen den Gesellschaftern vertraglich zu regeln. Dritte bekommen daher von ihrer Existenz in der Regel nichts mit. Geschäfte werden dann zumeist von einem Gesellschafter im eigenen Namen – nur er wird Vertragspartner – und nur auf Rechnung der Gesellschaft abgeschlossen.

Die Gesellschafter können aber auch vereinbaren, als GesBR nach außen aufzutreten. Damit wird diese zur **Außengesellschaft**. Die oben erwähnte Solidarhaftung gegenüber Dritten ist so auch nur in den Fällen der Außengesellschaft relevant, wenn Geschäfte in deren Namen abgeschlossen werden. Dadurch werden alle Gesellschafter zum Vertragspartner bzw aus dem Geschäft berechtigt und verpflichtet.

Allerdings darf die GesBR durchaus eine eigene Bezeichnung führen. Statt eines Sitzes kann eine Geschäftsadresse angegeben werden.

Achtung

Es müssen grundsätzlich alle Gesellschafter über die entsprechende Gewerbeberechtigung verfügen, haben diese also zu beantragen, oder es muss ein gewerberechtlicher Geschäftsführer bestellt werden!

Vermögensträger und Vertragspartner Dritter sind ausschließlich die Gesellschafter der GesBR. Das Vermögen der GesBR steht im ideellen Miteigentum der Gesellschafter, wobei über den Miteigentumsanteil nur im Rahmen der gesellschaftlichen Regelungen verfügt werden darf. Allerdings gilt dieses Verfügungsverbot grundsätzlich nur zwischen den Gesellschaftern und nicht gegenüber Dritten, wodurch entsprechende pflichtwidrig abgeschlossene Verträge gültig bleiben.

Achtung

Die GesBR kann zB auch nicht Inhaberin von Markenrechten sein oder als Arbeitgeber fungieren. Sie kann auch in einer anderen Gesellschaft keine Gesellschafterstellung einnehmen. Wird namens der GesBR eine Versicherung abgeschlossen, so sind die Gesellschafter die Versicherungsnehmer.

Der Anteil des jeweiligen Gesellschafters richtet sich in der Regel nach seinem Anteil am Hauptstamm (*siehe unten*). Gesellschafter, die kein Vermögen, sondern nur ihre Arbeit einbringen, verfügen über keinen Miteigentumsanteil.

Das Gesellschaftsvermögen ist als Sondervermögen vom restlichen Vermögen der jeweiligen Mitglieder zu trennen. Auch ist das Gesellschaftsvermögen vom Hauptstamm bzw Kapital zu unterscheiden. Als Kläger oder Beklagter können wiederum auch nur die Gesellschafter auftreten.

Forderungen der Gesellschaft werden von der Rechtsprechung als Gesamthandforderungen betrachtet, während von den Gerichten für Verbindlichkeiten der Gesellschaft im Zweifel eine Solidarhaftung der Gesellschafter angenommen wird. Das heißt, nur alle Gesellschafter gemeinsam können eine Forderung geltend machen bzw jeder Gesellschafter allein darf für die Begleichung einer Verbindlichkeit herangezogen werden (*siehe Beispiel zu Beginn der Tz 2.2*). Die in Anspruch genommenen Gesellschafter sind berechtigt, sich bei der Gesellschaft bzw den anderen Gesellschaftern zu regressieren.

2.2.1.2 Gesellschaftsvertrag

Der Gesellschaftsvertrag und seine Änderung bedürfen der Zustimmung aller Vertragspartner bzw Gesellschafter. Es bestehen keine Formvorschriften (zB Notariatsakt). Er kann also auch nur mündlich geschlossen oder abgeändert werden. Ein schriftlicher Vertragsabschluss ist natürlich aus Beweisgründen zu bevorzugen.

Gesellschafterwechsel und die Aufnahme eines Gesellschafters oder die vertragliche Bestellung eines Dritten zum Geschäftsführer stellen grundsätzlich einvernehmlich zu treffende Vertragsänderungen dar. Eine Mitgliedschaft ist im Zweifel jedenfalls nicht übertragbar. Mehrheitsentscheidungen sind dabei nur aufgrund entsprechender Bestimmungen im Gesellschaftsvertrag zulässig. Die Gesellschaft kann auf bestimmte, zB bis zum erfolgreichen Abschluss eines bestimmten Geschäfts, oder unbestimmte Zeit gegründet werden.

Achtung

*Überschreitet die Gesellschaft die in § 189 des **Unternehmensgesetzbuches** (UGB) festgelegten Umsatzschwellenwerte (€ 400.000,-- in zwei aufeinanderfolgenden Geschäftsjahren oder € 600.000,-- in einem Geschäftsjahr), muss sie als OG oder KG in das Firmenbuch eingetragen werden! Die Eintragungspflicht kommt nicht zum Tragen, wenn die Betroffenen von der Anwendung des ersten Buchs des UGB ausgenommen wurden, wie zB Freiberufler oder Land- und Forstwirte.*

2.2.1.3 Geschäftsführung, Vertretung

Die **Geschäftsführung** der GesBR kann im Gesellschaftsvertrag abweichend vom Gesetz bestimmt werden, zB die Geschäftsführung durch einen Dritten, also Nicht-Gesellschafter. Grundsätzlich sieht das Gesetz im Sinne der Selbstorganschaft die Gesamtgeschäftsführung (*siehe Tz 4.1.5*) der Gesellschafter nach Mehrheitsprinzip (einfache Mehrheit des Kapitals) vor, wobei die Entscheidung der Mehrheit im Fall von **ordentlichen (gewöhnlichen) Maßnahmen** nicht mehr bekämpft werden kann. Es wird nach Anteilen (*siehe unten*) abgestimmt.

Neben der Gesamtgeschäftsführung sieht das ABGB die **Einzelgeschäftsführung** vor. Jeder geschäftsführende Gesellschafter darf daher alleine handeln. Ein anderer geschäftsführender Gesellschafter hat aber die Möglichkeit, der Vornahme der Handlung zu widersprechen (Widerspruchsrecht). Sie hat dann zu unterbleiben bzw muss sie rückgängig gemacht werden, sofern dies überhaupt möglich ist.

Über die ordentlichen Geschäfte hinausgehende **außerordentliche (außergewöhnliche) Maßnahmen** bedürfen eines einstimmigen Beschlusses aller Gesellschafter.

Im diesem Fall steht in letzter Konsequenz die Anrufung des Richters im außerstreitigen Verfahren durch den überstimmten Gesellschafter zur Verfügung.

Von den ordentlichen und außerordentlichen Geschäftsführungsmaßnahmen (*siehe auch Tz 2.2.2.3*) sind die **Grundlagengeschäfte**, wie Änderung des Gesellschaftsvertrags, des Gesellschaftszwecks, der Gewinn- und Verlustverteilung und Aufnahme neuer Mitglieder, streng zu trennen *(siehe Tz 2.2.1.2)*

Hinsichtlich der **Vertretung** (zB Abschluss eines Kaufvertrages für ein Auto) gilt im Zweifel, dass ein Gesellschafter oder zur Vertretung bestellter Dritter einer unternehmerischen GesBR, die im Rechtsverkehr unter eigenem Namen auftritt *(siehe Tz 2.2.1.1)*, durch sein Handeln alle Gesellschafter verpflichtet bzw berechtigt (§ 178 UGB).

Es ist jedenfalls ratsam, all diese Punkte im Gesellschaftsvertrag näher zu bestimmen.

Hinweis
Zum Verhältnis zwischen Geschäftsführung und Vertretung siehe Tz 4.1.5 und 4.1.6.

2.2.1.4 Einlagen, Gewinne und Verluste

Bezüglich der Einlagen, gemeinsam bilden sie das Kapital der GesbR, gibt es großen Freiraum für die Gesellschafter; möglich sind Sacheinlagen, Kapitaleinlagen, vermögenswerte Rechte oder Dienstleistungen. Die GesBR kann zB vollkommen ohne Vermögenseinlage, nur gestützt auf die gemeinsame Arbeit der Gesellschafter, gegründet werden. Auch wäre es möglich, dass einige Mitglieder ausschließlich ihre Arbeit zur Verfügung stellen, während andere Mitglieder Vermögen, wie Geld oder andere vermögenswerte Leistungen (körperliche Sachen, Wertpapiere, Immaterialgüterrechte, Know-how usw), einbringen. Eine Bewertung dieser Einlagen ist beinahe vollkommen unbeschränkt im Gesellschaftsvertrag vornehmbar, wobei es auch zu Über- und Unterbewertungen kommen darf. Wird diesbezüglich nichts vereinbart, ist der verkehrsübliche Wert der Einlage anzusetzen. Leistet ein Gesellschafter die vereinbarte Einlage nicht, kann er von jedem anderen Gesellschafter (actio pro socio) in Anspruch genommen werden.

Bezüglich **Gewinn und Verlust** sieht das Gesetz vor, dass am Ende jedes Geschäftsjahres der Anteil am Gewinn bzw Verlust aufgrund einer Jahresabrechnung zu ermitteln ist. Als Geschäftsjahr gilt im Zweifel das Kalenderjahr. Bezüglich der Anteilsberechnung ist zu unterscheiden:

- Sind die Gesellschafter im gleichen Ausmaß zur Mitwirkung verpflichtet, werden Gewinn-/Verlustanteile im Verhältnis der Kapitalanteile berechnet.
- Sind die Gesellschafter nicht im gleichen Ausmaß zur Mitwirkung verpflichtet, so ist dies bei der Ermittlung des Gewinnanteils angemessen zu berücksichtigen. Leider gibt das Gesetz keine ausdrückliche Auskunft über die Auswirkungen dieser Konstellation auf die Verteilung des Verlustes.
- Reinen Arbeitsgesellschaftern, denen vertraglich kein Kapitalanteil zugewiesen wurde, ist ebenso ein angemessener Anteil am Gewinn zuzuweisen. Der nach Abzug dieses Anteils verbleibende Gewinn ist den übrigen Gesellschaftern wiederum im Verhältnis ihrer Kapitalanteile zuzuweisen. Über eine Verlustzuwei-

sung gibt das Gesetz wiederum keine ausdrückliche Auskunft. Es sollte daher eine entsprechende Regelung vereinbart werden.

Die Gesellschafter sind berechtigt, jährlich Rechnungslegung zu verlangen und jederzeit Bucheinsicht zu nehmen.

2.2.1.5 Eintritt, Austritt, Beendigung

Auf Grundlage eines Aufnahmevertrages mit allen Gesellschaftern kann jederzeit ein neuer Gesellschafter in eine GesBR eintreten. Mit Abschluss des Vertrages – sofern nichts anderes vorgesehen ist – gehen alle gesellschaftsbezogenen Rechte und Pflichten auf den neuen Gesellschafter über. Des Weiteren ist – sofern dies im Gesellschaftsvertrag vorgesehen ist – die Übertragung eines Gesellschaftsanteils möglich.

Hinweis

Mangels einschlägiger gesetzlicher Bestimmungen empfiehlt es sich die Rahmenbedingungen für den Eintritt neuer Gesellschafter bereits im Gesellschaftsvertrag zu regeln.

Ein Gesellschafter kann *freiwillig* oder *unfreiwillig* aus einer GesBR ausscheiden. Für ein freiwilliges Ausscheiden ist entweder ein einstimmiger Gesellschafterbeschluss über den Austritt notwendig oder der Gesellschaftsvertrag sieht entsprechende Möglichkeiten – zB eine Austrittskündigung ohne Auflösung der Gesellschaft – vor. Wurde eine Gesellschaft allerdings auf unbestimmte Zeit abgeschlossen, steht jedem Gesellschafter ein Kündigungsrecht zu. Macht ein Gesellschafter von seinem Kündigungsrecht Gebrauch, wird die GesBR beendet. Die Kündigung kann ausschließlich zum Ende eines Geschäftsjahres unter Einhaltung einer 6-monatigen Kündigungsfrist erfolgen.

Zwangsweise scheidet ein Gesellschafter entweder aufgrund

- der Kündigung der Gesellschaft durch seinen Privatgläubiger oder
- einer gerichtlichen Entscheidung aus. Für den gerichtlichen Ausschluss muss ein wichtiger Grund vorliegen. Dies ist insbesondere dann der Fall, wenn ein Gesellschafter wesentliche Verpflichtungen aus dem Gesellschaftsvertrag vorsätzlich oder grob fahrlässig verletzt. Die Klage auf Ausschluss kann jeder der übrigen Gesellschafter einbringen.

Eine GesBR endet nicht nur durch die Kündigung eines Gesellschafters. Gesetzliche Auflösungsgründe sind:

- Zeitablauf,
- Eintritt einer auflösenden Bedingung,
- einstimmiger Beschluss der Gesellschafter sowie
- der Tod eines Gesellschafters, sofern im Gesellschaftsvertrag keine gegenteiligen Bestimmungen enthalten sind.

Darüber hinaus können weitere Auflösungsgründe im Gesellschaftsvertrag festgelegt werden.

Scheidet ein einzelner Gesellschafter – freiwillig oder unfreiwillig – aus der GesBR aus, hat eine Auseinandersetzung stattzufinden. Wird die gesamte Gesellschaft aufgelöst, ist diese den gesetzlichen Bestimmungen entsprechend zu liquidieren. Der Gesellschaftsvertrag kann eine andere Form der Liquidation vorsehen.

2.2.2 Offene Gesellschaft

Die offene Gesellschaft (OG) ist primär in den §§ 105 – 160 UGB geregelt. Sie darf zu jedem erlaubten Zweck, ob wirtschaftlich oder ideell, gegründet werden. Gesellschafter können insbesondere natürliche und juristische Personen sowie eine andere OG oder KG sein.

Als Personengesellschaft wird die OG wiederum vom Prinzip der Selbstorganschaft dominiert, weshalb die Individualität der Gesellschafter eine große Rolle spielt. Im Vergleich zur GesBR kommen hier auf den Gründer und Gesellschafter höhere Gründungs- und laufende Kosten zu.

Eingabegebühr	€ 32,00
Eintragungsgebühr Firma, Sitz, Anschrift	€ 25,20
Eintragungsgebühr pro Gesellschafter	€ 40,00
gerichtl Beglaubigung von Unterschriften pro Unterschrift	€ 13,70
Eintragung der Adresse der Internetseite (optional)	€ 8,40

2.2.2.1 Rechtsnatur, Gesellschaftsvermögen und Haftung

Die OG ist rechtsfähig, ihre Rechtsfähigkeit ist grundsätzlich unbeschränkt. Das Gesellschaftsvermögen (Einlagen, sonstiges erworbenes Vermögen usw) wird daher sachenrechtlich ihr zugeordnet. Es besteht eine strikte Trennung zwischen diesem und dem Privatvermögen der Gesellschafter.

> **Beispiel:**
>
> Christoph ist Gesellschafter einer OG und hat privat Schulden bei einem Autohaus. Vor Gericht wird er zur Zahlung der Schulden binnen einer festgelegten Frist verurteilt, unterlässt die Zahlung aber wiederum. Das Autohaus möchte nun Exekution gegen ihn führen, dabei ist ihm aber ein Zugriff auf das Vermögen der OG, zB Bargeld, Fahrzeuge usw, verwehrt. Andererseits haftet aber Christoph für die Schulden der Gesellschaft (*siehe unten*)!

Auch kann sie insbesondere selbst Anteile an anderen Gesellschaften erwerben. Sie ist sowohl partei- als auch insolvenzfähig und hat für das Verschulden ihrer Organe einzustehen.

Die OG ist kein Unternehmer kraft Rechtsform (§ 2 UGB), sondern nur wenn sie auch ein Unternehmen betreibt. Sie hat eine entsprechende Firma (im Firmenbuch eingetragener Name des Unternehmens) zu führen.

Hinweis

Anders als die GesBR kann die OG daher insbesondere als Arbeitgeber fungieren. Sie ist zB auch Steuersubjekt der Umsatzsteuer. Im Verwaltungsrecht sind bezüglich der Rechtsfähigkeit besondere Einzelregelungen zu beachten.

Die Gesellschafter haften den Gläubigern der OG, neben der Gesellschaft, **persönlich** mit ihrem Privatvermögen für die gesellschaftsbezogenen Verbindlichkeiten. Diese Haftung ist **unbeschränkt** und **unbeschränkbar** und der Gesellschafter darf auch direkt in Anspruch genommen werden, ohne dass die Gesellschaft zuvor zur Leistung aufgefordert oder geklagt werden müsste (*siehe Beispiel zu Beginn der Tz 2.2*). Darüber hinaus haften die Gesellschafter als Gesamtschuldner. Jeder Gesellschafter kann daher grundsätzlich für die gesamte geschuldete Leistung in Anspruch genommen werden. Der Gläubiger darf sich dabei aussuchen, welche Gesellschafter – einen, mehrere oder alle – er in Anspruch nimmt. Im Innenverhältnis – nicht gegenüber den Gläubigern – ist es zulässig, die Haftung zu modifizieren, sodass einem so von der Haftung freigestellten Gesellschafter Regressansprüche gegen die übrigen oder bestimmten anderen Gesellschaftern zustehen.

Der eintretende Gesellschafter haftet für alle Verbindlichkeiten, die vor seinem Eintritt entstanden sind. Hat ein Gesellschafter eine Schuld der OG beglichen, so kann er sich bei der Gesellschaft regressieren.

§ 160 UGB regelt die sogenannte **Nachhaftung** von ausgeschiedenen Gesellschaftern für bis zum Ausscheiden des jeweiligen Gesellschafters entstandene Verbindlichkeiten. Der Gesellschafter haftet für diese nur, wenn sie vor Ablauf von 5 Jahren nach dem Ausscheiden fällig werden, wobei die Ansprüche selbst längstens nach drei Jahren verjähren, weshalb der ausgeschiedene Gesellschafter schließlich insgesamt noch höchstens 3 Jahre nach Ablauf der 5-Jahresfrist in Anspruch genommen werden kann.

2.2.2.2 Gesellschaftsvertrag und Gründung

Die OG braucht mindestens zwei Gesellschafter; eine Einpersonen-OG ist grundsätzlich nicht möglich. An den Gesellschaftsvertrag werden vom Gesetz her kaum Anforderungen gestellt. Er kann mündlich oder schriftlich geschlossen werden. Zumindest der gemeinsame Zweck, die Firma (*siehe auch Tz 3.1.2.1*) und der Sitz der Gesellschaft sowie die Einlagen bzw Beiträge der Gesellschafter müssen dabei festgelegt werden. Auch die Gesellschafter haben klar aus dem Vertrag hervorzugehen, „anonyme Gesellschafter" sind nicht möglich.

Nach Abschluss des Gesellschaftsvertrages ist die Gesellschaft von allen Gesellschaftern zum Firmenbuch anzumelden. Erst durch die Eintragung entsteht die OG als

Rechtsperson (**konstitutive Eintragung**). Der Gesellschaftsvertrag ist der Anmeldung aber nicht beizulegen.

Die gesetzlichen Regelungen hinsichtlich der Verhältnisse Gesellschafter/Gesellschaft und Gesellschafter/Gesellschafter sind meist dispositiver Natur und können daher von den Gesellschaftern grundsätzlich vertraglich abgeändert werden. Hier besteht also große Flexibilität. Änderungen des Gesellschaftsvertrages bedürfen aber, soweit nichts Abweichendes vereinbart wurde, der Zustimmung aller Gesellschafter.

Die Gesellschafter unterliegen dem **Wettbewerbsverbot** des § 112 UGB. Sie dürfen ohne Zustimmung der anderen Gesellschafter nicht im Geschäftszweig der Gesellschaft Geschäfte betreiben oder unbeschränkt haftender Gesellschafter einer anderen gleichartigen Gesellschaft sein. Im Gesellschaftsvertrag können diesbezüglich noch konkretere Regelungen getroffen werden.

2.2.2.3 Geschäftsführung, Vertretung

Die Gesellschafter fungieren als Geschäftsführer. Bei gewöhnlichen Geschäften herrscht das Prinzip der Einzelgeschäftsführung (*siehe Tz 4.1.5*). Die übrigen Geschäftsführer verfügen jedoch über ein Widerspruchsrecht. Nicht-geschäftsführenden Gesellschaftern – entsprechende Vereinbarungen sind im Gesellschaftsvertrag möglich – kommen Aufsichts- und Kontrollrechte (Einsichtsrecht in Bücher und Schriften, Vorlage von Abschlüssen und Abrechnungen, Anfertigung von Abschlüssen und Abrechnungen, Recht auf Information) nach § 118 UGB zu. Außergewöhnliche Geschäfte bedürfen der Einstimmigkeit, außer im Gesellschaftsvertrag wurde anderes bestimmt.

Hinweis

Gewöhnliche Geschäfte sind regelmäßig solche, wie sie in dem einzelnen Betrieb, wenn auch nicht alltäglich, so doch von Zeit zu Zeit, zu erwarten sind. *Außergewöhnliche Geschäfte* sind immer solche mit Ausnahmecharakter, welche dem Zweck der Gesellschaft fremd sind oder nach Umfang und Risiko aus dem Rahmen fallen.

Die Gesellschafter vertreten die Gesellschaft in Form der Einzelvertretung, weshalb jeder Gesellschafter allein alle gerichtlichen und außergerichtlichen Geschäfte und Rechtshandlungen im Namen der OG setzen darf. Dies gilt sowohl für gewöhnliche als auch für außergewöhnliche Geschäfte. Grundlagengeschäfte – Geschäfte, die den Gesellschaftsvertrag ändern – sind von der Vertretungsmacht ausgenommen. Im Gesellschaftsvertrag kann auch eine Gesamtvertretung durch zwei oder mehrere Vertreter vereinbart werden. Nur wenn alle erforderlichen Personen mitgewirkt haben, ist der Vertretungsakt wirksam. Erklärungen, die einem Gesellschafter zugegangen sind, gelten als der OG zugegangen.

Aus wichtigen Gründen kann einem Gesellschafter die Geschäftsführungs- bzw Vertretungsbefugnis entzogen werden.

2.2.2.4 Einlagen, Gewinne, Verluste

Ob und wie eine **Einlage** (Geld, Sachen, vermögenswerte Rechte, Dienstleistungen) zu leisten ist, ist im Gesellschaftsvertrag festzulegen. Leistet ein Gesellschafter nur Dienste, so verfügt er im Zweifel über keinen Kapitalanteil. Eine Mindesteinlage ist aufgrund der unbeschränkten persönlichen Haftung der Gesellschafter nicht vorgeschrieben.

Auf Basis der Bewertung seiner Einlage bestimmt sich der **Kapitalanteil** eines Gesellschafters. Im Zweifel erhält jeder Gesellschafter den gleichen Kapitalanteil. Der Kapitalanteil ist unveränderlich und bestimmt

- den Anteil des Gesellschafters am Vermögen der OG,
- den Umfang seines Stimmrechts und
- dient als Grundlage der Berechnung des Gewinnanteils.

Dies alles darf aber durch Gesellschaftsvertrag abgeändert werden.

Eine etwaige **Buchführungspflicht** der OG hängt insbesondere davon ab, ob sie Umsätze von mehr als € 700.000,-- in zwei aufeinanderfolgenden Geschäftsjahren erzielt bzw einmal mindestens einen Umsatz von € 1.000.000,-- oder sie unternehmerisch tätig ist und kein unbeschränkt haftender Gesellschafter eine natürliche Person ist (§ 189 UGB). Ausgenommen von dieser Regelung sind Freiberufler, land- und forstwirtschaftliche Tätigkeiten sowie „Überschussrechner" nach § 2 Abs 4 Z 2 EStG. Die Buchführungspflicht wird ergänzt durch eine Pflicht zur Inventarisierung und zur Aufstellung eines Jahresabschlusses (*siehe auch Tz 4.1.5*). Wen nach dem UGB Buchführungspflichten treffen, der hat diese Verpflichtungen auch im Interesse der Abgabenerhebung zu erfüllen. Wer gemäß UGB bilanziert, muss also auch steuerrechtlich bilanzieren und in der Regel seinen Gewinn durch uneingeschränkten Betriebsvermögensvergleich ermitteln (§ 5 EStG).

Der nach Erstellung des Jahresabschlusses bzw nach sonstiger Abrechnung ermittelte Gewinn wird den Gesellschaftern im Verhältnis der Kapitalanteile zugewiesen. Arbeitsgesellschafter sollen einen den Umständen nach angemessenen Betrag am Gewinn erhalten. Die Verlustverteilung erfolgt ebenfalls anhand der Kapitalanteile. Arbeitsgesellschaftern würden daher keine Verluste zugewiesen. Abweichende Regelungen im Gesellschaftsvertrag sind aber wiederum möglich.

2.2.2.5 Eintritt, Austritt, Beendigung

Ein Eintritt erfolgt grundsätzlich erst mit Zustimmung aller Altgesellschafter. Der Gesellschaftsvertrag darf aber auch Mehrheitsentscheidungen zulassen.

Ein Ausscheiden kann aufgrund von befristeter oder auflösend bedingter Mitgliedschaft oder mit Zustimmung der anderen Gesellschafter erfolgen. Auch ist die Einräumung eines einseitigen Kündigungsrechts im Gesellschaftsvertrag denkbar. Darüber hinaus ist natürlich wieder ein Ausschluss/Austritt aus wichtigem Grund zulässig.

Solange wenigstens zwei Gesellschafter verbleiben, besteht die OG fort. Die ausgeschiedenen Gesellschafter sind aus dem Firmenbuch zu löschen. Bleibt nur ein Gesellschafter, erlischt die Gesellschaft und das Vermögen der Gesellschaft geht ohne Liquidation (*siehe unten*) auf den „Übriggebliebenen" über.

Die OG endet darüber hinaus auch aus folgenden Gründen:

- Zeitablauf bei Befristung,
- Gesellschafterbeschluss,
- Konkurs der Gesellschaft,
- Tod eines Gesellschafters,
- Konkurs eines Gesellschafters sowie
- Kündigung der Gesellschaft.

Weitere Gründe können im Gesellschaftsvertrag vorgesehen werden, genauso wie Fortsetzungs- oder Nachfolgeklauseln, die zB eine Beendigung wegen Todes eines Gesellschafters verhindern.

Die Auflösung führt zu einer **Liquidation** bzw **Abwicklung**. Grundsätzlich fungieren die Gesellschafter dabei als Liquidatoren. Sie erstellen eine Eröffnungsbilanz, beenden die laufenden Geschäfte, ziehen offene Forderungen ein, setzen das übrige Vermögen der OG in Geld um und befriedigen die Gläubiger. Der sich aus der Abwicklung bzw Schlussbilanz ergebende Gewinn oder Verlust ist entsprechend der Kapitalanteile oder gemäß Vereinbarung zu verteilen und das Erlöschen der Gesellschaft zum Firmenbuch anzumelden. Die Haftung der Gesellschafter bleibt jedoch aufrecht und entsprechende Ansprüche verjähren 5 Jahre nach Eintragung der Auflösung ins Firmenbuch bzw wenn sie erst nach Eintragung fällig werden, 5 Jahre ab Fälligkeit, beides unter der Bedingung, dass die jeweilige Forderung gegen die OG nicht bereits einer kürzeren Verjährung unterliegt.

2.2.3 Die Kommanditgesellschaft

Die Kommanditgesellschaft (KG) ist wie die OG eine Personengesellschaft und ihr in ihren rechtlichen Grundlagen (§§ 161 – 177 UGB) äußerst ähnlich. Sie darf ebenso zu jedem erlaubten Zweck gegründet werden.

Abweichend von der OG haften aber nicht alle Gesellschafter unbeschränkt persönlich. Im Rahmen der KG wird nämlich zwischen unbeschränkt persönlich haftenden Gesellschaftern (**Komplementär**en) und beschränkt persönlich haftenden Gesellschaftern (**Kommanditist**en) unterschieden. Die Komplementäre fungieren als die eigentlichen Mitunternehmer, während die Kommanditisten primär die Rolle von Geldgebern einnehmen, weshalb das Wettbewerbsverbot des § 112 UGB nicht für sie gilt.

Die Regelungen hinsichtlich der unbeschränkt haftenden Gesellschafter der KG entsprechen jenen der OG. Auch ist sie in Gründung und laufendem Geschäft ähnlich kostenintensiv.

2.2.3.1 Rechtsnatur, Gesellschaftsvermögen und Haftung

Bezüglich der Rechtsfähigkeit und der zugehörigen Themen kann auf die Ausführungen zur OG verwiesen werden.

Anders als beim Komplementär ist die Haftung des Kommanditisten mit der im Firmenbuch eingetragenen Haftsumme beschränkt. Ansonsten haftet er aber genauso persönlich, unmittelbar und insbesondere solidarisch (*siehe Tz 2.2.2.1*). Sobald der Kommanditist aber seine Einlage in Höhe der Haftsumme oder übersteigend an die Gesellschaft geleistet hat, entfällt seine Haftung, da die Gläubiger jederzeit auf die in der KG eingelegte Summe zugreifen können. Bleibt die Einlage unter der Haftsumme, haftet er den Gläubigern weiter für die entsprechende Differenz.

Achtung

Die Haftungsregelungen sind im Verhältnis zu den Gläubigern der Gesellschaft wiederum zwingendes Recht! Abweichendes kann also ihnen gegenüber nicht rechtswirksam vereinbart werden.

Eintretende Gesellschafter haften auch für die Verbindlichkeiten, die vor dem Eintritt begründet wurden, wobei beim Kommanditisten natürlich die Beschränkung seiner Haftung zur Anwendung kommt. Die Haftung ausscheidender Kommanditisten und Komplementäre entspricht jener der OG-Gesellschafter.

2.2.3.2 Gesellschaftsvertrag und Gründung

Die KG wird wiederum durch Gesellschaftsvertrag von Komplementären und Kommanditisten errichtet. Es bestehen keine Formvorschriften. Eine Änderung des Vertrages bedarf – solange nichts anderes vereinbart wurde – der Zustimmung aller Gesellschafter. Aufgrund vieler dispositiver gesetzlicher Regelungen besteht wieder ein großer Spielraum bei der Ausgestaltung der rechtlichen Beziehungen. Die KG entsteht schließlich durch die von allen Gesellschaftern vorzunehmende Anmeldung beim Firmenbuch (**konstitutive Eintragung**).

Eingabegebühr	€ 32,00
Eintragungsgebühr Firma, Sitz, Anschrift	€ 25,20
Eintragungsgebühr pro Komplementär	€ 40,00
Eintragungsgebühr pro Kommanditist	€ 28,00
gerichtl Beglaubigung von Unterschriften, pro Unterschrift	€ 13,70
Eintragung der Adresse der Internetseite (optional)	€ 8,40

2.2.3.3 Geschäftsführung, Vertretung

Für die Komplementäre der KG ist hinsichtlich der Geschäftsführung/Vertretung auf die Ausführungen zur OG zu verweisen.

Die Kommanditisten sind von der gewöhnlichen Geschäftsführung vollkommen ausgeschlossen, werden also nicht von der Selbstorganschaft erfasst. Sie haben von Gesetzes wegen auch kein Widerspruchsrecht. Allerdings kann im Gesellschaftsvertrag etwas Anderes vereinbart werden. Außergewöhnliche Geschäftsführungsmaßnahmen bedürfen der Zustimmung der Kommanditisten, außer es wurde im Gesellschaftsvertrag eine abweichende Regelung getroffen. Es ist auch möglich, dem Kommanditisten gesellschaftsvertraglich oder anderweitig Vertretungsbefugnisse einzuräumen.

Die Kontrollrechte der Kommanditisten bleiben hinter denen der Komplementäre – deren Rechte entsprechen denen der Gesellschafter einer OG (§ 118 UGB) – zurück. Allerdings ist eine Angleichung der Positionen durch den Gesellschaftsvertrag möglich.

2.2.3.4 Einlagen, Gewinne, Verluste

Die Regelungen über die Einlage bei der OG gelten auch für die Komplementäre der KG. Die Kommanditisten haben eine sogenannte Pflichteinlage zu leisten. Diese muss aber nicht in Vermögenswerten bestehen und wird auch nicht in das Firmenbuch eingetragen. Die Pflichteinlage ist von der Haftsumme der Kommanditisten zu unterscheiden, obwohl sie regelmäßig gleich hoch sind. Die KG muss über kein Mindestkapital verfügen.

Der Kapitalanteil leitet sich wieder grundsätzlich vom Wert der jeweiligen Beteiligung an der KG ab. An ihn knüpfen insbesondere Gewinn- und Verlustverteilung, das Abfindungsguthaben des ausscheidenden Gesellschafters und die Verteilung des Vermögens der KG im Rahmen der Liquidation. Soweit nichts anderes vereinbart wurde, verändern sich die Kapitalanteile der Gesellschafter nicht. Etwaige Buchführungspflichten usw richten sich nach denselben Regelungen wie bei der OG.

Bei der Gewinnverteilung ist darauf acht zu geben, dass das Gesetz hier eher unpräzise Vorgaben macht, indem es für den Komplementär eine seiner (unbeschränkten) Haftung „angemessene" Beteiligung – eine Art Haftungsprämie – verlangt. Genauso sollen Arbeitsgesellschafter „angemessen" entlohnt werden. Der restliche Gewinn soll entsprechend der Kapitalanteile verteilt werden. Eine klärende Regelung im Gesellschaftsvertrag ist jedenfalls ratsam. Verluste werden, wenn nichts Abweichendes vereinbart wurde, im Verhältnis der Beteiligung zugewiesen.

2.2.3.5 Eintritt, Austritt, Beendigung

Der Gesellschafterwechsel von Komplementären und Kommanditisten unterscheidet sich nicht wesentlich vom Wechsel im Rahmen der OG. Beim eintretenden Kommanditisten entfällt die Haftung, wenn der Veräußerer zuvor eine Einlage in Höhe der Haftungssumme geleistet hat, diese nicht durch eine Rückgewähr geschmälert und ein Nachfolgevermerk ins Firmenbuch eingetragen wurde. Stirbt ein Kommanditist, hat dies keine Auswirkungen auf das Bestehen der Gesellschaft. Die Gesellschaft wird grundsätzlich mit den Erben fortgesetzt. Anderes gilt für den Tod eines Komplementärs. Hinsichtlich der Beendigung sind also wiederum nur geringe Abweichungen zum Recht der OG festzustellen.

2.2.3.6 GmbH & Co KG

Handelt es sich beim Komplementär einer KG um eine GmbH, so spricht man von einer GmbH & Co KG. Sie wird vor allem aus steuerlichen Gründen gewählt. In der Praxis ist sie insbesondere auch als Finanzierungsgesellschaft in Gebrauch.

Die Konstruktion führt in ihrer „reinen Form" dazu, dass keine natürliche Person für die Verbindlichkeiten der KG unbeschränkt haftet. Auf diesen Umstand ist im Rahmen der Firma durch einen Zusatz – „GmbH & Co KG" gilt als ausreichend – hinzuweisen. Die Geschäftsführung und Vertretung der KG erfolgt durch die GmbH bzw konkret durch den Geschäftsführer der GmbH oder durch andere zur Vertretung der GmbH befugte Personen. Der Gesellschaftszweck solcher GmbH erschöpft sich daher oft in der „Führung der Geschäfte einer Kommanditgesellschaft." Natürliche Personen als Kommanditisten können aufgrund des Durchgriffsprinzips Verluste aus der KG mit anderen Einkünften ausgleichen. Zugleich sind diese dann auch oft als Geschäftsführer der Komplementär-GmbH tätig, wodurch sie, sofern sie dort als (freier) Dienstnehmer beschäftigt werden (*siehe Tz 4.1*), sozial bzw arbeitsrechtlich abgesichert sind. Die entsprechenden Ausgaben mindern wiederum den Gewinn der Gesellschaft.

Die GmbH & Co KG gilt, wenn keine natürliche Person unbeschränkt haftet, als „verdeckte Kapitalgesellschaft" und ist daher nach UGB rechnungslegungspflichtig.

2.3 Kapitalgesellschaften

Während bei Personengesellschaften Selbstorganschaft und persönliche unbeschränkte Haftung der Gesellschafter im Vordergrund stehen, beruhen Kapitalgesellschaften auf dem **Trennungsprinzip**. Die Gesellschafter haften grundsätzlich nicht mit ihrem Privatvermögen für Verbindlichkeiten der Gesellschaft, wenn sie ihren Anteil eingezahlt haben. Ihr Risiko wird dadurch deutlich eingeschränkt. Den Gläubigern steht damit nur das Gesellschaftsvermögen als Haftkapital zur Verfügung.

> **Beispiel:**
>
> Christoph hat von seiner Großmutter Aktien geerbt. Die AG wird aber bald zahlungsunfähig. Viele Gläubiger verlieren ihr Geld, darunter auch das Unternehmen von Sabine. Sie fordert nun von Christoph, einen seinem Aktienbesitz entsprechenden Teil der Schulden der AG bei ihr zu begleichen. Sabine wird mit diesem Anspruch nicht durchdringen, da Christoph trotz seiner Gesellschafterstellung nicht mit seinem Privatvermögen für die Schulden der AG haftet. Die AG ist ein eigenständiger Träger von Rechten und Pflichten und verfügt über ein eigenes Vermögen.

Das Gesetz sieht in der Regel bestimmte Gesellschaftsorgane vor (Aufsichtsrat als Aufsichtsorgan, Vorstand/Geschäftsführung als Leitungsorgan und Gesellschafterversammlung als allgemeines Willensbildungsorgan), sodass die Gesellschafter nicht sämtliche Gesellschaftstätigkeiten verrichten (**Dritt- oder Fremdorganschaft**) und damit grundsätzlich auch über weniger Einfluss auf die Gesellschaft verfügen.

Da die Kapitalgesellschaften nicht stark mit der Individualität ihrer Gesellschafter verknüpft sind, ist ein Gesellschafterwechsel grundsätzlich einfacher möglich. Trotz dieser eingeschränkten Verknüpfung treffen auch die Gesellschafter einer zB AG oder GmbH entsprechende **Treupflicht**en gegenüber Gesellschaft und Mitgesellschaftern (siehe zB § 100 AktG und *Tz 5.3.3*). Wettbewerbsverbote treffen aber primär die jeweilige Geschäftsführung (siehe zB § 24 GmbHG oder § 79 AktG). Der **Gleichbehandlungsgrundsatz** wurde im AktG explizit in § 47a festgelegt. Das GmbHG hält den Grundsatz nicht in allgemeiner Form fest.

> **Beispiel:**
>
> Dazu zwei Beispiele aus dem GmbH-Recht:
>
> Zahlen mehrere Gesellschafter ihre Einlagen nicht rechtzeitig ein, so dürfen einzelne der säumigen Gesellschafter von der Aufforderung zur Einzahlung grundsätzlich nicht ausgenommen werden (*siehe auch Tz 3.1.2.5*).
>
> Nicht dem Grundsatz der Gleichbehandlung entspricht es, wenn die Vererbung eines Geschäftsanteils durch einen bereits verstorbenen Gesellschafter rückwirkend mittels Beschluss an die Zustimmung der anderen Gesellschafter gebunden werden soll und damit die Regelung im Gesellschaftsvertrag aufgrund eines Anlassfalls nur zu Lasten eines konkreten Gesellschafters verschlechtert wird.

Die Dichte zwingender Bestimmungen ist schließlich im Recht der Kapitalgesellschaften größer und gestaltet sich auch deren Gründung und Aufrechterhaltung, aufgrund der Anmeldenotwendigkeiten beim Firmenbuchgericht und des teilweise notwendigen Einsatzes von Notaren, teurer und komplexer.

Insbesondere treffen die Kapitalgesellschaften die umsatzunabhängige Buchführungspflicht nach § 189 UGB und weitere Prüfungs-, Offenlegungs- und Veröffentlichungspflichten. Sämtliche Einkünfte von Kapitalgesellschaften gelten als „Einkünfte aus Gewerbebetrieb", weshalb steuerrechtlich ein unbeschränkter Betriebsvermögensvergleich (§ 5 EStG) zur Gewinnermittlung vorzunehmen ist.

Die Gewinne der Kapitalgesellschaften unterliegen der **Körperschaftssteuer**, wobei eine Mindestkörperschaftsteuer zu leisten ist (§ 24 KStG), die fünf Prozent eines Viertels der gesetzlichen Mindesthöhe des Grund- oder Stammkapitals beträgt (grundsätzlich GmbH € 1.750,-- pa, AG € 3.500,-- pa und SE € 6.000,-- pa). Die Kapitalgesellschaften werden also als Steuersubjekte anerkannt, während dies bei den Personengesellschaften nicht der Fall ist. Insofern kommt es zu einer Doppelbelastung von Einkommen:

- Der Gewinn unterliegt bei der Gesellschaft zuerst der Körperschaftssteuer und
- im Fall seiner Ausschüttung an die Gesellschafter bei den Gesellschaftern der Einkommensteuer.

Verluste der Kapitalgesellschaft werden wie erwähnt nicht den Gesellschaftern zugerechnet, weshalb die Gesellschafter auch keinen entsprechenden Ausgleich mit ihren anderen Einkünften vornehmen können. Der an die Gesellschafter ausgeschüttete Gewinn wird grundsätzlich endbesteuert, dh es werden 25% Kapitalertragsteuer einbehalten, womit der Gesellschafter seine Einkommensteuerpflicht diesbezüglich erfüllt hat.

Eingabegebühr AG	€ 145,00
Eingabegebühr GmbH	€ 32,00
Eintragungsgebühr Firma, Sitz, Anschrift	€ 25,20
Eintragungsgebühr Kapital	€ 152,00
Eintragungsgebühr Gesellschaftsvertrag GmbH	€ 102,00
Eintragungsgebühr Satzung	€ 152,00
Eintragungsgebühr pro Geschäftsführer	€ 28,00
Eintragungsgebühr pro Gesellschafter	€ 20,00
Eintragungsgebühr pro AR-Mitglied	€ 49,00
gerichtl Beglaubigung von Unterschriften pro Unterschrift	€ 13,70
Eintragung der Adresse der Internetseite (optional/verpflichtend für börsennotierte AG)	€ 8,40

2.3.1 Die Aktiengesellschaft

2.3.1.1 Rechtspersönlichkeit, Gesellschaftsvermögen und Haftung

Die rechtlichen Grundlagen der AG normiert das Aktiengesetz (AktG). Sie ist eine **juristische Person** und genießt daher volle Rechtsfähigkeit. Als eigene Rechtsperson ist sie streng von ihren Anteilseignern zu trennen und ist selbst Vertragspartner, Gläubiger, Schuldner oder Eigentümer. Der Aktionär leistet lediglich seine Einlage und wird von den Verbindlichkeiten der AG nicht getroffen. Nur in außergewöhnlichen Extremfällen kann diese strenge Trennung zwischen Gesellschaft und Gesellschafter ausnahmsweise durchbrochen werden. Es kommt zur sogenannten Durchgriffshaftung. Die AG ist schließlich Unternehmer kraft Rechtsform (§ 2 UGB).

2.3.1.2 Gesellschaftsvertrag

Die Vereinbarung der Gründer über die Errichtung der AG und deren organisatorische und sonstige Grundlagen wird Satzung genannt. Die Satzung muss als Notariatsakt errichtet werden. Einpersonengründungen sind möglich. Sie erfolgt durch Erklärung des einzigen Gesellschafters. Die AG kann zur Verfolgung von eigen- aber auch gemeinnützigen Zwecken errichtet werden. Zwingende Inhalte der Satzung sind:

- Firma und Sitz,
- Gegenstand des Unternehmens,
- Höhe des Grundkapitals,
- Ausgabe von Inhaber- oder Namensaktien,
- Zerlegung des Grundkapitals in Nennbetrags- oder Stückaktien,
- Zusammensetzung des Vorstands,
- Form der Veröffentlichungen der Gesellschaft.

Die Firma bezeichnet wieder den Namen der AG. Es kann sich um Sach- oder Personenbezeichnungen oder Fantasienamen handeln. Die Firma ist mit einem Rechtsformzusatz (AG, Aktiengesellschaft usw) zu führen.

Der Sitz der AG muss sich an einem Ort befinden, an dem die Gesellschaft einen Betrieb hat oder sich ihre Geschäftsleitung befindet oder die Verwaltung geführt wird. Es darf nur einen Sitz geben, welcher sich im Inland befinden muss.

Die AG muss über ein **Mindestkapital von € 70.000,--** verfügen, welches den Gläubigern als Mindesthaftkapital – die Gesellschafter können ja nicht in Anspruch genommen werden – zur Verfügung steht. Das nötige Kapital muss nicht ausschließlich durch Barmittel (**Bargründung**), sondern kann auch durch Sachwerte (**Sachgründung**) bzw durch Beides (**gemischte Gründung**) aufgebracht werden.

Das Grundkapital wird in Aktien zerlegt und von den Gesellschaftern als deren Anteile gehalten. Bei **Namensaktien** wird der Berechtigte zunächst in ein Aktienbuch eingetragen. Zur Übertragung der Aktie ist ein Indossament notwendig und erfolgt eine entsprechende Eintragung des Erwerbers in das Aktienbuch. **Inhaberaktien** können einfach durch Übereignung der Urkunde übertragen werden. Der Berechtigte wird nicht namentlich genannt, sondern der jeweilige Inhaber des Papiers gilt ohne weiteres als berechtigt. Die freie Wahl zwischen den beiden Varianten wurde mittlerweile aufgrund von Transparenzüberlegungen beschränkt. Nicht börsennotierte Gesellschaften wurden auf Namensaktien beschränkt, während den börsennotierten Gesellschaften noch ein Wahlrecht zwischen Namens- und Inhaberaktien zukommt. **Stück- bzw Nennbetragsaktien** können nicht nebeneinander ausgegeben werden. Sie geben den jeweiligen Anteil am Grundkapital pro Aktie an, der entweder fix bestimmt wird (Nennbetrag) oder sich aus dem Kapital geteilt durch die Zahl der Aktien ergibt (Stückaktien).

Hinsichtlich der Zusammensetzung des Vorstands ist die Zahl seiner Mitglieder festzulegen. Es genügt jedoch, eine Ober- und/oder Untergrenze anzugeben.

Veröffentlichungen der Gesellschaft sind in der Wiener Zeitung vorzunehmen, was in der Satzung auch festzuhalten ist. Daneben können auch andere Medien genannt werden.

Für **Satzungsänderungen** ist die Hauptversammlung, ein aus allen Aktionären zusammengesetztes Organ der AG, zuständig (*siehe Tz 2.3.1.4*). Ein positiver Beschluss erfordert grundsätzlich neben der einfachen Stimmenmehrheit die Zustimmung von mindestens drei Viertel des anlässlich der Beschlussfassung vertretenen Grundkapitals.

2.3.1.3 Gründung

Die Feststellung der Satzung durch die Gründer in Notariatsaktform (*siehe Tz 3.1.2*) und die Übernahme der Aktien, die ebenfalls mittels Notariatsakt zu erfolgen hat, bilden weitere Schritte im gesamten Gründungsprozess.

Danach sind der erste Aufsichtsrat, die ersten Abschlussprüfer und der erste Vorstand zu bestellen. Vor der Eintragung ins Firmenbuch muss eine Leistung der Einlagen erfolgen. Über den Ablauf der Gründung ist durch die Gründer ein Gründungsbericht zu erstellen, auf den eine Gründungsprüfung durch den Vorstand und den Aufsichtsrat folgt. Danach wird durch die Gründer, den Vorstand und den Aufsichtsrat die Anmeldung zur Eintragung ins Firmenbuch vorgenommen, wobei die Eintragung nach positiver Prüfung durch das Firmenbuchgericht erfolgt. Es handelt sich wiederum um eine **konstitutive Eintragung**. Daraufhin sind die relevanten Daten und Informationen hinsichtlich der neuen Gesellschaft und der Gründung im Amtsblatt zur Wiener Zeitung zu veröffentlichen.

Kommt es zur bereits erwähnten Sachgründung oder gemischten Gründung, sind einige Besonderheiten zu beachten. Die dem Einbringenden gewährten Stückaktien bzw der gewährte Nennbetrag in Nennbetragsaktien sind in die Satzung aufzunehmen. Im Gründungsbericht sind Ausführungen hinsichtlich der Angemessenheit der Leistung zu machen und ist die Gründungsprüfung zwingend von externen, vom Gericht bestellten Gründungsprüfern durchzuführen. Das Firmenbuchgericht prüft dann insbesondere, ob Sacheinlage und die gewährte Gegenleistung in einem angemessenen Verhältnis stehen. Im Rahmen der der Eintragung folgenden Veröffentlichung sind zusätzlich die Details hinsichtlich der Sacheinlage zu publizieren.

Hier konnte nicht die gesamte Gründungsproblematik der AG behandelt werden. Es besteht jedoch eine große Ähnlichkeit zu den später eingehend behandelnden Gründungsfragen im GmbH-Recht.

2.3.1.4 Organe

Jede AG muss über drei Organe verfügen:

- Vorstand,
- Aufsichtsrat und
- Hauptversammlung.

Ihre Funktionen wurden im AktG klar bestimmt und unveränderlich festgesetzt. Die Satzung kann in dieses Gefüge nicht wirksam eingreifen. Weitere Organe, zB Beiräte, sind nur zulässig, wenn sie dieses Gefüge nicht berühren.

Die Gesellschafter spielen entsprechend dem Grundsatz der Drittorganschaft kraft ihrer Gesellschafterstellung keine Rolle in Vorstand und Aufsichtsrat. Die Mitglieder dieser Organe müssen daher auch keine Gesellschafter sein. Gesellschafter können aber wie Dritte durch Bestellung einem Organ angehören.

Vorstand

Der Vorstand wird vom Aufsichtsrat bestellt, führt die Geschäfte und vertritt die AG alleinverantwortlich. Weder der Aufsichtsrat noch die Hauptversammlung verfügen ihm gegenüber über ein Weisungsrecht. Die Zahl der Vorstände wird wie beschrieben in der Satzung festgelegt. Der Aufsichtsrat darf bei einem mehrgliedrigen Vorstand einen oder mehrere Vorsitzende bestimmen, der/die ua die Vorbereitung, Einberufung und Leitung von Sitzungen wahrnehmen.

Von der eigentlichen gesellschaftsrechtlichen **Bestellung** einer Person zum Vorstand ist der zwischen Gesellschaft und Vorstandsmitglied abzuschließende **Anstellungsvertrag** zu trennen (*siehe auch Tz 4.1.1*). Dieser wird zumeist als freier Dienstvertrag zu werten sein, da der Vorstand weisungsfrei ist, und auf Dauer nur gattungsmäßig umschriebene Dienste und kein konkretes Werk zu leisten hat. Der Anstellungsvertrag wird aber wiederum durch den Aufsichtsrat mit dem Vorstand abgeschlossen und kann maximal auf 5 Jahre befristet werden. Aufgrund der Selbstständigkeit des Anstellungsvertrages ist die Konstellation möglich, dass der Vorstand abberufen wird, sein freies Dienstverhältnis jedoch weiterläuft. Das freie Dienstverhältnis bedarf daher einer seiner Natur entsprechenden Beendigungsform.

Eine **Abberufung** eines Vorstands durch den Aufsichtsrat vor Ablauf der Amtsperiode darf nur aus wichtigem Grund erfolgen. Als wichtige Gründe werden im Gesetz „grobe Pflichtverletzung" oder die „Entziehung des Vertrauens durch die Hauptversammlung" genannt. Es dürfen auch ähnlich gravierende Gründe herangezogen werden. Dem Vorstand selbst steht es frei, dem Aufsichtsrat gegenüber seinen Rücktritt zu erklären. Die Frage der Beendigung des Anstellungsverhältnisses ist wiederum zu beachten.

Wird nichts anderes in der Satzung bestimmt, trifft der Vorstand als Organ seine Entscheidungen im Rahmen einer Gesamtgeschäftsführung mit einfacher Mehrheit, wobei dem Vorsitzenden ein Dirimierungsrecht – er entscheidet bei Gleichstand der Stimmen – eingeräumt wird. Einzelgeschäftsführung, eine Ressortverteilung usw können also entsprechend festgelegt werden.

Ua werden dem Vorstand durch das Gesetz folgende Aufgaben explizit zugewiesen:

- Implementierung eines Rechnungswesens und internen Kontrollsystems,
- Berichtspflichten gegenüber dem Aufsichtsrat (Jahres-, Quartals- und Sonderberichte),
- Einberufung der Hauptversammlung.

Im Fall der Börsennotierung der AG bestehen weitere umfangreiche kapitalmarktrechtliche Pflichten zur Information (Prospektpflicht) oder Organisation (Bestellung eines Compliance-Verantwortlichen).

Der Vorstand verfügt grundsätzlich über ein Vertretungsmonopol. Es gilt – soweit nichts anderes in der Satzung festgelegt wurde – der Grundsatz der Gesamtvertretung. Wiederum ist also eine Einzelvertretung vorsehbar.

Aufsichtsrat

Der Aufsichtsrat besteht aus Kapitalvertretern und Arbeitnehmervertretern, wobei auf zwei Kapitalvertreter ein Arbeitnehmervertreter zu kommen hat. Die Zahl der Kapitalvertreter ist nach unten mit 3, nach oben mit 20 begrenzt. Auch der Zahl der Aufsichtsratsposten, die eine einzelne Person übernehmen darf, wurden Grenzen gesetzt (*siehe auch Tz 4.4*).

Die **Bestellung** der Kapitalvertreter erfolgt durch die Hauptversammlung. In der Satzung darf aber bestimmten Aktionären ein Entsendungsrecht von Mitgliedern in den Aufsichtsrat eingeräumt werden. In der Regel dauert eine Funktionsperiode 5 Jahre. Die Hauptversammlung kann die von ihr gewählten Mitglieder des Aufsichtsrats jedoch vorzeitig und ohne Angabe von Gründen abberufen. Eine Minderheit von 10% des Grundkapitals kann eine Abberufung aus wichtigem Grund beim Gericht beantragen. Natürlich steht dem jeweiligen Aufsichtsratsmitglied auch ein Rücktritt offen.

Die Arbeitnehmervertreter werden durch den Betriebsrat in den Aufsichtsrat entsendet. Ohne Betriebsrat kann es zu keiner Entsendung kommen. Das Amt endet durch Abberufung, Beendigung der Betriebsratsmitgliedschaft oder mit dem Ausscheiden aus dem Unternehmen.

Der Aufsichtsrat ist ein Kollegialorgan und hat aus seiner Mitte einen Vorsitzenden und mindestens einen Stellvertreter zu wählen sowie – soweit nicht in der Satzung bereits Regelungen getroffen wurden – eine Geschäftsordnung zu beschließen. Zur effizienteren Arbeitsgestaltung dürfen Ausschüsse für bestimmte Themenbereiche gebildet werden. In einigen Fällen ist deren Einrichtung auch vorgeschrieben (zB Prüfungsausschuss, Vorstandsbesetzung).

Zu den zentralen Aufgaben des Aufsichtsrates gehört die Bestellung, Abberufung, Überwachung und strategische Begleitung und Beratung des Vorstands sowie die Feststellung des Jahresabschlusses. Die Überwachung des Vorstands richtet sich nicht auf das Tagesgeschäft, sondern auf dessen Leitungstätigkeit (Unternehmensplanung, -koordinierung und -kontrolle). Dazu dienen insbesondere auch die zuvor erwähnten Berichtspflichten des Vorstands sowie das Recht, die Hauptversammlung einzuberufen. Darüber hinaus hat der Aufsichtsrat insbesondere den Jahresabschluss und den Vorschlag für die Gewinnverteilung auf Rechtmäßigkeit, Wirtschaftlichkeit und Zweckmäßigkeit hin zu prüfen.

Einige Maßnahmen des Vorstands sind – in gewisser Beschränkung des Geschäftsführungsmonopols – vom Aufsichtsrat zu genehmigen (§ 95 AktG). Allerdings bleiben entsprechende Geschäfte, die ohne seine Zustimmung abgeschlossen werden, wirksam. Der Vorstand wird aber schadenersatzpflichtig. Konkret werden im Gesetz ua folgende zustimmungspflichtige Maßnahmen genannt:

- der Erwerb und die Veräußerung von Beteiligungen sowie der Erwerb, die Veräußerung und die Stilllegung von Unternehmen und Betrieben;
- der Erwerb, die Veräußerung und die Belastung von Liegenschaften, soweit dies nicht zum gewöhnlichen Geschäftsbetrieb gehört;
- Investitionen, die bestimmte Anschaffungskosten im einzelnen und insgesamt in einem Geschäftsjahr übersteigen;
- die Aufnahme von Anleihen, Darlehen und Krediten, die einen bestimmten Betrag im einzelnen und insgesamt in einem Geschäftsjahr übersteigen;
- die Gewährung von Darlehen und Krediten, soweit sie nicht zum gewöhnlichen Geschäftsbetrieb gehört;
- die Erteilung der Prokura.

Die erwähnten Betragsgrenzen sind durch die Satzung oder vom Aufsichtsrat festzusetzen.

Hauptversammlung

Hauptversammlung bezeichnet die Versammlung der Aktionäre und damit eines der Willensbildungsorgane der AG. Sie bildet auch grundsätzlich den einzigen Rahmen, in dem die Aktionäre ihre Rechte ausüben können.

Die Hauptversammlung ist durch den Vorstand einzuberufen. Ein Recht zur Einberufung steht daneben dem Aufsichtsrat (*siehe oben*) und 5% des Grundkapitals zu. Die Einberufung selbst ist in der Wiener Zeitung zu veröffentlichen, wobei die Satzung weitere Bekanntmachungsformen (zB Veröffentlichung im Internet oder postalische Verständigung der Aktionäre) vorsehen darf.

Zwischen dem Tag der Bekanntmachung und dem Tag der Hauptversammlung müssen mindestens 14 Tage liegen, wobei Veröffentlichungstag und Tag der Hauptversammlung nicht mitzurechnen sind. Bei einer für den 30.1. angesetzten Hauptversammlung ist die Einberufung dann spätestens am 15.1. zu veröffentlichen. Besteht aber zB eine Hinterlegungspflicht für die Aktien, um so eine Überprüfung der Teilnahmeberechtigung von Personen zu ermöglichen, ist die Frist zu verlängern.

Die Versammlung selbst ist dann grundsätzlich am Sitz der Gesellschaft abzuhalten. Den Vorsitz führt der Aufsichtsratsvorsitzende oder sein Stellvertreter. Die Aktionäre können in der Versammlung ihr Rede- und Auskunftsrecht ausüben sowie von ihrem Stimmrecht Gebrauch machen. Die jeweilige Stimmkraft hängt grundsätzlich vom Umfang des durch den Aktionär gehaltenen Kapitals ab. Die Satzung kann aber Stimmrechtsbeschränkungen, insbesondere durch Festlegung einer maximalen Stimmkraft, vorsehen, wobei diese bei der Berechnung der Kapitalmehrheit nicht zur Anwendung gelangen. Grundsätzlich entscheidet die einfache Stimmenmehrheit. Das Gesetz fordert in besonders wichtigen Angelegenheiten zusätzlich eine Dreiviertelmehrheit des vertretenen Grundkapitals.

Die Hauptversammlung ist im Rahmen der ordentlichen Hauptversammlung insbesondere für die Feststellung des Jahresabschlusses und zur Entscheidung über die

Gewinnverteilung und die Wahl des Abschlussprüfers zuständig. Darüber hinaus obliegen ihr zB die Wahl und Festlegung der Vergütung der Aufsichtsratsmitglieder sowie deren Abberufung. Sie entscheidet auch über Satzungsänderungen (*siehe Tz 2.3.1.2*).

2.3.1.5 Der Aktionär

Die Hauptverpflichtung des Aktionärs besteht „lediglich" in der Leistung seiner übernommenen Einlage. Geschäftsführung, Vertretung und Aufsicht müssen nicht durch Gesellschafter ausgeübt werden. Die Gesellschafterstellung führt nicht automatisch in den Vorstand oder Aufsichtsrat der AG. Die Satzung darf aber eine entsprechende Organstellung an vorhandenen Aktienbesitz knüpfen.

Der Verpflichtung zur Leistung der Einlage stehen die **Vermögens- und Verwaltungsrechte** des Aktionärs gegenüber.

Der Aktionär hat Anspruch auf Ausschüttung einer Dividende bzw des im Jahresabschluss ausgewiesenen Bilanzgewinnes, soweit Gesetz oder Satzung nichts anderes vorsehen. Konkret entsteht der Anspruch aber erst mit entsprechender Beschlussfassung der Hauptversammlung (*siehe Tz 2.3.1.4*). Wird die Gesellschaft abgewickelt, so steht dem Aktionär ein Recht auf einen allfälligen Abwicklungsüberschuss zu. Im Fall der Kapitalerhöhung verfügt der Aktionär über ein Bezugsrecht, damit sein relativer Anteil am Kapital nicht schrumpft. Das Recht, die Aktie zu veräußern, ist ebenfalls unter die Vermögensrechte einzuordnen.

Das Stimmrecht in der Hauptversammlung verkörpert das wichtigste Verwaltungsrecht des Aktionärs und orientiert sich an dem jeweils gehaltenen Anteil am Stammkapital. Wie oben gesehen, kann es aber diesbezüglich zu Begrenzungen kommen. Auch ist die Ausgabe gewinnverteilungsbegünstigter, aber stimmrechtsloser Vorzugsaktien möglich. Damit das Stimmrecht sinnvoll ausgeübt werden kann, wird es durch Informationsrechte flankiert. In der Hauptversammlung sind daher durch den Vorstand ua Jahresabschluss, Lagebericht und Gewinnverwendungsvorschlag vorzulegen. Der Aufsichtsrat hat die Hauptversammlung insbesondere über seine Kontrolltätigkeiten zu informieren.

2.3.2 Die Societas Europaea (Europäische AG)

Die SE steht seit 2004 als supranationale Gesellschaftsform auf dem Gebiet der EU zur Verfügung und wurde als Aktiengesellschaft konzipiert, weshalb in der Regel ein Verweis auf die entsprechenden Bestimmungen genügt. Ihre Rechtsgrundlagen bilden die in den EU-Mitgliedsstaaten unmittelbar anwendbare europäische SE-Verordnung und das österreichische SE-Gesetz. Eine SE kann aus der Verschmelzung zweier in verschiedenen Mitgliedsstaaten beheimateter AGs oder der Umgründung einer AG entstehen oder von zwei entsprechenden Gesellschaften (auch GmbH!) als Tochter oder Holding gegründet werden.

Den Gründern der SE steht die Wahl zwischen einem dualistischen System und einem monistischen System offen. Im dualistischen System sind die Aufgaben von Geschäftsführung und Aufsicht getrennt (Vorstand und Aufsichtsrat). Im monistischen System werden die beiden Aufgaben durch ein einziges Organ wahrgenommen (Verwaltungsrat). Das dualistische System folgt im Wesentlichen den Regelungen des AktG.

Verwaltungsrat

Der Verwaltungsrat des monistischen Systems besteht aus mindestens drei Mitgliedern und es dürfen ihm höchstens zehn Kapitalvertreter angehören, welche wiederum durch Arbeitnehmervertreter ergänzt werden. Die Mitbestimmung der Arbeitnehmervertreter richtet sich primär nach einer Vereinbarung, die die Leitungsorgane der beteiligten Gesellschaften und ein sogenanntes besonderes Verhandlungsgremium aus Arbeitnehmervertretern (§§ 216 ff ArbVG) getroffen haben. Der Verwaltungsrat hat aus seiner Mitte einen Vorsitzenden und mindestens einen Stellvertreter zu bestimmen.

Der Verwaltungsrat hat mindestens sechsmal im Geschäftsjahr zusammenzutreten. Seine Mitglieder sind grundsätzlich zur Geschäftsführung befugt, soweit damit nicht sogenannte **geschäftsführende Direktoren** betraut wurden. Es muss nämlich zumindest ein geschäftsführender Direktor bestellt (entweder Mitglieder des Verwaltungsrates oder Dritte) werden. Ihre Funktionsdauer ist auf fünf Jahre befristet. Auf die geschäftsführenden Direktoren kommt das Prinzip der Gesamtgeschäftsführung zur Anwendung. Es kann aber Abweichendes in der Satzung bestimmt werden. Die geschäftsführenden Direktoren werden durch den Verwaltungsrat überwacht.

Die Vertretung der SE obliegt dem Verwaltungsrat und den geschäftsführenden Direktoren gemeinsam, wobei in der Satzung wiederum andere Regelungen getroffen werden dürfen.

Der Verwaltungsrat hat zwingend einen Prüfungsausschuss zu bestellten, wenn er über mehr als fünf Mitglieder verfügt, die SE börsennotiert ist oder es sich bei der SE um eine große Gesellschaft iSd § 221 UGB handelt. Der Ausschuss hat insbesondere die Rechnungslegung, die Abschlussprüfung und den Jahresabschluss zu überwachen.

Bezüglich der Organisation und des Ablaufs einer **Hauptversammlung** sowie des Abstimmungsverfahrens gelten in der Regel die entsprechenden gesetzlichen Bestimmungen des Sitzstaates der SE. Sie wird im monistischen System durch den Verwaltungsratsvorsitzenden geleitet. Als Adressat der Auskunftsbegehren der Aktionäre fungiert der Verwaltungsrat.

2.3.3 Ausländische Gesellschaftsformen

Der in Österreich herrschende gesellschaftsrechtliche Typenzwang wurde mittlerweile durch den in der EU herrschenden Grundsatz der Niederlassungsfreiheit aufgeweicht bzw unterlaufen. Nach der diesem Grundsatz widersprechenden und grundsätzlich noch immer in Österreich vertretenen **Sitztheorie** muss sich das Gesellschaftsstatut nach dem Recht des Staates richten, in dem die Gesellschaft ihren tatsächlichen Verwaltungssitz hat. Nach der nunmehr vorherrschenden **Gründungstheorie** muss die Gesellschaft nur dem Recht des Gründungsstaates entsprechen, darf aber ihren Verwaltungssitz ohne weiteres in einem anderen Staat haben. Die Sitztheorie verlangt in diesem Fall, dass die Gesellschaft sich nach den Regeln des Staates des Hauptsitzes neu gründet.

In der Praxis bedeutet dies, dass dem Gründungswilligen in Österreich nun auch andere, vielleicht prima facie „billigere", ausländische Gesellschaftsformen zur Verfügung stehen, auch wenn diese nicht im Inland gegründet werden, sondern nur vom Ausland hierher verlegt werden dürfen. Diese Möglichkeiten können hier nicht näher beleuchtet werden, jedoch ist größtes Augenmerk auf die Konsequenzen der Wahl einer ausländischen Gesellschaftsform zu legen. So könnten zwingende Normen des österreichischen Gesellschaftsrechts, die zB dem Schutz von Gläubigern, der Allgemeinheit oder Gesellschaftern bzw Anlegern dienen, im ausländischen Gesellschaftsrecht kein Äquivalent finden. Vielleicht sind entsprechende Normen in anderen ausländischen Rechtsgebieten angesiedelt, die nun aber in Österreich nicht zur Anwendung kommen.

Darüber hinaus dürfte die Wahl einer „Billiggesellschaft" ohne große Anforderungen an die Kapitalausstattung wenig Vertrauen bei potentiellen Geschäftspartnern hervorrufen. Und selbst wenn die Gesellschaft auf den ersten Blick billig erscheint, so wie zB die englische Private Limited Company, da sie kein bestimmtes Mindestkapital benötigt, so können beträchtliche Kosten auf den voreiligen Gründer lauern. Denn die erwähnte Limited muss zB nach englischem Recht Rechnung legen, wozu natürlich entsprechende englische Spezialisten gebraucht werden. Auf allfällige gesellschaftsrechtliche Streitigkeiten kommt größtenteils englisches Recht zur Anwendung, was einen auf dem Gebiet kompetenten und daher wahrscheinlich auch nicht billigen Rechtsbeistand erfordert. Darüber hinaus ist ein durch Gründer aufzubringendes Mindestkapital keine „verlorene" Ausgabe, sondern kann im Rahmen des Geschäftsbetriebs verwendet werden.

Es ist also nicht alles Gold, was glänzt und bei der Wahl einer ausländischen Gesellschaftsform ist daher eine umfassende Prüfung anzustellen.

2.3.4 Die GmbH – eine Einführung

Die GmbH verfügt wie die AG über eine **eigene Rechtspersönlichkeit**. Ihre **Gesellschafter haften nur beschränkt** mit der auf ihren jeweiligen Geschäftsanteil geleisteten Einlage (Stammeinlage), während die GmbH trotz ihrer vielleicht etwas irreführenden Bezeichnung natürlich unbeschränkt ihren Gläubigern gegenüber haftet. Die GmbH hat über ein **Mindestkapital von € 35.000,--** zu verfügen.

Hinweis

Seit 1.3.2014 ist eine privilegierte Gründung einer GmbH möglich. In diesem Fall hat das Stammkapital zumindest € 10.000,-- zu betragen. Dieses ist in weiterer Folge innerhalb von 10 Jahren ab Eintragung der Gesellschaft auf € 35.000,-- zu erhöhen. Das Stammkapital aller GmbH hat zum 1.3.2024 jedenfalls € 35.000,-- zu betragen.

Die Gründung kann durch mehrere Gesellschafter, aber auch durch einen einzigen erfolgen. Es wird daher entweder ein **Gesellschaftsvertrag** zwischen den Gesellschaftern abgeschlossen oder eine **Erklärung über die Errichtung** durch den einzelnen Gründer abgegeben. Beide bedürfen zu ihrer Gültigkeit der Form eines Notariatsaktes.

Der Gesellschaftsvertrag muss zumindest die Firma und den Sitz der Gesellschaft sowie den Unternehmensgegenstand, die Höhe des Stammkapitals und die von jedem Gesellschafter zu leistende Stammeinlage beinhalten. Die GmbH ist schließlich zu ihrer Entstehung in das Firmenbuch einzutragen (**konstitutive Eintragung**). Sie ist Unternehmer kraft Rechtsform (§ 2 UGB), unabhängig von der Art ihrer Tätigkeit.

Jede GmbH muss zwingend über einen **Geschäftsführer** verfügen. Die Einrichtung eines Aufsichtsrats bleibt in den meisten Fällen der freien Entscheidung der Gesellschafter überlassen. Diese sind in der **Generalversammlung** organisiert, die anders als die Hauptversammlung der AG das höchste Willensbildungsorgan der GmbH darstellt. Anders als der Vorstand, unterliegt der Geschäftsführer nämlich einem Weisungsrecht der Generalversammlung, welche die Geschäftsführer auch bestellt und abberuft. Einem allfälligen **Aufsichtsrat** können ebenfalls bindende Weisungen erteilt werden. Die Gesellschafter der GmbH sind der Unternehmensleitung also hierarchisch übergeordnet.

Die Übertragung eines GmbH-Anteils gestaltet sich schließlich aufgrund strenger Formvorschriften recht schwer. Insofern nähert sich die GmbH den Personengesellschaften an.

Das die GmbH regelnde GmbH-Gesetz erlaubt durch eine größere Anzahl dispositiver Normen eine flexible Gestaltung und Anpassung der GmbH an die Gegebenheiten und Wünsche der Gesellschafter. In der Praxis dominieren **GmbH mit personalistischen Strukturen**, also den Personengesellschaften ähnlichen Merkmalen, denn nur ein kleiner Teil der österreichischen GmbH verfügt über mehr als vier Gesellschafter. Hier schalten sich die Gesellschafter direkt in die Geschäfte der GmbH ein, indem sie zB als Geschäftsführer, Prokurist oder Mitarbeiter tätig werden, aber anders als zB als Gesellschafter einer OG nicht unbeschränkt haften. Die umfassenden Rechte der Generalversammlung kommen dieser GmbH-Variante äußerst entgegen. Die Gesellschaftsverträge personalistischer GmbH können daher auch durchaus Wettbewerbsverbote für die Gesellschafter enthalten.

Eine Unterform der personalistisch strukturierten GmbH bilden die **Familien-GmbH**, bei denen neben dem direkten Engagement der Familienmitglieder im Unternehmen besonderer Wert auf Einstimmigkeit oder den Schutz vor der unerwünschten Abtretung von Geschäftsanteilen an familienfremde Personen gelegt wird. Insofern werden vor allem Klein- und Mittelbetriebe als GmbH geführt.

Daneben gibt es auch Gesellschaften mit beschränkter Haftung, die sich mehr der Aktiengesellschaft annähern, indem sich die Gesellschafter aus den Geschäften heraushalten, Dritte die wichtigen Funktionen im Unternehmen inne haben und die Aufsicht bzw Kontrolle über die Geschäftsführung vielfach in die Hände eigener Organe gelegt wird (sogenannte „**kapitalistische Gesellschaften**"). Gesellschafter sind hier neben den physischen Personen auch andere juristische Personen.

Auch die durch Erklärung gegründete **Einpersonen-Gesellschaft** kann wieder personalistische Züge tragen oder an den Schaltstellen mit Dritten besetzt werden. Letzterer Variante bedienen sich zB Einzelunternehmer, die sich aufgrund von pensionsrechtlichen Überlegungen aus den Geschäften zurückziehen, aber trotzdem noch Einfluss auf ihr Unternehmen bewahren oder die einfach ihr Haftungsrisiko einschränken wollen.

Durch das Weisungsrecht der Gesellschafter eignet sich die GmbH darüber hinaus insbesondere auch als **Tochtergesellschaft**. Auch ist die GmbH, obwohl das GmbHG diesbezüglich keine speziellen Regelungen beinhaltet, durchaus zur Verfolgung gemeinnütziger Ziele geeignet. Der Gesellschaftsvertrag ist entsprechend zu gestalten, damit die Voraussetzung des § 35 Bundesabgabenordnung (BAO) erfüllt wird.

In den nun folgenden Kapiteln wird die GmbH von

- der Vorgründungsgesellschaft über
- die Vorgesellschaft und
- ihre Eintragung,
- ihre Organe und
- die Stellung ihrer Gesellschafter bis zu
- ihrer Auflösung,
- (allfälligen) Liquidation und
- Beendigung

eingehend dargestellt.

Hinweis

Im Herbst 2015 trat das „Alternativfinanzierungsgesetz" in Kraft. Dieses bildet den gesetzlichen Rahmen für das sogenannte Crowdfunding, eine in Österreich noch junge Form der Unternehmensfinanzierung. Dabei stellt eine größere Anzahl von Anlegern dem Unternehmen (kostengünstig) Kapital zur Verfügung, um die Gründungsphase, neue Projekte, die Entwicklung neuer Produkte, eine Expansion oder ähnliche Vorhaben zu finanzieren. Das Alternativfinanzierungsgesetz stellt dafür lediglich wenige Grundbedingungen auf: Der einzelne Anleger darf in der Regel ausschließlich € 5.000,-- investieren und das gesamte

Investment darf maximal € 1,5 Mio betragen. Darüber hinaus ist ein (vereinfachter) Prospekt über das Finanzierungsvorhaben zur Information aufzulegen.

Diese Finanzierungsform hat für die Gesellschafter den Vorteil, dass sie jedenfalls ihre Anteile und damit die absolute Kontrolle über das Unternehmen behalten. Die Crowdinvestoren erhalten für ihre Anlage keine Anteile an der Gesellschaft. Dadurch unterscheidet sich diese Finanzierungsform von einer Kapitalerhöhung (siehe Tz 6.2)

Beispiel:

Um die Erläuterungen weniger abstrakt und damit verständlicher zu gestalten, soll zT eine kleine Modell-GmbH als Grundlage für Beispiele dienen.

Georg verfügt als Einzelunternehmer bereits über eine kleine Beratungsfirma und möchte nun gemeinsam mit Christoph, der über etwas Kapital verfügt, eine GmbH gründen. Natürlich treffen die beiden auf verschiedene Fragen und Probleme, die auch so manchen anderen Gründer plagen.

Kapitel 3
Gründung

Die GmbH kann – wie in der Einführung erwähnt – einen oder mehrere Gründer haben. Als Gründer einer GmbH kommen dabei alle in- und ausländischen natürlichen und juristischen Personen sowie Personengesellschaften mit Ausnahme der GesbR in Betracht, wobei auch Treuhänder als gründende Gesellschafter auftreten dürfen.

> **Hinweis**
>
> *Der Treuhänder handelt in diesem Fall im eigenen Namen, aber im fremden Interesse des Treuegebers. Der Treuhänder wird also selbst Vertragspartei bzw Gesellschafter und er allein übt die entsprechenden Rechte aus und hat allein die entsprechenden Pflichten zu erfüllen. Zwischen dem Treuegeber und der Gesellschaft besteht damit keine Rechtsbeziehung. Ein Durchgriff auf ihn scheidet daher grundsätzlich aus. Der Treuhänder soll seine Gesellschafterrechte aber wie mit dem Treuegeber im Treuhandvertrag vereinbart ausüben.*

Darüber hinaus können sich die Gründer durch Bevollmächtigte vertreten lassen. Die Vollmacht muss beglaubigt und auf dieses spezielle Geschäft ausgestellt sein.

> **Hinweis**
>
> *Der Bevollmächtiger räumt dem Bevollmächtigten das Recht ein, ihn bei diesem Rechtsgeschäft zu vertreten. Der Bevollmächtigte handelt im Namen des Bevollmächtigers und nicht im eigenen. Vertragspartei und Gesellschafter wird daher der Bevollmächtiger.*

> **Hinweis**
>
> ***Beglaubigungen*** *können notariell erfolgen, sind aber auch kostengünstiger bei jedem Bezirksgericht möglich! Beglaubigungen können auch durch eine österreichische Vertretungsbehörde im Ausland (Botschaft, Konsulat) vorgenommen werden.*

Konkret beinhaltet die Gründung einer GmbH folgende Rechtsakte bzw Schritte:

- allenfalls Abschluss eines Vorvertrages über die Gründung der Gesellschaft;
- Abschluss des Gesellschaftsvertrags bzw Errichtungserklärung (bei Einmann-Gründung) in Form eines Notariatsaktes;
- allenfalls Wahl der Aufsichtsratsmitglieder;
- Bestellung des Geschäftsführers bzw der Geschäftsführer;
- Leistung der Einlagen;

- in einigen Fällen eine Erklärung der zuständigen gesetzlichen Interessenvertretung (zB Wirtschaftskammer) über den Firmenwortlaut;
- in einigen Fällen – abhängig vom Unternehmensgegenstand – eine behördliche Genehmigung zum Betrieb;
- Anmeldung zum Firmenbuch durch sämtliche Geschäftsführer;
- Prüfung durch das Firmenbuchgericht und Eintragung in das Firmenbuch sowie
- Veröffentlichung der Eintragung in der Ediktsdatei (www.ediktsdatei.justiz.gv.at).

Hinweis

Seit 1.7.2013 ist die Neugründung einer GmbH nicht mehr im Amtsblatt zur Wiener Zeitung zu veröffentlichen.

Erst mit der Eintragung in das Firmenbuch ist die GmbH entstanden (konstitutive Eintragung).

Zusätzlich ist das Finanzamt binnen einem Monat ab Beginn der Tätigkeit mittels kurzem, formlosen Schreiben über deren Aufnahme sowie den Unternehmensstandort zu informieren. Es wird eine Steuernummer und UID-Nummer zugeteilt. Auch ist bei der Beschäftigung von Dienstnehmern die zuständige Gebietskrankenkasse zu kontaktieren. Der Dienstgeber erhält dann eine Beitragsnummer. Schließlich muss über Magistrat oder Gemeinde eine Steuernummer zur Entrichtung der Kommunalsteuer sowie anderer Gemeindeabgaben bezogen werden.

3.1 Vor der Eintragung

3.1.1 Die Vorgründungsgesellschaft

Durch einen formlosen oder formellen Zusammenschluss der Gründungswilligen, auch unter Einbeziehung Dritter, zur Vorbereitung der Gründung entsteht in der Regel bereits eine Vorgründungsgesellschaft, auf die das GmbH-Recht aber keine Anwendung findet. Sie ist zumeist als GesbR (*siehe Tz 2.2.1*) einzuordnen, wodurch auch die entsprechenden Regelungen zur Anwendung gelangen. Die Vorgründungsgesellschaft wird mit dem Abschluss des Gesellschaftsvertrags aufgelöst, da sie ihren Zweck erreicht hat, während die Vorgesellschaft (*siehe Tz 3.1.3*) erst durch diesen Akt entsteht.

Statuiert ein etwaiger Gründungsvorvertrag die Verpflichtung zum Abschluss eines später folgenden Gesellschaftsvertrags, so treffen die auf den Gesellschaftsvertrag anzuwendenden Formvorschriften auch den Vorvertrag, weshalb bei der GmbH dieser in Form des Notariatsaktes zu errichten ist. Der Vorvertrag hat dabei die wesentlichen Punkte des Gesellschaftsvertrags zu enthalten und dessen Abschluss zeitlich festzulegen. Auf die Einhaltung der Abschlussverpflichtung kann nur innerhalb eines Jahres ab dem festgelegten Zeitpunkt geklagt werden (§ 936 ABGB).

Achtung

Der Übergang von Vermögen und Schulden von der Vorgründungsgesellschaft auf die Vorgesellschaft erfolgt nicht automatisch!

Die Sachen und Rechte der Vorgründungsgesellschaft müssen übereignet und zediert, die Verbindlichkeiten und Vertragsverhältnisse (grundsätzlich nur mit Zustimmung der Gläubiger bzw Vertragspartner; siehe auch § 38 UGB) durch die Vorgesellschaft übernommen werden. Anderes gilt für den Übergang von der Vorgesellschaft auf die eingetragene GmbH. Dieser erfolgt im Wege der Gesamtrechtsnachfolge (*siehe Tz 3.1.3*).

3.1.2 Der Gesellschaftsvertrag

Vom Gesellschaftsvertrag bzw von der Errichtungserklärung verlangt das Gesetz folgenden **Mindestinhalt** und entsprechende Festlegungen hinsichtlich:

- Firma der Gesellschaft,
- Sitz der Gesellschaft,
- Gegenstand des Unternehmens,
- Höhe des Stammkapitals,
- Höhe der von jedem Gesellschafter zu leistenden Einlage (Stammeinlage).

Darüber hinaus besteht recht großer Spielraum bei der Ausgestaltung des Vertrages. Weitere im Gesellschaftsvertrag regelbare bzw zu regelnde Punkte, wie insbesondere

- Übertragbarkeit von Mitgliedschaftsrechten,
- Teilung von Geschäftsanteilen,
- Vinkulierung,
- Vorkaufs- und Aufgriffs- sowie Anbietungs- und Mitverkaufsrechte (*siehe Tz 6.4.2*),
- Kündigungsrechte (*siehe Tz 7.2.4*),
- Sonderrechte von Gesellschaftern (*siehe Tz 5.2.3*).

werden neben den zwingenden Inhalten im Laufe des Buches thematisiert.

Der Vertrag selbst muss in der Form des Notariatsaktes durch einen österreichischen Notar beurkundet werden. Bietet eine ausländische Beurkundung einen gleichen Standard, sollte diese auch genügen. Eine billigere Alternative zum Notariatsakt bietet die Solennisierung der Verträge durch Mantelung (§ 54 NO). Der bereits geschlossene bzw vorhandene Vertrag wird dann sozusagen mittels Notariatsakt „notariell bekräftigt."

Achtung

Wird der Gesellschaftsvertrag nicht gemäß den Formvorschriften errichtet, so ist er absolut nichtig!

Die Gründer können sich beim Abschluss auch auf Basis einer besonderen, auf dieses Geschäft ausgestellten und beglaubigten (Notariatsakt oder Beglaubigung durch Bezirksgericht oder Notar) Vollmacht vertreten lassen.

3.1.2.1 Firma

Die gesetzlichen Anforderungen an eine Firma sind insbesondere in den §§ 17 ff UGB geregelt. Es dürfen jedoch auch die wettbewerbsrechtlichen Bestimmungen nicht außer Acht gelassen werden (UWG).

Eine GmbH kann jedenfalls nur eine einzige Firma, also einen Namen haben unter dem sie ihre Geschäfte betreibt. Sie hat die Bezeichnung „Gesellschaft mit beschränkter Haftung" oder eine entsprechende Abkürzung, zB GmbH, Gesellschaft mbH, GesmbH oder G.m.b.H., zu enthalten. Die Firma hat zusätzlich über Kennzeichnungseignung und Unterscheidungskraft zu verfügen. Bereits die Vorgesellschaft (*siehe Tz 3.1.3*) ist firmenfähig, jedoch sollte sie mit dem Zusatz „in Gründung" oder „i.G." ergänzt werden.

Die Firma soll, um ihre **Namensfunktion** erfüllen zu können, aussprechbar sein, wobei Worte oder aussprechbare Buchstabenfolgen mit Zahlen oder eindeutig benennbaren Satzzeichen (ua „!", „?" oder „:") oder dem kaufmännischen und mathematischen Und-Zeichen kombiniert werden dürfen. Als Firma können daher Eigennamen, Sachfirmen, Fantasieworte, Abkürzungen und andere Buchstaben- oder Zahlenfolgen verwendet werden. Eine Sachfirma soll dem Unternehmensgegenstand entnommen werden. Die Firma darf auch in einer fremden Sprache formuliert sein. Die Nutzung anderer als lateinischer Buchstaben ist jedoch nicht erlaubt. Zahlen oder Zahlenkombinationen können zumeist nur bei entsprechender Verkehrsgeltung – die Zahlen oder die Kombination wird von Dritten bereits fix mit einem Unternehmen verbunden, zB „4711" – eingetragen werden. Bei Wort-Zahlenkombinationen bzw Buchstaben-Zahlenkombinationen hängt es wiederum von ihrer Aussprechbarkeit ab. Bildmarken, Logos oder Wappen sind schließlich nicht firmenfähig. Mittlerweile ist es grundsätzlich ohne Einschränkung zulässig Markennamen als Firma zu verwenden.

Über **Unterscheidungskraft** verfügt eine Firma, wenn sie das Unternehmen im Geschäftsverkehr individualisiert und daher von anderen Unternehmen unterscheidbar macht. Die Nutzung von Sach-, Gattungs- oder Branchenbezeichnungen, wie „Reisebüro", „Spedition", „Gasthaus", „Tischlerei" oder „Kaufhaus" ohne individualisierende Zusätze, ist nicht zulässig. Auch rein geografische Firmen wie „Österreich GmbH" können dementsprechend nicht genutzt werden.

Darüber hinaus darf die Firma nicht objektiv – also unabhängig von einer entsprechenden Absicht – zur **Irreführung** über wesentliche geschäftliche Verhältnisse geeignet sein. Als „geschäftliche Verhältnisse" können ua Angaben über die Beschaffenheit, den Ursprung, die Herstellungsart oder die Preisbemessung von Waren oder Leistungen, der Besitz von Auszeichnungen, den Anlass oder Zweck des Verkaufs oder die Menge der Vorräte betrachtet werden. So muss, wenn zB der Zusatz „Österreich" in der Firma geführt wird, auch eine entsprechende Relevanz des Unternehmens in Österreich gegeben sein, beim Zusatz „Europa" eine dem Namen angemessene internationale Bedeutung. „Zentrale" erweckt wiederum den Anschein eines Unternehmens bedeutender wirtschaftlicher Größe, weshalb auch „Union" nur bei der Vereinigung einer größeren Zahl von Unternehmen zur Anwendung gelangen darf. Zusätze wie „& Co" oder „& Partner" dürfen entsprechend diesem Grundsatz nicht von Einpersonengesellschaften geführt werden.

Schließlich darf die Firma nicht zu einer **Verwechslungsgefahr** mit anderen Unternehmen führen. Diese ist umso höher je größer die Branchennähe ist bzw je stärker der jeweilige Unternehmensgegenstand übereinstimmt. ZB hielt ein Gericht die Firmen „Haller Gesellschaft mbH" und „Haller Fahrzeugbau Gesellschaft mbH" für verwechslungsfähig. Verwechslungsgefahr nahm ein Gericht auch zwischen den Firmen „Immoco LeasinggesmbH" und „Immocon Sigma LeasinggesmbH" wahr.

Da die Firma zwingenden Satzungsinhalt darstellt, bedeutet natürlich jede Firmenänderung eine entsprechende Satzungsänderung (*siehe Tz 6.1*), die ins Firmenbuch einzutragen ist. Die neue Firma hat wiederum insbesondere über Unterscheidungskraft zu verfügen und als Name geeignet zu sein.

> **Beispiel:**
>
> Georg und Christoph haben sich für ihre Gesellschaft auf den Firmennamen *Full-Throttle-Start-Up-Consulting GmbH* geeinigt. Sie werden sich die Firma auch als Wortmarke eintragen lassen. Dies ist beim österreichischen Patentamt (www.patentamt.at) möglich. Schließlich könnten sie die Firma als besonderen Schriftzug oder in Form einer Grafik auch als Wort-Bildmarke anmelden.

3.1.2.2   Der Sitz

Der Sitz der Gesellschaft hat sich grundsätzlich an dem Ort zu befinden, an dem sie einen Betrieb hat oder sich die Geschäftsleitung befindet oder die Verwaltung geführt wird. Der gewählte Ort hat im Inland zu liegen. Als Ort kommen eine Gemeinde oder eine Ortschaft innerhalb einer Gemeinde in Frage. In das Firmenbuch ist die Gemeinde, in der der Sitz liegt, einzutragen. Die GmbH muss an ihrem Sitz aber jedenfalls auf dem Postweg erreichbar sein. Die Angabe der Adresse gehört allerdings nicht in den Gesellschaftsvertrag.

Für eine spätere Verlegung des Gesellschaftssitzes muss die Satzung entsprechend geändert werden. Die Änderung ist dann beim bisher zuständigen Firmenbuchgericht anzumelden.

Achtung

Eine Verlegung ins Ausland ist nicht zulässig! Sie bedeutet die Auflösung der Gesellschaft (siehe auch Tz 2.3.3).

Der Sitz ist insofern von Bedeutung, als die Generalversammlung grundsätzlich an seinem Ort stattzufinden hat. Auch richten sich die (örtlichen) Zuständigkeiten der

Gerichte nach dem Sitz. Die örtliche Zuständigkeit des Konkursgerichts richtet sich jedoch zB nach dem Sitz der Hauptverwaltung.

3.1.2.3 Unternehmensgegenstand

Der Gegenstand des Unternehmens ist – wie bereits in der Einführung erwähnt – vom Gesellschaftszweck zu trennen. Es handelt sich bei ersterem um die Tätigkeiten, mit denen der Zweck – gewinnorientierte oder ideelle Ziele – erreicht werden soll.

Der Unternehmensgegenstand muss in der Satzung so eindeutig umschrieben werden, dass sich daraus der Schwerpunkt der Gesellschaftätigkeit klar erkennen lässt. Hilfsgeschäfte sind von der Umschreibung der Schwerpunkttätigkeit grundsätzlich miterfasst.

Achtung

„Nichtssagende" Umschreibungen sind nicht zulässig!

Dieses Erfordernis ist insbesondere deshalb relevant, weil die Geschäftsführungsbefugnis der Geschäftsführer vom Unternehmensgegenstand eingegrenzt wird und eine Abänderung des Unternehmensgegenstandes, soweit im Gesellschaftsvertrag nichts anderes vereinbart wurde (*siehe Kapitel 6*), der Einstimmigkeit bedarf (§ 50 Abs 3).

> **Beispiel:**
>
> Unsere zwei Gründer Georg und Christoph haben sich für ihre Gesellschaft folgenden Unternehmensgegenstand zurecht gelegt:
> - Unternehmens- und Existenzgründungsberatung,
> - Entwicklung von Businessplänen und Vermarktungsstrategien sowie ähnliche Dienstleistungen,
> - Veranstaltung und Abhaltung von Seminaren und Schulungen,
> - Erwerb, Besitz, Verwaltung und Beteiligung an anderen Unternehmen der gleichen oder ähnlichen Art.
>
> Eine zusätzliche „Erweiterungsklausel" schafft noch etwas Spielraum, wenn Änderungen des Gesellschaftsvertrags vermieden werden sollen:
> - Die Gesellschaft ist dazu berechtigt, sämtliche Handlungen, Geschäfte und Maßnahmen zu setzen bzw zu tätigen, die der Erreichung des Gesellschaftszwecks dienen. Dies beinhaltet insbesondere den Erwerb von Liegenschaften, die Errichtung und den Betrieb von Zweigniederlassungen und Betriebsstätten sowohl im Inland als auch im Ausland.
>
> Bei der **Unternehmensberatung** handelt es sich um ein **reglementiertes Gewerbe** gem § 94 Z 74 GewO. Georg übernimmt diesbezüglich die gewerberechtliche Geschäftsführung (*siehe auch Tz 4.1.1*).
>
> Auf das Gewerberecht soll hier nicht weiter eingegangen werden.

3.1.2.4 Stammkapital und Einlagen

Durch das Gesetz werden ein „Startkapital" der GmbH von mindestens € 35.000,-- (Stammkapital) und ein Mindestbeitrag (Stammeinlage) jedes Gesellschafters zu diesem von € 70,-- gefordert. Höchstbeträge für **Stammkapital** und (Stamm-)Einlage wurden keine festgelegt. Entsprechende Beträge sind im Gesellschaftsvertrag zu bestimmen. Insbesondere für Gesellschaften, die Glücksspiele durchführen, und Kreditinstitute werden durch Sondergesetze höhere Mindestkapitalbeträge vorgeschrieben.

Die Höhe des Stammkapitals kann nur durch eine Änderung des Gesellschaftsvertrags erhöht oder vermindert werden, wobei eine Herabsetzung von Gläubigerschutzmaßnahmen flankiert werden muss (§§ 55 ff, *siehe Tz 6.2 und 6.3*).

Hinweis

Die Gründer sollten sich nicht einfach mit der Aufbringung des gesetzlich vorgeschriebenen Mindestkapitals zufrieden geben. Es ist jedenfalls eine diesbezügliche eingehende Prüfung anzuraten, um eine Startinsolvenz oder überhaupt ein Versagen der Eintragung ins Firmenbuch zu vermeiden!

Vom Stammkapital ist das **Gesellschaftsvermögen** zu unterscheiden. Das Nettogesellschaftsvermögen (zu Buchwerten) resultiert aus der Subtraktion der Schulden von der Summe der Aktiva. Das Gesellschaftsvermögen ist in der Bilanz links unter den Aktiven einzuordnen, während das Stammkapital zur Verwirklichung einer Ausschüttungssperre rechts unter den Passiven als reine Rechnungsziffer auszuweisen ist.

Jeder Gesellschafter verfügt über nur eine einzige **Einlage** und damit einen **Geschäftsanteil**. Der Geschäftsanteil ist die Summe aller Mitgliedschafts- und Vermögensrechte, die an der Stammeinlage hängen. Beim Erwerb weiterer Geschäftsanteile durch einen Gesellschafter vergrößert sich seine Stammeinlage. Er verfügt dann nicht über mehrere Stammeinlagen bzw Geschäftsanteile, wie ein Aktionär über eine größere Anzahl von Aktien; der Geschäftsanteil wächst lediglich an. Die Summe der Höhe der Stammeinlagen muss schließlich dem Betrag des Stammkapitals entsprechen.

Hinweis

Seit 1.3.2014 ist eine sogenannte „privilegierte Gründung" (siehe Tz 3.4) möglich. Dabei hat das Stammkapital mindestens € 10.000,-- zu betragen. Dieses ist innerhalb von 10 Jahren ab Eintragung der Gesellschaft in das Firmenbuch auf € 35.000,-- zu erhöhen (Vgl § 10b).

Ab 1.3.2024 hat das Stammkapital jeder vor dem 1.3.2014 gegründeten GmbH (light) jedenfalls € 35.000,-- zu betragen.

Aufbringung

Das Stammkapital kann entweder ausschließlich durch Bar- oder Sacheinlagen oder in gemischter Form (Bar- und Sacheinlagen) erfolgen. Dabei ist es zulässig, dass einzelne Gesellschafter zB nur Sacheinlagen übernehmen, während andere Gesellschafter die flüssigen Mittel bereitstellen. Daraus ergeben sich die Gründungsvarianten

- Bargründung,
- Sachgründung und
- gemischte Gründung.

Bareinlagen

Der Gesellschaft haben noch vor der Anmeldung mindestens ein Viertel der Bareinlagen zur Verfügung zu stehen, mindestens aber € 17.500,--. Die Gesellschafter haben sich an der Aufbringung proportional – im Verhältnis ihrer Bareinlagen – zu beteiligen; mindestens jedoch mit € 70,--. Unterschreitet die gesamte zu leistende Bareinlage jedoch den Betrag von € 17.500,--, da der Rest des Stammkapitals durch Sacheinlagen aufgebracht werden soll, so ist dieser niedrigere Betrag voll einzuzahlen.

Die Leistung von Bareinlagen hat in Form gesetzlicher Zahlungsmittel oder durch Gutschrift bei einer inländischen Kreditunternehmung oder der Österreichischen Postsparkasse auf ein Konto der Gesellschaft oder der Geschäftsführer zu deren freier Verfügung zu erfolgen.

Hinweis

Im Rahmen einer privilegierten Gründung sind auf die Bareinlagen mindestens € 5.000,-- einzuzahlen. Sacheinlagen (siehe unten) sind ausgeschlossen.

Sacheinlagen

Sacheinlagen sind bereits vor der Anmeldung vollständig bei der Gesellschaft einzulegen. Sacheinlage kann dabei alles sein, was über einen eigenständigen Vermögenswert verfügt, zB körperliche Sachen, Nutzungsrechte an Sachen, Forderungen, Beteiligungen, Immobilien oder Immaterialgüterrechte und sonstige vermögenswerte Rechte.

Achtung

Die Sacheinlage, die einbringende Person sowie der Geldwert der Sacheinlage und ihr Gegenstand sind jedenfalls bereits im Gesellschaftsvertrag im Einzelnen genau festzulegen! Ansonsten ist die Sacheinlage unwirksam und die betreffenden Gesellschafter haben ihre Einlageverpflichtung in bar zu erfüllen.

Die Einbringung von Sacheinlagen ist je nach deren Verhältnis zum gesamten Stammkapital auf drei Weisen möglich:

- Entsprechend der sogenannten Hälfteregel bzw -klausel darf die Hälfte des Stammkapitals ohne weitere Bedingungen auch in Sacheinlagen aufgebracht werden.
- Ein mindestens 5 Jahre bestehendes Unternehmen darf unter bestimmten Bedingungen zur Gänze als Stammkapital eingebracht werden. Dazu muss die „empfangende" GmbH ausschließlich zum Zweck der Fortführung errichtet werden. Als Gesellschafter der GmbH dürfen dabei nur die (Mit-)inhaber des eingebrachten Unternehmens sowie deren Ehegatten und Kinder fungieren. Diese Regelung kommt auch bei der Fortführung mehrerer Unternehmen zur Anwendung. Auf den allfälligen Bruchtcil vom Stammkapital, der nicht durch die Einbringung des fortzuführenden Unternehmens geleistet wird, kommt wiederum die Hälfteregel zur Anwendung.
- Wird den aktienrechtlichen Vorschriften zur Gründungsprüfung entsprochen, so sind Sacheinlagen in uneingeschränktem Ausmaß zulässig.

Hinweis

Sacheinlagen sind im Rahmen einer privilegierten Gründung nicht zugelassen.

Beispiel:

In unserem Beispiel haben wir 2 Gründer, Christoph und Georg. Wie groß sollen nun ihre Einlagen sein? Wer von beiden soll die Mehrheit haben und damit vieles im Alleingang bestimmen können, auch wenn in einigen wichtigen Fragen gesetzlich zwingend eine Dreiviertelmehrheit in der Generalversammlung gefordert ist?

Im gegenständlichen Beispiel soll Christoph einen Anteil von 65% an der GmbH übernehmen und Georg einen Anteil von 35%. Ein Patentrezept lässt sich zur Lösung der oben aufgeworfenen Frage nicht geben, jedoch stehen bei einer solchen oder ähnlichen Konstellation verschiedene Optionen zur Verfügung, um die Stellung eines Minderheitsgesellschafters wie Georg zu verbessern:

- Bestimmte generalversammlungszustimmungspflichtige Geschäfte bedürfen durch eine Bestimmung im Gesellschaftsvertrag einer größeren Mehrheit, zB einer Zustimmung von 2/3 oder 3/4 des Stammkapitals (*siehe Tz 6.1*).
- Georg möchte im Unternehmen operativ tätig sein und soll per Gesellschaftsvertrag zum Geschäftsführer bestellt werden. Damit ihm Christoph im Rahmen der Geschäftsführung durch Weisungen nicht zu sehr dazwischen funkt, wird er im Rahmen des betriebsgewöhnlichen Geschehens weisungsfrei gestellt (*siehe Tz 4.1.5*).
- Georg darf zusätzlich nur aus wichtigen Gründen vorzeitig von der Geschäftsführung entbunden werden (*siehe Tz 4.1.2*).
- Georg erhält ein Recht zur Kündigung der Gesellschaft (*siehe Tz 7.2.4*) und Christoph wird eine Pflicht zur Übernahme seines Anteils auferlegt.

3.1.2.5 Säumige Gesellschafter

Die Gesellschafter sind mittels eingeschriebenen Briefs durch die Geschäftsführer nachweislich zur Einzahlung der Einlage aufzufordern. Wird die Einlage nicht rechtzeitig eingezahlt, so fallen Verzugszinsen an. Der Gesellschaftsvertrag kann für diesen Fall auch Vertragsstrafen vorsehen. Geschäftsführer stehen bei andauernder Säumnis die Optionen offen,

- einerseits Klage auf Leistung der Einlage gegen den Gesellschafter einzubringen und/oder
- das sogenannte Kaduzierungsverfahren (§§ 66 ff) gegen ihn einzuleiten.

Beim **Kaduzierungsverfahren** wird dem säumigen Gesellschafter per eingeschriebenen Brief eine Nachfrist von mindestens einem Monat gesetzt.

Achtung

Die Verständigung muss den noch aushaftenden Betrag bestimmt nennen. Wird fälschlicherweise ein zu geringer Betrag eingefordert, genügt dessen Bezahlung, um den Ausschluss abzuwenden. Sind nur noch Verzugszinsen offen, so besteht kein Recht auf Kaduzierung. Gläubiger der GmbH können die Forderung der Gesellschaft gegen den Gesellschafter pfänden lassen.

Verstreicht die gesetzte Nachfrist fruchtlos, so ist der betroffene Gesellschafter schriftlich von seinem Ausschluss zu verständigen. Er verliert sämtliche Rechte aus seinem Geschäftsanteil und an seinen bisherigen Einzahlungen, haftet jedoch weiter für die nichtbezahlte Einlage. Darüber hinaus haften aber auch noch dessen allenfalls vorhandene Rechtsvorgänger bzw Vormänner, die 5 Jahre vor Erlassung der Einzahlungsaufforderung im Firmenbuch als Gesellschafter eingetragen waren. Die Vormänner sind rückwärts schreitend in Anspruch zu nehmen. Zahlt einer nicht binnen einem Monat nach eingeschrieben gesendeter Aufforderung, so kann auf seinen Vormann zugegriffen werden. Derjenige, der letztendlich den noch fehlenden Betrag auf die Einlage einzahlt, erwirbt den gegenständlichen Geschäftsanteil, ohne dass er etwaige bereits auf die Einlage getätigte Zahlungen seiner Vorgänger vergüten muss. Findet sich kein Zahler, so kann der Geschäftsanteil freihändig oder im Rahmen einer öffentlichen Versteigerung verkauft werden.

Gemäß § 70 besteht bezüglich nicht eingezahlter Einlagen noch eine **Ausfallshaftung** aller Gesellschafter. Sollte keiner der oben genannten Zahlungspflichtigen geleistet haben und auch ein Verkaufsversuch erfolglos geblieben sein, so haben sie den Fehlbetrag im Verhältnis ihrer Einlagen aufzubringen. Fallen hier wiederum Gesellschafter als Zahler aus, haben die Zahlungsfähigen ihre Beiträge anteilig zu übernehmen. Der betroffene Geschäftsanteil geht jedoch nicht auf die Zahler über. Sie erhalten aber entsprechend ihrer Zahlung auf die Einlage einen Anteil am auf den Geschäftsanteil entfallenden Gewinn oder Liquidationserlös. Wird der Anteil später doch noch verkauft, erhalten sie ihre geleisteten Beiträge zurück.

Noch nicht (vollständig) eingezahlte Einlagen können auch noch im Zuge der Liquidation oder der Insolvenz eingefordert werden.

3.1.2.6 Errichtungserklärung

Die Errichtungserklärung ist anders als der Gesellschaftsvertrag, der von zumindest zwei Gründern abgeschlossen wird, eine einseitige Erklärung, die gegenüber einem beurkundenden Notar abzugeben ist. Die Vorschriften über den Gesellschaftvertrag haben aber sinngemäß auf die Erklärung Anwendung zu finden. Allerdings kann die Erklärung, solange die Gründerorganisation nicht nach außen tätig wird, jederzeit vor einem beurkundenden Notar widerrufen werden.

3.1.2.7 Geschäftsführerbestellung

Die einschlägigen Regelungen des § 15 gelten auch bereits in der Gründungsphase. Gesellschafter können bereits im Gesellschaftsvertrag zum Geschäftsführer bestellt werden. Ansonsten genügt auch vor Eintragung ein einfacher Mehrheitsbeschluss der Gesellschafter, welcher der notariellen Beurkundung bedarf. Erfolgt der Beschluss im Umlaufverfahren, sind die Unterschriften gerichtlich oder notariell zu beurkunden (*siehe auch Tz 4.1*).

> **Beispiel:**
>
> Im konkreten Fall wird Georg schon per Gesellschaftsvertrag zum Geschäftsführer bestellt. Christoph will nicht an der Geschäftsführung teilhaben, sondern primär als Kapitalgeber fungieren.

3.1.2.8 Gründungskosten

Die Gründer dürfen für ihre Leistungen im Rahmen der Gründung der Gesellschaft keinerlei Entgelt aus dem Stammkapital (sogenannter **Gründerlohn**) erhalten. Genauso wenig dürfen entsprechende Anrechnungen auf die jeweilige Stammeinlage erfolgen. Gehälter, die ein Gesellschafter für seine Geschäftsführertätigkeit erhält, fallen aber nicht unter dieses Verbot.

Vom Gründerlohn zu unterscheiden sind die **Gründungskosten**. Hierbei handelt es sich einerseits um die gesetzlich vorgeschriebenen Kosten (Gesellschaftssteuer oder Eintragungsgebühr) sowie um Kosten der Gründer oder sonstiger Dritter (zB Anwalts-, Notar-, Prüferkosten und Barauslagen). Ihr Ersatz kann nur bis zu einem im Gesellschaftsvertrag ziffernmäßig festgesetzten Höchstbetrag erfolgen. Es hat sich dabei um einen angemessenen Betrag zu handeln, dessen Höhe auch der Prüfung durch das Firmenbuchgericht unterliegt, wobei die Gerichte zumeist Gründungskosten in der Höhe von 10 – 15% des gebundenen Kapitals inklusive der ausschüttungsgesperrten Rücklagen akzeptieren. Darüber hinaus muss die entsprechende Klausel im Gesellschaftsvertrag gewährleisten, dass im Rahmen des vorhandenen Höchstbetrages nur die tatsächlich angefallenen Kosten ersetzt werden.

> **Achtung**
>
> *Die notwendige Bestimmung kann nicht nachträglich nach Eintragung in das Firmenbuch in den Gesellschaftsvertrag aufgenommen werden!*

3.1.3 Die Vorgesellschaft

Durch den Abschluss des Gesellschaftsvertrages bzw durch die Erklärung bei der Einpersonengründung entsteht die Vorgesellschaft. Sie besteht bis zur Eintragung in das Firmenbuch bzw bis zur Ablehnung der Eintragung und dient der Gründung der GmbH sowie der Verwaltung und Erhaltung des bereits eingebrachten Vermögens. Sie hat dabei nach außen mit dem Firmenzusatz „in Gründung" bzw „i.G." aufzutreten.

Wird die Eintragung abgelehnt, muss die Vorgesellschaft aufgelöst und abgewickelt werden. Wird überhaupt gar keine Eintragung mehr angestrebt und führt die Vorgesellschaft aber ihre Geschäfte fort, so wird sie daraufhin als GesbR angesehen.

Das auf die Vorgesellschaft anzuwendende Recht stellt eine Kombination aus gesetzlichen oder gesellschaftsvertraglichen Gründungsvorschriften und den, die rechtsfähige GmbH treffenden, Normen dar. Die Vorgesellschaft ist damit eine „Gesellschaft eigener Art." Sie ist selbst **rechtsfähig** und damit sowohl prozess- und parteifähig als auch konkursfähig. Die Vorgesellschaft kann damit zB in das Grundbuch eingetragen werden oder Bankkonten auf ihren Namen einrichten. Sie haftet daher für die Erklärungen, die ihre Geschäftsführer in ihrem Namen abgeben. Ihre Haftung endet mit Eintragung der GmbH ins Firmenbuch.

In diesem Stadium der Gründung kann der Gesellschaftsvertrag nur einstimmig geändert werden. Genauso bedarf ein Gesellschafterwechsel der Zustimmung aller Gesellschafter. Die Gesellschafter sind dazu verpflichtet, die für die erfolgreiche Gründung notwendigen Handlungen zu setzen, insbesondere ihre Einlagen zu leisten und an den sonstigen zur Entstehung der GmbH notwendigen Handlungen mitzuwirken. Der Anspruch auf Mitwirkung und Schadenersatz steht den Gesellschaftern untereinander sowie der Vorgesellschaft zu.

Der durch die Gesellschafter der Vorgesellschaft zu bestellende **Geschäftsführer** hat die Einlagen (*siehe Tz 3.1.2.4*) einzufordern; der Umfang seiner Geschäftsführungsbefugnis und seiner Vertretungsmacht ist grundsätzlich auf die gründungsnotwendigen Handlungen beschränkt. Der Gesellschaftsvertrag darf aber anderes bestimmen. Die Einlagen sind auf ein von den Geschäftsführern eingerichtetes Bank- oder Postsparkassenkonto der Gesellschaft einzuzahlen.

> **Achtung**
>
> *Die geleisteten Einlagen dürfen weder bei der Gründung noch während des Bestehens der Gesellschaft an die Gesellschafter zurückbezahlt werden! Diese sogenannte **Einlagenrückgewähr** (siehe Tz 5.2.1) ist verboten. Betroffene Gesellschafter sind grundsätzlich zum vollen Rückersatz verpflichtet. Ist dieser*

durch sie oder die Geschäftsführer nicht zu erhalten, so haften bei durch die Zahlung vermindertem Stammkapital die restlichen Gesellschafter nach ihren Anteilen (§ 83).

Eine **Haftung** des Geschäftsführers gegenüber der Gesellschaft richtet sich bereits nach § 25 *(siehe Tz 4.1.7.1)*. Er hat die „Sorgfalt eines ordentlichen Geschäftsmannes" einzuhalten.

§ 25 normiert zusätzlich die sogenannte **Handelndenhaftung**, die jedoch nur zur Anwendung gelangt, wenn ein (faktischer) Geschäftsführer bereits im Namen der noch nicht eingetragenen GmbH auftritt und nicht im Namen der Vorgesellschaft, wobei dem Dritten dieser Umstand nicht bekannt ist. Ist dem Dritten die Nichtexistenz der GmbH bekannt, so entfällt die persönliche Haftung des Handelnden. Wird im Namen der Vorgesellschaft gehandelt, so gilt das Geschäft als von ihr geschlossen.

Hinweis

Die Handelndenhaftung kommt nicht auf die Vorgründungsgesellschaft zur Anwendung!

Der Handelnde haftet im oben genannten Fall persönlich, unbeschränkt, unmittelbar, primär und verschuldensunabhängig *(siehe Tz 2.2.2.1)*! Mehrere Handelnde haften als Gesamtschuldner. Die Haftung endet jedoch zu dem Zeitpunkt zu dem die Gesellschaft die Verbindlichkeiten entweder ausdrücklich oder schlüssig übernimmt bzw das Geschäft genehmigt und dies dem Gläubiger durch die Gesellschaft oder dem Handelnden innerhalb von 3 Monaten ab Eintragung mitgeteilt wird. Es bedarf innerhalb dieser Frist nicht der Zustimmung des Gläubigers zur Schuldübernahme.

Beispiel:

Georg wurde per Gesellschaftsvertrag zum Geschäftsführer bestellt. Er schließt nun in der Vorgründungsphase einen Arbeitsvertrag mit einer Bekannten ab. Sie soll im Büro ein paar Stunden pro Woche aushelfen. Würde er den Vertrag im Namen der noch nicht existenten *Full-Throttle-Start-Up-Consulting GmbH* schließen und würde diese später nicht in das Firmenbuch eingetragen, so würde Georg als Arbeitgeber haften! Schließt er einen Mietvertrag für die noch nicht existente Gesellschaft ab und wird dieser später nicht genehmigt, so hat er für die fällige Miete zu haften!

Handelt ein Geschäftsführer zwar im Namen der Vorgesellschaft, überschreitet aber seine Vertretungsmacht, kommt es zu einer **Haftung nach § 1016 ABGB** (Haftung des Scheinvertreters). Er haftet dem Dritten für den Vertrauensschaden. Bleibt er innerhalb seiner Vertretungsmacht, haftet die Vorgesellschaft.

Die Verbindlichkeiten, Rechte und Pflichten der Vorgesellschaft gehen schließlich durch die Eintragung in das Firmenbuch im Rahmen einer Gesamtrechtsnachfolge automatisch, also ohne weiteres Zutun der Gesellschafter oder der Geschäftsführung, auf die neue GmbH über. Mit der Eintragung entsteht letztere als juristische Person, auf die das GmbH-Gesetz vollumfängliche Anwendung findet (konstitutive Eintragung). Die Organe der Vorgesellschaft verwandeln sich ohne weiteres Zutun der Gesellschafter automatisch in die Organe der GmbH.

3.2 Eintragung

Die Anmeldung zur Firmenbucheintragung ist von sämtlichen Geschäftsführern der Gesellschaft vorzunehmen. Sie können sich dabei nicht vertreten lassen! Zuständig ist der Gerichtshof erster Instanz, in dessen Sprengel die Gesellschaft ihren satzungsmäßigen Sitz hat. Die Geschäftsführer können die Anmeldung bis zur Eintragung gemeinsam widerrufen und zurückziehen.

> **Beispiel:**
>
> Georgs und Christophs Gesellschaft soll ihren Sitz in Graz haben, daher ist das Landesgericht für Zivilrechtssachen in Graz für die Anmeldung zuständig. Im Internet kann unter *www.justiz.gv.at* mehr zur Gerichtsorganisation erfahren werden.

Die Anmeldung ist in einfacher Ausfertigung einzubringen. Es werden dafür eine Eingabegebühr nach TP 10 I lit a Z 7 GGG sowie weitere Gebühren nach TP 10 I lit b GGG, welche sich nach weiteren einzutragenden Angaben richten, fällig.

Die Gesellschafter treffen in diesem Zusammenhang grundsätzlich keinerlei Aufgaben, jedoch können sie die Geschäftsführer auf die Vornahme der Anmeldung klagen.

Konkret ist die entsprechende Firmenbucheingabe von den Geschäftsführern in eigenem Namen zu unterfertigen. Die Unterschriften sind durch ein Bezirksgericht (dies ist bei jedem möglich) oder den Notar zu beglaubigen.

Die Anmeldung hat insbesondere folgende Angaben zu enthalten:
- Rechtsform
- Firma
- Sitz
- Geschäftszweig
- Geschäftsanschrift
- Tag des Abschlusses des Gesellschaftvertrags/der Abgabe der Errichtungserklärung
- Name, Geburtsdatum und Anschrift der Geschäftsführer sowie Beginn und Art der Vertretungsbefugnis (Gesamtvertretung nach § 18 oder abweichend; *siehe Tz 4.1.6*)
- Name, Geburtsdatum und Anschrift des Vorsitzenden, seiner Stellvertreter und der übrigen Mitglieder eines allfälligen Aufsichtsrats
- die Höhe des Stammkapitals

- der Tag der Einreichung des Jahres- und Konzernabschlusses sowie den Abschlussstichtag
- Name, Geburtsdatum und Anschrift der Gesellschafter, gegebenenfalls ihre Firmenbuchnummer sowie ihre Stammeinlagen und die darauf geleisteten Einzahlungen
- Name, Geburtsdatum und Anschrift der Prokuristen sowie Beginn ihrer Vertretungsbefugnis (*siehe Tz 4.2.1*)
- allfällige Zweigniederlassungen mit ihrem Ort, Geschäftsanschrift und Firma, sofern letztere nicht der Firma der Hauptniederlassung entspricht.

Hinweis

*Auf Antrag der GmbH kann auch ihre **Internetadresse** in das Firmenbuch eingetragen werden.*

Der Anmeldung sind zusätzlich insbesondere folgende Unterlagen beizulegen:
- der Gesellschaftsvertrag bzw die Errichtungserklärung in notarieller Ausfertigung sowie alle Urkunden, die mit dem Abschluss bzw der Errichtung zu tun haben in beglaubigter Form (zB eine Vollmacht);

Achtung

Eine beglaubigte Kopie genügt nicht!

- die Urkunden über die Bestellung der Geschäftsführer in beglaubigter Form (Gesellschafterbeschluss mit den beglaubigten Unterschriften der Gesellschafter, sofern nicht bereits der Gesellschaftvertrag eine Bestellung vornimmt);
- die Urkunden über die allfällige Bestellung eines Aufsichtsrates in beglaubigter Form (Gesellschafterbeschluss mit den beglaubigten Unterschriften der Gesellschafter, sofern nicht bereits der Gesellschaftsvertrag eine Bestellung vornimmt);
- Musterzeichnungserklärung der Geschäftsführer und allfälliger Prokuristen im Original;
- Erklärung gemäß § 10 Abs 3 S 1 durch die Geschäftsführer, dass die bar einzuzahlenden Einlagen in der geforderten Höhe eingezahlt wurden und samt den Sacheinlagen zur freien Verfügung der Geschäftsführer stehen, insbesondere durch Vorlage einer Bestätigung eines Kreditinstituts, wofür dieses haftet;
- wenn notwendig, eine behördliche Konzession.

Bei Sachgründungen sind auch vorzulegen:
- der Gründungsbericht und
- die Prüfberichte der Geschäftsführer, des allfälligen Aufsichtsrats und der Gründungsprüfer.

Achtung

*Die Geschäftsführer haften in diesem Zusammenhang der Gesellschaft nach § 10 Abs 4 für einen durch falsche Angaben verursachten Schaden (**Gründungshaftung**), außer sie wussten nichts von der haftungsbegründenden Tatsache bzw mussten bei Anwendung der ordentlichen Sorgfalt eines Geschäftsmannes nicht davon wissen!*

Das Firmenbuchgericht prüft sodann die Vollständigkeit und Gesetzmäßigkeit der Anmeldung und der beigelegten Dokumente sowie das Vorliegen der zur Eintragung notwendigen Bedingungen. Stößt das Firmenbuchgericht auf einen behebbaren Mangel, so erteilt es einen Verbesserungsauftrag, dem bei sonstiger Ablehnung der Eintragung binnen gesetzter Frist nachzukommen ist. Dies könnte zB geschehen, wenn nicht alle erforderlichen Dokumente beigelegt wurden oder die Musterzeichnung fehlt.

Einer Eintragung im Weg stehen darüber hinaus zB

- ein nicht dem GmbHG entsprechender Gesellschaftsvertrag,
- eine unzulässige Firma,
- die fehlerhafte Sitzwahl,
- unangemessen hohe Gründungskosten,
- eine offensichtliche Überbewertung von Sacheinlagen,
- der Verdacht verdeckter Sacheinlagen,
- verbotene Einlagenrückgewähr oder
- eine qualifizierte Unterkapitalisierung der Gesellschaft.

Hinweis

Letztere liegt vor, wenn unter Berücksichtigung der voraussichtlichen Einnahmen der vorhandene Haftungsfonds der Gesellschaft offensichtlich nicht zur Befriedigung künftiger Gläubiger ausreicht.

Der **Antrag auf Eintragung** wird nach positiv verlaufener Prüfung schließlich per Beschluss bewilligt und die Gesellschaft in das Firmenbuch eingetragen. Die Eintragung ist vom Gericht in der Ediktsdatei (*www.ediktsdatei.gv.at*) auf Kosten der eingetragenen GmbH zu veröffentlichen. Die Kosten der Eintragung und Veröffentlichung richten sich nach TP 10 I lit a Z 7, TP 10 Anm 1 GGG. In weiterer Folge wird eine entsprechende Kostenvorschreibung und ein Firmenbuchauszug an die Gesellschaft übermittelt.

Hinweis

*Erst durch diesen Akt des Gerichts entsteht die GmbH mit eigener Rechtspersönlichkeit (**konstitutive Eintragung**).*

Durch die Eintragung gehen – wie beschrieben – das Vermögen und die Verbindlichkeiten der Vorgesellschaft auf die neue GmbH über. Die Handelndenhaftung endet durch die Eintragung. Es ist eine Eröffnungsbilanz zum Stichtag der Eintragung zu erstellen.

Nach erfolgter Eintragung können Gesellschafter, Geschäftsführer oder allfällige Aufsichtsratsmitglieder wegen schwerer inhaltlicher Mängel des Gesellschaftsvertrages die Nichtigkeitsklage (*siehe auch Tz 4.3.4*) erheben bzw hat amtswegig eine Löschung zu erfolgen. Sittenwidrige Inhalte werden aber jedenfalls nicht rechtswirksam.

3.3 Gründerhaftung

Die Gründer haften der GmbH unabhängig von ihrem jeweiligen Verschulden unbeschränkt für den Differenzbetrag zwischen dem Gesellschaftsvermögen zum Eintragungszeitpunkt und dem im Gesellschaftsvertrag festgesetzten einbezahlten Stammkapital, wenn sich das Vermögen der Gesellschaft vor der Eintragung ins Firmenbuch aufgrund bereits getätigter Geschäfte vermindert (**Vorbelastungshaftung** bzw **Vorbelastungsverbot**).

Daneben trifft Gesellschafter mit Sacheinlagen noch die **Differenzhaftung nach § 10a**. Erreicht der Wert der Sacheinlage zum Anmeldezeitpunkt nicht den Betrag der dafür übernommene Stammeinlage, ist die Differenz durch den betreffenden Gesellschafter in bar zu leisten. Wertänderungen nach Anmeldung sind also nicht relevant. Dieser, der Gesellschaft zustehende, Anspruch verjährt 5 Jahre nach der Eintragung.

Werden Sacheinlagen auf Grundlage der aktienrechtlichen Gründungsprüfung in die Gesellschaft eingebracht, so steht eine allfällige **Haftung gemäß § 39 AktG** im Raum. Gründer haben dabei für der Gesellschaft durch unrichtige oder unvollständige Angaben, insbesondere hinsichtlich der Übernahme der Einlage, des Gründungsaufwands, von Sachübernahmen oder Sacheinlagen, verursachte Schäden verschuldensunabhängig einzustehen. Es haften aber alle Gründer, wenn die Gesellschaft entsprechend fahrlässig bzw vorsätzlich geschädigt wird, wobei sich ein Gründer, soweit er von den haftungsbegründenden Umständen weder wusste noch wissen konnte, freibeweisen kann.

3.4 Privilegierte Gründung

Als Ersatz für die „GmbH light" wurde die sogenannte Gründungsprivilegierung geschaffen (§ 10b). Nach dieser Bestimmung besteht seit 1.3.2014 die Möglichkeit, eine GmbH mit einem Stammkapital von insgesamt mindestens € 10.000,-- zu gründen. Dieses ist allerdings innerhalb von 10 Jahren ab Eintragung der Gesellschaft in das Firmenbuch auf das Mindeststammkapital von € 35.000,-- anzuheben. Im Rahmen einer privilegierten Gründung haben die Bareinzahlungen mindestens € 5.000,-- zu betragen. Sacheinlagen sind hingegen nicht zugelassen.

> **! Achtung**
>
> *Bestehende Gesellschaften dürfen die Privilegierung nicht nutzen. Eine Änderung eines bestehenden Gesellschaftsvertrages in dem Sinne, dass das Stammkapital auf € 10.000,-- gesenkt wird ist nicht (mehr) zulässig.*

Für die privilegierte Gründung gilt:

- Im Gesellschaftsvertrag ist für jeden Gesellschafter die Höhe seiner gründungsprivilegierten Stammeinlage festzusetzen. Diese darf nicht höher als die jeweils übernommene Stammeinlage (mindestens € 70,--) sein. Die Summe der gründungsprivilegierten Stammeinlagen hat mindestens € 10.000,-- zu betragen.
- Auf die gründungsprivilegierten Stammeinlagen müssen mindestens € 5.000,-- bar einbezahlt werden.
- Die Gesellschafter sind während aufrechter Gründungsprivilegierung ausschließlich zur Einzahlung ihrer privilegierten Stammeinlage verpflichtet (*siehe Tz 5.3.1*).
- Das Gründungsprivileg darf für maximal 10 Jahre ab Eintragung der Gesellschaft ins Firmenbuch in Anspruch genommen werden. Durch Änderung des Gesellschaftsvertrages kann das Privileg vorzeitig beendet werden. Nach Ende des Gründungsprivilegs ist das Stammkapital auf € 35.000,-- zu erhöhen. Davon müssen insgesamt € 17.500,-- in bar einbezahlt worden sein.
- Die Inanspruchnahme des Gründungsprivilegs sowie die Höhe der gründungsprivilegierten Stammeinlagen sind in das Firmenbuch einzutragen. Erst wenn das Stammkapital auf das Mindeststammkapital in Höhe von € 35.000,-- erhöht wurde, kann der Hinweis auf die Gründungsprivilegierung aus dem Firmenbuch gelöscht werden.

Beispiel:

Georg und Christoph gründen die *Throttle-Start-Up-Consulting GmbH* unter Anwendung des Gründungsprivilegs. Der Anteil von Georg am Stammkapital soll 35% betragen, jener von Christoph 65%. Die gründungsprivilegierten Stammeinlagen haben daher € 3.500,-- (Georg) bzw € 6.500,-- (Christoph) zu betragen. Georg stehen allerdings nur € 3.000,-- in bar für die Unternehmensgründung zur Verfügung. Er möchte daher neben seinem Know-how (nicht in Geld bewertbar) auch Büromöbel im Wert von € 1.000,-- (Sacheinlage) in die GmbH einbringen.

Nachdem Sacheinlagen unter Anwendung des Gründungsprivilegs nicht möglich sind, kann Georg die Büromöbel nicht als Sacheinlage einbringen. Allerdings ist es ausreichend die Hälfte der zugeteilten Stammeinlage in bar zu leisten. Dh Georg muss vorerst lediglich € 1.750,-- in bar leisten.

Kapitel 4
Organe

Obwohl die GmbH als juristische Person Träger von Rechten und Pflichten sein sowie in einem Prozess als Kläger oder Beklagter auftreten kann, ist sie als aufgrund des Gesetzes erzeugte, künstliche Entität nicht handlungsfähig. Um rechtswirksam handeln zu können, muss sie über die dafür notwendigen Organe verfügen. Wie schon in der Kurzeinführung zur GmbH erwähnt, sieht das Gesetz grundsätzlich nur zwei Organe zwingend vor:

- die **Geschäftsführer** und
- die **Generalversammlung** als Versammlung der Gesellschafter.

Ein **Aufsichtsrat** muss nur in bestimmten gesetzlich vorgesehenen Fällen errichtet werden. Dies gilt auch für die Bestellung eines **Abschlussprüfer**s. Beide können aber auch freiwillig installiert werden. Aufgrund der österreichischen Gesellschaftsstrukturen sind diese Fälle allerdings sehr selten; die entsprechenden Bestimmungen werden daher nur am Rand behandelt.

4.1 Geschäftsführer

4.1.1 Bestellung

Die Bestimmungen den Geschäftsführer bzw die Geschäftsführer betreffend finden sich in den §§ 15 ff. Jede GmbH muss über einen oder mehrere Geschäftsführer verfügen. Hinsichtlich Ihrer Anzahl kann eine Festlegung im Gesellschaftsvertrag erfolgen. Dies ist aber nicht verpflichtend.

Als Geschäftsführer dürfen nur physische, handlungsfähige Personen fungieren bzw bestellt werden. Insbesondere andere juristische Personen können daher nicht zu Geschäftsführern bestellt werden. Der Geschäftsführer muss jedenfalls kein Gesellschafter der GmbH sein (*siehe Tz 2.3 zur Fremdorganschaft*). Wird der Geschäftsführer später handlungsunfähig, so geht damit die Geschäftsführerstellung automatisch verloren.

Hinweis

*Die **Handlungsfähigkeit** teilt sich in **Geschäfts- und Deliktsfähigkeit**. Mit 14 Jahren wird man bei voller geistiger Gesundheit deliktsfähig und hat damit für durch eigenes Handeln verursachte Schäden einzustehen. Mit 18 Jahren erlangt man bei voller geistiger Gesundheit volle Geschäftsfähigkeit und ist damit in der Lage, durch eigenes rechtsgeschäftliches Verhalten uneingeschränkt Rechte oder Pflichten zu begründen.*

> **Achtung**
>
> *Wird ein Geschäftsführer handlungsunfähig und bemerken dies die Gesellschafter, so haben sie unverzüglich zu handeln. Die GmbH haftet ansonsten für die durch den handlungsunfähigen Geschäftsführer abgeschlossenen Geschäfte.*

Es ist möglich im Gesellschaftsvertrag noch weitere Voraussetzungen festzuhalten, zB bestimmte berufliche Qualifikationen oder ein Mindestalter sowie die Familienmitgliedschaft. Der Geschäftsführer selbst ist, anders als die Gesellschaft, grundsätzlich – mit Ausnahme zB eines Alleingesellschafter-Geschäftsführers – nicht als Unternehmer iSd UGB zu betrachten. Das jeweilige Unternehmen wird von der GmbH betrieben.

Über einen Wohnsitz im Inland müssen Geschäftsführer nicht verfügen, jedoch über den gewöhnlichen Aufenthalt oder eine Zustelladresse ebendort, ansonsten liegt ein Vertretungsmangel vor (*siehe dazu Tz 4.1.3*). Die Insolvenz einer Person und selbst die Verbüßung einer mehrjährigen Haftstrafe stehen der Bestellung zum Geschäftsführer aber grundsätzlich nicht im Weg.

Vom Geschäftsführer gemäß GmbHG ist der **gewerberechtliche Geschäftsführer** zu unterscheiden, auch wenn beide Funktionen möglicherweise von derselben Person wahrgenommen werden können. Der gewerberechtliche Geschäftsführer muss zur Einhaltung gewerberechtlicher Vorschriften bestellt werden und ist für deren Einhaltung entsprechend verantwortlich.

> **Achtung**
>
> *Dem GmbH-Geschäftsführer drohen Verwaltungsstrafen, sollte er die Bestellung eines gewerberechtlichen Geschäftsführers unterlassen, ihn nicht sorgfältig auswählen oder Pflichtverletzungen durch ihn dulden.*

Beispiel:

Georg wurde mit dem Gesellschaftsvertrag zum Gesellschafter-Geschäftsführer bestellt und übernimmt auch die gewerberechtliche Geschäftsführung, da es sich bei der Unternehmensberatung (*siehe Unternehmensgegenstand nach Tz 3.1.2.3*) um ein reglementiertes Gewerbe gem § 94 Z 74 GewO handelt.

Ein Geschäftsführer wird schließlich durch **Beschluss der Gesellschafter**, entweder im Rahmen der Generalversammlung oder schriftlich

- auf bestimmte Zeit (befristet),
- unbefristet,
- aufschiebend oder
- auflösend bedingt

bestellt. Es genügt – soweit im Gesellschaftsvertrag nichts anderes vereinbart wurde – die einfache Mehrheit der abgegebenen Stimmen. Mit der ausgewählten Person ist aber zusätzlich noch ein Rechtsgeschäft (Anstellungsvertrag, *siehe unten*) bezüglich der Bestellung abzuschließen, der Beschluss allein genügt nicht.

Gesellschafter können für die Dauer ihrer Gesellschafterstellung auch mittels **gesellschaftsvertraglicher Bestimmung** zum Geschäftsführer bestellt werden. Werden im Rahmen der Gründung sämtliche Gesellschafter zu Geschäftsführern bestellt, so gilt dies nur für jene Personen, die an der Gründung teilnehmen. Treten im Laufe der Zeit weitere Gesellschafter der GmbH bei, sind diese nicht automatisch Geschäftsführer; der Gesellschaftsvertrag müsste entsprechend (*Dreiviertelmehrheit, siehe Tz 6.1*) geändert werden. Die Bestellung endet jedenfalls mit dem Verlust der Gesellschafterstellung.

Einem Gesellschafter darf gesellschaftsvertraglich darüber hinaus ein **Nominierungsrecht** bzw ein **Vetorecht** bezüglich der Geschäftsführerbestellung eingeräumt werden. Darüber hinaus kann ihm die **Geschäftsführung als Sonderrecht** iSd § 6 Abs 4 eingeräumt werden.

> **Beispiel:**
> Georg wurde bereits mit dem Gesellschaftsvertrag zum Gesellschafter-Geschäftsführer bestellt, daneben beschließen er und Christoph im Rahmen einer Generalversammlung per Beschluss einen Fremdgeschäftsführer zu bestellen. Da Georg nur 35% an der GmbH hält, wurde im Gesellschaftsvertrag vereinbart, dass Fremdgeschäftsführer nur mit einer Mehrheit von $^2/_3$ der Stimmen in der Generalversammlung bestellt werden können. De facto kommt Georg dadurch ein Vetorecht zu.

Der ausersehene Geschäftsführer hat der Bestellung jedenfalls zumindest konkludent zuzustimmen und übernimmt damit alle Rechte und Pflichten, die aus der Organstellung resultieren bzw mit ihr verbunden sind. Hier darf es keine gesellschafsvertraglichen Einschränkungen zugunsten des Geschäftsführers geben.

Die Bestellung ist schließlich sofort und ohne Verzug in das **Firmenbuch** einzutragen, wobei der Eintragung lediglich deklaratorische Wirkung zukommt. Ihr sind

- ein Nachweis der Bestellung sowie
- die Zeichnung,

beides jeweils in beglaubigter Form, beizulegen. Anzumelden sind darüber hinaus insbesondere auch sämtliche spätere Änderungen oder das Erlöschen der Vertretungsbefugnis sowie Namensänderungen, zB durch Eheschließungen. Die Anmeldung hat durch die vertretungsbefugte Zahl an Geschäftsführern zu erfolgen.

Die durch die dargestellte Bestellung erlangte Organfunktion ist von dem **Anstellungsvertrag**, der zwischen Gesellschaft und Geschäftsführer abzuschließen ist, zu unterscheiden. Dieser wird regelmäßig als echtes oder freies Dienstverhältnis zu qualifizieren sein. Es kann sich aber auch um einen Werkvertrag oder ein Auftragsverhältnis handeln. Insbesondere dient es der Regelung der Vergütung sowie der Konkretisierung der organschaftlichen Verpflichtungen.

> **Hinweis**
>
> Ein **Dienstvertrag** *(§§ 1153 bis 1164 ABGB und sonstige arbeitsrechtliche Bestimmungen, insbesondere § 1 AngG) liegt vor, wenn der Geschäftsführer seine Leistungen, die im Vertrag nur generell umschrieben werden, in persönlicher Abhängigkeit im Rahmen eines Dauerschuldverhältnisses erbringt. Er ist persönlich weisungsgebunden hinsichtlich der Durchführung und des Ablaufs seiner Arbeit (Arbeitszeit, -ort, -platz) und darf auch entsprechend kontrolliert werden. Er darf sich bei Leistungserbringung nicht durch einen Dritten vertreten lassen, verfügt selbst über keine Betriebsmittel und wird in den Betrieb eingegliedert. Er trägt kein unternehmerisches Risiko. Beim* **freien Dienstvertrag** *(§ 4 Abs 4 ASVG) fehlt es großteils an persönlicher Abhängigkeit und der Eingliederung in den Betrieb; der freie Dienstnehmer wird selbst als Unternehmer tätig und darf sich vertreten lassen, verfügt aber selbst über keine wesentlichen Betriebsmittel. Wiederum sind die Leistungen nur generell umschrieben und liegt ein Dauerschuldverhältnis vor. Ein vollkommen selbstständiger Geschäftsführer* (**Werkvertrag**; *§§ 1165 bis 1171 ABGB) schuldet hingegen einen bestimmten Erfolg (Zielschuldverhältnis), nicht nur die Leistung generell umschriebener Tätigkeiten und trägt diesbezüglich das volle Risiko. Er erbringt das Werk in persönlicher Unabhängigkeit, ist hinsichtlich seiner Person vollkommen weisungsfrei, darf sich vertreten lassen und ist nicht in den Betrieb eingegliedert. Hier kommt es also darauf an, ob die Generalversammlung dem Geschäftsführer Weisungen erteilen kann.*

Der Abschluss des Anstellungsvertrages erfolgt entweder durch Gesellschafterbeschluss, durch einen von den Gesellschaftern bevollmächtigten Dritten oder durch den von den Gesellschaftern damit betrauten, allfällig vorhandenen Aufsichtsrat.

Beispiel:

Georg und Christoph bestellen Nora Notum per Generalversammlungsbeschluss zum zweiten Geschäftsführer. Da sie insbesondere über keinen weisungsfreien Bereich gegenüber der Generalversammlung und keine Beteiligung an der GmbH verfügt, kein unternehmerisches Risiko trägt und ansonsten voll in den Betrieb eingebunden ist sowie ihre Leistung persönlich zu erbringen hat, ist sie als echte Dienstnehmerin zu qualifizieren. Sie ist arbeits-, sozialversicherungs- und einkommenssteuerrechtlich entsprechend zu behandeln.

Georg verfügt als Gesellschafter über eine sogenannte wesentliche Beteiligung (Anteil am Stammkapital ≥ 25%), ist aber teilweise weisungsgebunden, weshalb ein echter Dienstvertrag vorliegen wird. Wäre die Weisungsbindung komplett ausgeschlossen, so läge ein freies Dienstverhältnis vor. Georg ist dadurch arbeits- und sozialrechtlich entsprechend zu behandeln. Einkommenssteuerrechtlich erzielt er aber keine Einkünfte aus nichtselbstständiger Arbeit, sondern Einkünfte aus sonstiger selbstständiger Arbeit (§ 22 Z 2 EStG).

4.1.2 Abberufung

Zur Abberufung eines Geschäftsführers genügt grundsätzlich ein entsprechender, ausdrücklicher **Beschluss der Gesellschafter** mit einfacher Mehrheit – der Gesellschaftsvertrag kann eine größere Mehrheit festlegen – im Rahmen der Generalversammlung oder im Umlaufweg. Dieser darf jederzeit vorgenommen werden und muss auch nicht begründet werden. Ein wichtiger Grund ist dafür nicht notwendig. Liegt allerdings ein wichtiger Grund vor, kommt aber bezüglich der Abberufung nicht der erforderliche Konsens zwischen den Gesellschaftern zustande, so besteht für die zustimmenden Gesellschafter die Möglichkeit zur **Erhebung der Mitwirkungsklage**, die sich gegen die ablehnenden Mitgesellschafter auf Zustimmung zur Abberufung richtet.

Achtung
Der Begriff „wichtiger Grund" wird im Gesetz nicht näher bestimmt. Insofern empfiehlt es sich, im Gesellschaftsvertrag entsprechende Gründe abschließend oder beispielhaft anzuführen.

Die Abberufung von Gesellschafter-Geschäftsführern bedarf einer – soweit im Gesellschaftsvertrag nicht abweichend bestimmt – mit einfacher Mehrheit zu beschließenden **Änderung des Gesellschaftsvertrags**. Der betroffene Gesellschafter ist stimmberechtigt.

Wurde die Abberufung im Gesellschaftsvertrag an das Vorliegen wichtiger Gründe geknüpft und liegt ein solcher nicht vor, so ist der Beschluss anfechtbar, die Abberufung aber zwischenzeitlich wirksam (§ 16 Abs 3).

Auch hinsichtlich der Abberufung des Gesellschafter-Geschäftsführers steht die Erhebung der Mitwirkungsklage offen. Diese muss auch erhoben werden, wenn ein Gesellschafter, dem die Geschäftsführung als Sonderrecht eingeräumt wurde, an einer entsprechenden **Abberufungsklage** (§ 16 Abs 2 zweiter Satz) gegen den betroffenen Gesellschafter nicht teilnehmen will. Da der mit dem Sonderrecht ausgestattete Gesellschafter bei der Abstimmung über seine Abberufung mitstimmen darf und ihm das Recht nur mit seiner Zustimmung wieder entzogen werden kann, stellt die genannte Abberufungsklage eine Möglichkeit dar, ihn – bei Vorliegen eines wichtigen Grundes – durch das Gericht abberufen zu lassen. Dasselbe gilt sinngemäß für Mehrheitsgesellschafter-Geschäftsführer, die – zwar ohne Sonderrecht, aber per Gesellschaftsvertrag bestellt – aufgrund ihrer Mehrheit sonst nicht von den anderen Gesellschaftern von der Geschäftsführung abberufen werden könnten. Ein Verzicht auf die Abberufungsklage im Gesellschaftsvertrag ist nicht zulässig.

Achtung
Mit der Geltendmachung eines wichtigen Grundes darf nicht zugewartet werden, ansonsten wird das Gericht womöglich davon ausgehen, dass der vorliegende Grund nicht so schwer wiegt, als dass er eine Abberufung rechtfertigen würde.

Beispiel:

Georg wurde per Gesellschaftsvertrag zum Geschäftsführer bestellt. Eine Abberufung darf Christoph, der über eine entsprechende Mehrheit verfügen würde, laut Vereinbarung im Gesellschaftsvertrag aber nur aus wichtigem Grund vornehmen.

Die Abberufung erlangt ihre Wirksamkeit grundsätzlich erst mit ihrer Erklärung gegenüber dem Geschäftsführer, wobei es ausreicht, dass dieser bei Beschlussfassung der Generalversammlung anwesend ist. Die Gesellschafter können auch einen zweiten Geschäftsführer oder einen Dritten mit dem Überbringen der Erklärung beauftragen.

Die Anmeldung der Löschung zur Eintragung ins Firmenbuch darf auch vom abberufenen Geschäftsführer vorgenommen werden. Mit ihr ist die Abberufung zu bescheinigen, die Beilegung des beglaubigten Abberufungsbeschlusses ist nicht notwendig.

Das **Anstellungsverhältnis** endet nicht automatisch mit einer Abberufung oder sonstigen Beendigung der Organfunktion. Vor Abberufung endet sie aufgrund eines Beschlusses der Gesellschafter, danach ist die Beendigung ohne entsprechenden Beschluss durch die vertretungsbefugten Geschäftsführer möglich. Dabei sind jedenfalls die jeweils auf das Anstellungsverhältnis anzuwendenden Beendigungsbestimmungen zu beachten, zB §§ 20 und 27 AngG bezüglich Kündigung und Entlassung im Fall eines echten Dienstnehmers. Soweit vertraglich vereinbart und möglich, wäre eine Aufrechterhaltung des Anstellungsverhältnisses unter Versetzung des ehemaligen Geschäftsführers auf eine andere Position im Unternehmen denkbar.

4.1.3 Notgeschäftsführer

In dringenden Fällen hat das Gericht auf Antrag eines Beteiligten (zB Gesellschafter, Organe oder Dritte, die einen Anspruch gegen die Gesellschaft geltend machen wollen) einen **Notgeschäftsführer** zu bestellen. Diese sind gegeben, wenn

- der GmbH, ihren Gesellschaftern, den Organmitgliedern oder auch Dritten
- ohne unverzügliche Abhilfe
- ein erheblicher Nachteil droht und
- anderweitige Abhilfe insbesondere durch die Generalversammlung in angemessener Frist nicht zu erwarten ist.

Hinweis

Das Gericht nimmt keine Bestellung von Amts wegen vor! Darüber hinaus ist eine Notgeschäftsführerbestellung bereits im Stadium der Vorgesellschaft möglich.

Praktisch könnte sich zB ein **Vertretungsnotstand** daraus ergeben, dass der einzige Geschäftsführer seine Handlungsfähigkeit verliert, stirbt, so viele Geschäftsführer wegfallen, dass eine Einzel- oder Kollektivvertretung nicht mehr möglich ist oder Amtsverweigerung durch einen bzw mehrere Geschäftsführer betrieben wird.

Die Bestellung eines Notgeschäftsführers wird darüber hinaus notwendig, wenn kein Geschäftsführer über einen gewöhnlichen Aufenthalt im Inland verfügt und keine für eine Zustellung im Inland maßgebliche Anschrift vorhanden ist, sodass insbesondere behördliche Schriftstücke nicht entsprechend zugestellt werden können.

Der Antragsteller hat kein Recht auf die Bestellung einer bestimmten Person durch das Gericht, darf aber diesbezüglich Anregungen abgeben. Mit Beschluss des Gerichts und Zustimmung durch den Notgeschäftsführer wird die Bestellung wirksam. Er hat dann gegen die GmbH einen Anspruch auf Entlohnung und den Ersatz allenfalls angefallener Barauslagen. Für den Umfang der Vertretungsmacht gilt auch für den Notgeschäftsführer § 20 (*siehe Tz 4.1.6*). In der Praxis kommen allerdings hingegen sehr wohl Bestellungen ausschließlich für einzelne Aufgaben vor. Die Haftung des Notgeschäftsführers richtet sich ebenso nach § 25.

Die Beantragung der Abberufung des Notgeschäftsführers ist nur Gesellschaftern oder allfälligen anderen Geschäftsführern gestattet. Liegt ein triftiger Grund vor, so hat das Gericht den Notgeschäftsführer per Beschluss zu entheben. Allein durch eine Verzichtserklärung gegenüber dem Gericht verliert der Notgeschäftsführer seine Funktion nicht. Ansonsten endet seine Stellung automatisch mit Wegfall des Bestellgrundes, zB wenn die Gesellschafter den oder die fehlenden Geschäftsführer bestellen.

4.1.4 Rücktritt

Ein Geschäftsführer kann aus wichtigem Grund jederzeit und mit sofortiger Wirkung seinen Rücktritt erklären. Als wichtige Gründe gelten bei einem echten Dienstnehmer jedenfalls auch die nach dem AngG zum Austritt berechtigenden Sachverhalte. Im Fall des Nichtvorliegens von wichtigen Gründen, ist der Rücktritt ebenso möglich; die Wirksamkeit des Rücktritts tritt aber erst nach Ablauf von 14 Tagen ab Erklärung ein (§ 16a). Hierbei ist es für den echten Dienstnehmer zulässig, eine Kündigung des Dienstverhältnisses mit dem Rücktritt terminlich zu koppeln. Wiederum endet das **Anstellungsverhältnis** nämlich nicht automatisch durch den Rücktritt. Auch der Geschäftsführer hat die jeweiligen Beendigungsbestimmungen zu beachten (*siehe Tz 4.1.2*).

Die Rücktrittserklärung selbst ist gegenüber der Generalversammlung, sofern dies in der Tagesordnung angekündigt wurde, oder gegenüber allen Gesellschaftern abzugeben. Daneben sind allfällige Mitgeschäftsführer und Aufsichtsratsvorsitzende unverzüglich vom Rücktritt zu verständigen, wobei diese Informationspflicht keinen Einfluss auf die Wirksamkeit des Rücktritts hat.

Die Rücktrittsmöglichkeit steht auch den im Gesellschaftsvertrag bestellten Geschäftsführern offen. Der Rücktritt ist ohne Änderung des Gesellschaftsvertrags wirksam, jedoch ist jedenfalls darauf zu achten, den Gesellschaftsvertrag bald entsprechend zu ändern.

Ist ein Geschäftsführer entsprechend zurückgetreten, so kann er seine Löschung noch selbst unter Nachweis des Rücktritts beim Firmenbuchgericht beantragen.

4.1.5 Geschäftsführung

Welche Aufgaben hat nun ein Geschäftsführer? Abstrakt sind unter Geschäftsführung sämtliche zur Erreichung des Gesellschaftszwecks notwendigen Maßnahmen und Vorkehrungen zu verstehen. Dazu gehört schon das Lesen eines Briefes, das Schreiben eines Emails oder das Führen eines Telefonats, aber auch die rechtsgeschäftliche Vertretung (*siehe Tz 4.1.6*). Letztere betrifft das „Können" im Außenverhältnis, während die weiter gehende Geschäftsführung das „Müssen" im Innenverhältnis darstellt. Begrenzt wird die Geschäftsführungsbefugnis durch

- den Unternehmensgegenstand,
- Weisungen von Generalversammlung und des allfälligen Aufsichtsrats sowie
- Zustimmungspflichten anderer Organe und
- sonstige sich aus dem Gesellschaftsvertrag oder dem Anstellungsvertrag ergebende Einschränkungen.

Insbesondere der Gesellschaftsvertrag darf die Befugnisse der Geschäftsführer größtenteils beliebig beschränken, soweit nicht gesetzlich zwingend den Geschäftsführern zugeordnete Aufgaben betroffen sind (*siehe unten*). Die Beschränkungen sind aber nach Außen grundsätzlich nicht wirksam. Das heißt, ihnen widersprechende Handlungen entfalten gegenüber Dritten entsprechende Wirkung. Im Innenverhältnis macht sich der Geschäftsführer jedoch haftbar.

Hinweis

Innenverhältnis bezeichnet die Rechtsbeziehungen zwischen Gesellschaft und Gesellschaftern (auch untereinander) oder Organwaltern. *Außenverhältnis* bezeichnet die Rechtsbeziehungen der Gesellschaft, Organwalter und Gesellschafter zu Dritten.

Besonders hervorzuheben ist hier ausdrücklich nochmals das **Weisungsrecht der Generalversammlung**. Dem Geschäftsführer kann allerdings im Gesellschaftsvertrag ein weisungsfreier Bereich zugestanden werden, ansonsten sind Weisungen in jedem Bereich der Geschäftsführung – in genereller Form oder einzelfallbezogen – möglich.

Beispiel:

Georg wurde, da Christoph die Mehrheit an der GmbH hält und entsprechend Weisungen aus der Generalversammlung erteilen könnte, ein weisungsfreier Bereich hinsichtlich des betriebsgewöhnlichen Geschehens zugestanden und entsprechend im Gesellschaftsvertrag vereinbart (*siehe Beispiel am Ende Tz 3.1.2.4*).

Achtung

Weisungen, durch deren Befolgung die Geschäftsführer sich strafbar machen oder die offensichtlich zu Schadenersatzansprüchen führen würden, sind nicht zu befolgen. Eindeutig rechtswidrige Weisungen rechtfertigen einen sofortigen Rücktritt.

Weisungen durch den Aufsichtsrat sind nur zulässig, wenn diese Möglichkeit ausdrücklich im Gesellschaftsvertrag vorgesehen oder ein entsprechender Gesellschafterbeschluss gefasst wurde.

Das GmbHG verpflichtet die Geschäftsführer darüber hinaus insbesondere zur Setzung folgender Maßnahmen:

- Verantwortung für die Führung eines dem Unternehmen entsprechenden Rechnungswesens und internen Kontrollsystems;
- Erstellung und Offenlegung von Jahresabschluss und Lagebericht;

> **Hinweis**
>
> Der Jahresabschluss besteht gemäß §§ 193 und 222 UGB aus Bilanz, Gewinn- und Verlustrechnung (Aufstellung der Erträge und Aufwendungen des Geschäftsjahres nach § 231 UGB) sowie einem erläuternden Anhang. Ein Lagebericht gemäß § 243 UGB dient der Darstellung der Lage des Unternehmens und soll insbesondere Auskunft über den Geschäftsverlauf, das Geschäftsergebnis und allfällige Risiken geben. Die entsprechenden Pflichten treffen *alle* Geschäftsführer!

- Berichtspflichten gegenüber dem Aufsichtsrat;

> **Achtung**
>
> Der Aufsichtsrat kann Berichte von den Geschäftsführern anfordern, andererseits haben die Geschäftsführer – neben den mindestens jährlichen und vierteljährlichen Jahres- bzw Quartalsberichtspflichten (§ 28a) – auch von sich aus bei wichtigen Anlässen Sonderberichte zu legen.

- Anmeldungen zum Firmenbuch;
- Einberufung der Generalversammlung;
- Beantragung des Insolvenzverfahrens;
- Zustimmung zu Insichgeschäften anderer Geschäftsführer, wenn kein Aufsichtsrat besteht (*siehe Tz 4.1.6*);
- Erfüllung öffentlich-rechtlicher Pflichten aus dem Steuer- und Sozialversicherungsrecht.

Die Geschäftsführung ist grundsätzlich von allen Geschäftsführern gemeinsam wahrzunehmen (**Gesamtgeschäftsführung**; § 21). Diesbezügliche Beschlüsse bedürfen der Einstimmigkeit, wobei, sofern bei Kenntnis von einer Maßnahme dieser nicht ausdrücklich widersprochen wird, von einem stillschweigenden Einverständnis auszugehen ist. Ist Gefahr im Verzug, droht der Gesellschaft also ein Schaden, so ist ein Geschäftsführer dazu berechtigt, Geschäftsführungsmaßnahmen auch alleine zu setzen.

Bei diesen teilweise wenig praktikablen Regelungen handelt es sich um dispositives Recht, weshalb abweichend **Einzelgeschäftsführung** oder abweichende Mehrheitserfordernisse im Gesellschaftsvertrag festgelegt werden können. Wurde dort zB Einzelgeschäftsführung vereinbart, so sind einzelne Geschäftsführer jeweils dazu berechtigt, gegen Entscheidungen eines anderen Widerspruch zu erheben, wodurch die gegenständliche Handlung zu unterbleiben hat (§ 21 Abs 2).

Bei einer durch Gesellschafterbeschluss, Beschluss der Geschäftsführer oder anderweitig festgelegten **Ressortverteilung** treffen die Geschäftsführer grundsätzlich nur die ihrem Ressort zugeordneten Pflichten. In den Fällen zwingender Gesamtverantwortung sind jedoch weiterhin alle für die Einhaltung der entsprechenden Pflichten verantwortlich und trifft sie daher eine strenge gegenseitige Überwachungspflicht. In allen anderen Fällen ist eine Überwachung nur in abgeschwächtem Ausmaß notwendig, insofern als bei Vorliegen von Verdachtsmomenten eingeschritten werden muss.

4.1.6 Vertretung

Die Geschäftsführer vertreten die Gesellschaft gerichtlich und außergerichtlich, vor Verwaltungsbehörden sowie gegenüber Gesellschaftern. Ihre Vertretungshandlungen werden direkt der Gesellschaft zugerechnet. Ihre Vertretungsmacht ist im Außenverhältnis unbeschränkt und unbeschränkbar. Etwaige diesbezügliche Beschränkungen wirken lediglich im Innenverhältnis. Im Widerspruch zu einer Beschränkung getätigte Rechtsgeschäfte sind daher gültig, der Geschäftsführer macht sich aber schadenersatzpflichtig. Ihre Vertretungsmacht erstreckt sich allerdings nicht auf Geschäfte, die zu einer Änderung des Gesellschaftsvertrags führen würden.

Im Fall von außergewöhnlichen Geschäften (zB Erwerb von bzw Beteiligung an anderen Gesellschaften, generell risikoreiche Geschäfte) bzw immer dann, wenn eine Handlung der Geschäftsführung vermutlich dem Willen der Mehrheit der Gesellschafter widersprechen würde, haben die Geschäftsführer die Zustimmung der Gesellschafter einzuholen. Dies betrifft wiederum nur das Innenverhältnis.

Ungültig sind jedoch Vertretungsakte, die ein Geschäftsführer zusammen mit einem Dritten arglistig zur Schädigung der Gesellschaft gesetzt hat (**Kollusion**) sowie solche bei denen dem Dritten der Missbrauch der Vertretungsmacht durch den Geschäftsführer zumindest bekannt war oder evident sein musste.

Unzulässig sind darüber hinaus sogenannte **Insichgeschäfte** durch **Selbstkontrahieren** oder **Doppelvertretung** (der Geschäftsführer schließt im Namen der Gesellschaft mit sich selbst oder mit der Gesellschaft im Namen eines Dritten ein Geschäft ab), außer die Vertretung ist für die GmbH nur von Vorteil und es besteht keinerlei Schädigungsrisiko. Ansonsten erlangt ein entsprechendes Rechtsgeschäft nur Gültigkeit, wenn es von der GmbH genehmigt wird. Sollte kein Aufsichtsrat vorhanden sein, so haben im Fall der Einzelvertretung alle übrigen Geschäftsführer zuzustimmen; gibt es nur einen Geschäftsführer und keinen Aufsichtsrat, die Gesellschafter.

Kontrahiert der Gesellschafter einer Einpersonen-GmbH mit der Gesellschaft, so ist dies schriftlich zu dokumentieren und über das Geschäft eine Urkunde zu errichten, außer es handelt sich um gewöhnliche Geschäfte, die zu branchenüblichen Bedingungen geschlossen werden.

Im Rahmen der **aktiven Vertretung** (Abgabe von Willenserklärungen für die GmbH) vertreten grundsätzlich alle Geschäftsführer die GmbH gemeinsam (**Gesamtvertretung**). Dies gilt auch im Fall von Gefahr im Verzug. Sofern nur ein Geschäftsführer bestellt wurde oder alle anderen ausgeschieden sind, vertritt er die Gesellschaft allein.

Der Gesellschaftsvertrag kann wiederum Abweichendes bestimmen, zB die **Einzelvertretung** oder die Vertretung durch je zwei Geschäftsführer bzw durch einen Geschäftsführer und einen Prokuristen (**unechte Gesamtvertretung**). Die Regelung der Vertretung darf per Gesellschaftsvertrag auch der Generalversammlung überlassen werden. Unterschiedliche Regelungen für unterschiedliche Rechtsgeschäfte sind jedoch nicht zulässig. Sofern gesetzlich hinsichtlich der Vertretung besondere Regelungen bestehen (zB Anmeldung einer Gesellschaftsvertragsänderung durch sämtliche Geschäftsführer zum Firmenbuch gemäß § 51), gehen sie dem Gesellschaftsvertrag oder Gesellschafterbeschlüssen vor.

> **Beispiel:**
>
> Georg und Nora Notum, die Fremdgeschäftsführerin, vertreten die Gesellschaft laut Generalversammlungsbeschluss gemeinsam. Es bedarf also der Zustimmung beider zum Abschluss eines Geschäfts. Insofern herrscht das „Vier-Augen-Prinzip".

Passiv vertretungsbefugt ist jeder Geschäftsführer und Prokurist. Das heißt, Erklärungen, die ihnen gegenüber abgegeben werden, gelten als der Gesellschaft zugegangen.

Geschäftsführer haben schließlich bei der Abgabe schriftlicher Willenserklärungen neben der Firma der GmbH zu unterschreiben. Dabei handelt es sich um eine reine Ordnungsvorschrift, ihre Nichtberücksichtigung ändert nichts an der Wirksamkeit der Erklärung.

§ 14 UGB verlangt zusätzlich von allen im Firmenbuch eingetragenen Unternehmen, bei sonstiger Verhängung einer Zwangsstrafe, auf Geschäftsbriefen und Bestellscheinen (Papier oder andere Form) sowie auf ihren Webseiten die Firma, die Rechtsform, den Sitz und die Firmenbuchnummer, gegebenenfalls den Hinweis, dass sich das Unternehmen in Liquidation befindet sowie das Firmenbuchgericht anzugeben.

4.1.7 Haftung ...

4.1.7.1 ... gegenüber der Gesellschaft

Die Haftung der Geschäftsführer gegenüber der Gesellschaft ist in § 25 geregelt (**Innenhaftung**). Sie richtet sich grundsätzlich nach dem allgemeinen Zivilrecht. Ein Geschäftsführer haftet also für Schäden, die er insbesondere rechtswidrig und schuldhaft verursacht hat.

! Hinweis

Rechtswidrig handelt, wer Gebote und Verbote der Rechtsordnung, insbesondere auch Vertragspflichten, übertritt. Ist das rechtswidrige Verhalten dem Betroffenen persönlich vorwerfbar, so liegt ein Verschulden vor. Der rechtswidrig Handelnde muss dazu jedenfalls deliktsfähig sein (siehe Tz 4.1.1). Es gibt verschiedene Verschuldensgrade, von der leichten Fahrlässigkeit zur schweren bis zum Vorsatz. Wer fahrlässig handelt, lässt die pflichtgemäße Sorgfalt, die gehörige Sorgfalt oder den gehörigen Fleiß außer Acht. Entweder passiert ihm ein Fehler, der auch sorgfältigen Menschen einmal passieren kann (leichte Fahrlässigkeit) oder er ist besonders nachlässig oder leichtsinnig (schwere Fahrlässigkeit).

! Achtung

Eine Haftung nach § 25 kann auch „faktische" Geschäftsführer treffen, Personen, die entweder nicht wirksam zum Geschäftsführer bestellt wurden oder Personen, die als Geschäftsführer auftreten und agieren, während eine andere Person nur als Scheingeschäftsführer bzw Strohmann vorgeschoben wird. Zumeist handelt es sich dabei um Mehrheitsgesellschafter, die die Geschäfte direkt leiten, ohne den Weg über Weisungen an die Geschäftsführer zu gehen.

Die **Rechtswidrigkeit** eines Verhaltens ergibt sich insbesondere aus der Nichterfüllung der nach dem GmbHG den Geschäftsführern zugewiesenen Pflichten, aber auch aus der Verletzung anderer gesetzlicher Vorschriften.

Im Gesetz sind insbesondere folgende spezielle Haftungsfälle explizit angeführt:

- Verteilung von Gesellschaftsvermögen im Widerspruch zum GmbHG bzw Gesellschaftsvertrag (§ 25 Abs 3 Z 1);
- Leistung von Zahlungen nach dem Zeitpunkt, in dem die Eröffnung eines Insolvenzverfahrens hätte begehrt werden müssen (§ 25 Abs 3 Z 2);
- nicht rechtzeitiges Begehren der Eröffnung eines Insolvenzverfahrens;

! Achtung

Die Geschäftsführer müssen zu diesem Zweck insbesondere laufend die allgemeine Geschäftsentwicklung sowie die Entwicklung der Rentabilität und Liquidität des Unternehmens prüfen und analysieren. Bei drohender Zahlungsunfähigkeit oder Überschuldung sind sie zur Insolvenzantragstellung verpflichtet, weshalb eine ungerechtfertigte Verzögerung eine Haftung auch gegenüber Dritten, insbesondere Gläubigern nach sich zieht (siehe Tz 4.1.7.3)!

- Abschließen von Insichgeschäften ohne Zustimmung sämtlicher Gesellschafter oder des Aufsichtsrats, wenn ein solcher eingerichtet ist (§ 25 Abs 4, § 52 Abs 6);

- Abgabe falscher Angaben im Laufe der Gründung der Gesellschaft oder im Rahmen von Kapitalerhöhungen (§ 10 Abs 4; Haftung zur ungeteilten Hand);
- Nichtvorlage außerordentlicher Geschäftsführungsmaßnahmen zur Beschlussfassung in der Generalversammlung;
- (schuldhaft) falsche oder verzögerte Anmeldungen zum Firmenbuch (es kann auch eine Haftung gegenüber den einzelnen Gesellschaftern dadurch entstehen; § 26 Abs 2);
- ein Verstoß gegen das Wettbewerbsverbot (§ 24 Abs 3);

> **Achtung**
>
> *Ohne Zustimmung der Gesellschafter dürfen Geschäftsführer keine Aktivitäten (persönlich oder als Prokurist, Geschäftsführer bzw Vorstands- oder Aufsichtsratsmitglied sowie sonstiger Angestellter und als persönlich haftender oder beherrschender Gesellschafter eines anderen Unternehmens) im Geschäftszweig der GmbH, der sich nach dem Unternehmensgegenstand und der tatsächlichen Tätigkeit der GmbH bestimmt, aufnehmen. Bei einem Verstoß droht die sofortige, entschädigungslose Abberufung. Daneben kann Schadenersatz gefordert oder in die Geschäfte des Geschäftsführers an seiner statt eingetreten sowie bei Geschäften für Dritte die Herausgabe seiner Vergütung gefordert werden. Diese Ansprüche erlöschen jedoch binnen drei Monaten ab Kenntnisnahme der Verletzung durch alle Mitglieder des Aufsichtsrates, im Falle seines Nichtbestehens durch alle übrigen Geschäftsführer; sollte nur ein Geschäftsführer bestellt worden sein, ab Kenntnisnahme durch alle Gesellschafter. Die Ansprüche verjähren jedenfalls nach Ablauf von 5 Jahren ab Entstehen.*

- die unzulässige Auszahlung an Gesellschafter (§ 83 Abs 2);
- Unterlassung der Einleitung notwendiger Reorganisationsmaßnahmen.

> **Hinweis**
>
> *Ist für die Gesellschaft ein Abschlussprüfer zu bestellen (siehe Tz 4.5), haften die Geschäftsführer zur ungeteilten Hand, wenn sie ein notwendiges Reorganisationsverfahren nicht beantragt oder gehörig fortgesetzt haben, den Jahresabschluss nicht oder nicht rechtzeitig aufgestellt haben bzw den Abschlussprüfer nicht oder nicht rechtzeitig mit dessen Prüfung beauftragt haben (§ 22 Abs 1 URG). Diese Haftung tritt bei Eröffnung eines Insolvenzverfahrens ein und ist vom Masse- bzw Sanierungsverwalter geltend zu machen (§ 28 URG); sie ist auf € 100.000,-- pro Geschäftsführer beschränkt. Die Geschäftsführer haften nicht, wenn zwar der Abschlussprüfer einen Reorganisationsbedarf vermutet, ein unverzüglich einzuholendes Gutachten eines Wirtschaftstreuhänders diesen Bedarf allerdings verneint (§ 26 URG).*

§ 25 legt beim **Verschulden** als Sorgfaltsmaßstab den „ordentlichen Geschäftsmann" fest. Geschäftsführer müssen über die Kenntnisse und Fähigkeiten verfügen, die für den Geschäftszweck der GmbH (üblicherweise) erforderlich sind. Um einer Haftung zu entgehen, können sich Geschäftsführer daher nicht auf die eigene „Unfähigkeit" berufen (**objektiver Verschuldensmaßstab**; siehe auch § 1299 ABGB).

NEU seit 1.1.2016
Seit 1.1.2016 gilt, dass ein Geschäftsführer jedenfalls dann sorgfältig handelt, wenn er sich bei einer unternehmerischen Entscheidung nicht von sachfremden Interessen leiten lässt und auf Grundlage angemessener Informationen annehmen darf, zum Wohle der Gesellschaft zu handeln (§ 25 Abs 1a).

Sind mehrere Geschäftsführer an einer Pflichtverletzung beteiligt, so haftet jeder für den gesamten daraus entstandenen Schaden (Haftung zur ungeteilten Hand; § 25 Abs 2). Werden Geschäftsführer schließlich zur Haftung herangezogen, so entgehen sie dieser nur, wenn sie beweisen können, dass sie die notwendige Sorgfalt angewendet haben (Beweislastumkehr).

Hinweis
Die Beweislastumkehr lässt sich vertraglich ausschließen. Rechtswidrigkeit, den Schaden dem Grunde und der Höhe nach usw hat die Gesellschaft zu beweisen.

Ansonsten haften die Geschäftsführer nur für eigenes Verschulden. Allerdings könnten ihnen Schäden, die zB Arbeitnehmer der GmbH verursacht haben, zugerechnet werden, wenn der Schaden auf einer pflichtwidrigen und schuldhaften Fehlorganisation des Unternehmens oder mangelnder Kontrolle durch den Geschäftsführer beruht.

Achtung
Das DHG, das Haftungserleichterungen für Dienstnehmer statuiert, kommt im Rahmen der Organhaftung nach § 25 auf Geschäftsführer, die ihre Funktion auf Basis eines Dienstvertrags ausüben, nicht zur Anwendung!

Die bereits angesprochene **Ressortverteilung** entlastet Geschäftsführer nur hinsichtlich allgemeiner Geschäftsführungsagenden. Es trifft sie dann nur eine Überwachungspflicht hinsichtlich der nicht ihnen zugeordneten Bereiche (*siehe Tz 4.1.5*). Im Kernbereich der Geschäftsführung bleibt die volle Haftung aufrecht.

Hinweis
Es empfiehlt sich daher, den Aufgaben eines anderen Geschäftsführers angemessene Aufmerksamkeit zu schenken und seinen Handlungen und Plänen allenfalls ausdrücklich zu widersprechen sowie durch Protokollierung und Schriftlichkeit von Äußerungen entsprechende Beweismittel zu schaffen.

Darüber hinaus ist eine Haftung auf Grundlage des Anstellungsvertrages zwischen Gesellschaft und den Geschäftsführern möglich. Hier gelangt das DHG, anders als bei organschaftlicher Haftung nach § 25 bei einem Dienstverhältnis, zur Anwendung.

Werden **Weisungen der Gesellschafter** befolgt, so sind die Geschäftsführer für daraus resultierende Schäden grundsätzlich nicht ersatzpflichtig. Geschäftsführer haben die Gesellschafter dafür aber auf diesbezügliche Risiken hinzuweisen, sofern diese für die Gesellschafter nicht erkennbar waren. Ist die Weisung jedoch rechtswidrig und daher nichtig bzw unwirksam, so erfolgt keine Haftungsfreistellung.

Im Rahmen der Feststellung des Jahresabschlusses werden die Geschäftsführer hinsichtlich ihrer Tätigkeiten regelmäßig durch die Generalversammlung entlastet. Die **Entlastung** bedeutet den Verzicht auf Ersatzansprüche sowie das Anerkenntnis des Nichtbestehens solcher Ansprüche. Dies ist aber nur in dem Umfang wirksam, als allfällige Ersatzansprüche gegen Geschäftsführer nicht zur Befriedigung von Gläubigern der Gesellschaft benötigt werden (§ 10 Abs 6). Wird der Geschäftsführer grundlos nicht entlastet, so ist er berechtigt, sein Amt niederzulegen und das Anstellungsverhältnis zu lösen.

Die aus diesen Bestimmungen resultierenden **Schadenersatzansprüche** stehen der Gesellschaft zu und werden aufgrund eines Gesellschafterbeschlusses geltend gemacht. In einem Prozess wird diese entweder durch den Aufsichtsrat (wenn ein solcher eingerichtet wurde), durch andere Geschäftsführer oder einen besonderen Prozessbevollmächtigten vertreten. Im Insolvenzfall sind Schadenersatzansprüche durch den Insolvenzverwalter geltend zu machen. Ansprüche der Gesellschafter gegen Geschäftsführer verjähren nach 5 Jahren (§ 25 Abs 6) ab Kenntnis des Schadens und Schädigers (siehe auch § 1489 ABGB).

4.1.7.2 ... gegenüber den Gesellschaftern

Grundsätzlich besteht die Haftung der Geschäftsführer nur gegenüber der Gesellschaft. Eine Haftung gegenüber den Gesellschaftern stellt daher den Ausnahmefall dar. Diese tritt aber ein, wenn

- das Bankkonto zur Einzahlung der Einlage nicht genannt wird (*siehe Tz 3.1.2.4*);
- die Rechnungslegungspflicht verletzt wird;
- die Auskunftspflicht verletzt wird (*siehe Tz 5.2.2*);
- Zahlungen entgegen § 82 (Einlagenrückgewähr; *siehe Tz 5.2.1*) vorgenommen werden.

Gegenüber einzelnen Gesellschaftern macht sich ein Geschäftsführer haftbar, wenn er

- im Rahmen der Gewinnausschüttung den Gleichheitsgrundsatz zuungunsten eines Gesellschafters verletzt;
- einen Gesellschafter nicht von der Einberufung der Generalversammlung informiert oder ihm keine Kopie der durch die Gesellschafter in der Generalversammlung oder schriftlich gefassten Beschlüsse zusendet.

4.1.7.3 ... gegenüber Gläubigern der Gesellschaft und Dritten

Nach dem GmbHG stehen Gesellschaftsgläubigern nur in folgenden Fällen direkte Schadenersatzansprüche gegen die Geschäftsführer zu:

- (schuldhaft) falsche oder verzögerte Anmeldungen zum Firmenbuch (§ 26 Abs 2);
- falsche Angaben über die Befriedigung bzw Sicherstellung der Gläubiger im Rahmen einer Kapitalherabsetzung (§ 56 Abs 3; *siehe Tz 6.3*);
- Unterlassung der Anmeldung von Einforderungen weiterer Einzahlungen zum Stammkapital zum Firmenbuch (§ 64 Abs 2; verjährt in 5 Jahren).

Daneben stehen Dritten teilweise auch nach Rechtsvorschriften außerhalb des GmbHG Ersatzansprüche gegen die Geschäftsführer zu. Zu nennen sind in diesem Zusammenhang ua vor allem § 69 Insolvenzordnung (IO) hinsichtlich der Pflicht zur unverzüglichen Beantragung des Insolvenzverfahrens, die Haftung für nicht bezahlte steuerrechtliche Abgaben (§ 9 Abs 1 iVm § 80 Bundesabgabenordnung, BAO) bzw Sozialversicherungsbeiträge (§ 67 Allgemeines Sozialversicherungsgesetz, ASVG) und mögliche Wettbewerbsverstöße nach dem UWG. Entsprechende Konsequenzen für einen Geschäftsführer haben zB darüber hinaus Verstöße gegen das Arbeitszeitgesetz (AZG), das Arbeitsruhegesetz (ARG) und das ArbeitnehmerInnenschutzgesetz (AschG) sowie Finanzordnungswidrigkeiten. Strafrechtlich belangt werden Geschäftsführer ua für die fahrlässige Herbeiführung der Zahlungsunfähigkeit, betrügerische Krida oder die Begünstigung eines Gläubigers sowie Abgabenhinterziehung.

Hinweis

Auf Schadenersatzansprüche, die der Gesellschaft gegenüber den Geschäftsführern zustehen, können Gläubiger der Gesellschaft nicht direkt zugreifen. Ein Zugriff ist nur möglich, wenn der Gläubiger den Anspruch der Gesellschaft gegenüber den Geschäftsführern (dieser stellt einen Vermögenswert dar) pfänden und sich überweisen lässt.

4.2 Exkurs: Prokura und Handlungsvollmacht

Häufig wird es sinnvoll sein, dass eine Gesellschaft nicht nur durch die Geschäftsführer vertreten wird, sondern auch andere Personen Handlungen für sie vornehmen können. Das UGB – die GmbH ist Unternehmer iSd UGB kraft Rechtsform – bietet dafür zwei Varianten an:

- die Erteilung einer **Prokura** (§§ 48 bis 53 UGB) und
- die Erteilung einer **Handlungsvollmacht** (§§ 54 bis 58 UGB).

4.2.1 Prokura

Bei der Prokura handelt es sich um eine umfassende unternehmensrechtliche Vollmacht mit gesetzlich festgelegtem Umfang. Der Inhaber einer Prokura ist dazu ermächtigt, alle Arten von gerichtlichen und außergerichtlichen Geschäften und Rechtshandlungen, die der Betrieb eines Unternehmens mit sich bringt, durchzuführen (§ 49 Abs 1 UGB).

Ausgenommen davon sind:

- Erteilung der Prokura an andere Personen und
- die Veräußerung und Belastung von Grundstücken, wenn diese Befugnis nicht besonders erteilt wurde (§ 49 Abs 2 UGB).

Die Prokura ist im Außenverhältnis nicht beschränkbar (§ 50 Abs 1 UGB). Interne Beschränkungen hat der Prokurist allerdings zu beachten. Ein Verstoß dagegen kann unter Umständen und nach den Grundsätzen des Zivilrechts Schadenersatzpflichten auslösen. Allerdings haftet der Prokurist in geringerem Ausmaß als der Geschäftsführer, da eine § 25 GmbHG analoge besondere Haftungsbestimmung zusätzlich zu den Bestimmungen des Zivilrechts für ihn nicht besteht. Einem Geschäftsführer kann nicht zugleich die Prokura erteilt werden. Wird ein Prokurist zum Geschäftsführer bestellt, erlischt die Prokura.

Prokura kann nur von einem in das Firmenbuch eingetragenen Unternehmer – persönlich oder von einem gesetzlichen Vertreter – erteilt werden (§ 48 Abs 1 UGB). Im Rahmen des Betriebes einer GmbH entscheidet die Generalversammlung generell darüber, ob Prokura durch die Geschäftsführer erteilt werden darf. Die Erteilung selbst hat dann im konkreten Fall durch sämtliche Geschäftsführer gemeinsam (der Gesellschaftsvertrag darf anderes vorsehen) und jedenfalls ausdrücklich zu erfolgen; besondere Formvorschriften wie Schriftlichkeit bestehen dafür aber nicht.

Wie im Bereich der Geschäftsführung ist es auch möglich, mehreren Personen Prokura zu erteilen. Man unterscheidet dabei zwischen **Einzelprokura** und **Gesamtprokura** (§ 48 Abs 2 UGB) oder **Filialprokura** (beschränkt auf eine Zweigniederlassung mit eigener Firma); je nachdem wie die Prokura ausgestaltet wurde (*siehe Tz 4.1.5 und 4.1.6 zur Gestaltung der Geschäftsführung*).

Die Erteilung und Ausgestaltung der Prokura sind zur Eintragung in das Firmenbuch anzumelden (§ 53 Abs 1 UGB). Es ist der Anmeldung eine Zeichnung mit dem entsprechenden Zusatz durch den Prokuristen beizulegen. Die Erteilung der Prokura ist zwar auch ohne Eintragung wirksam; diese ist allerdings zwingend im Gesetz vorgesehen.

Im geschäftlichen Verkehr hat der Prokurist mit einem Beisatz (zB „ppa" oder „pp" für „per procura"), der die Prokura andeutet, zu unterschreiben (§ 51 UGB).

Die Prokura endet durch den – jederzeit möglichen – Widerruf durch die Geschäftsführung. Der Widerruf muss nicht begründet sein und auf dieses Recht kann nicht verzichtet, allerdings darf es auf wichtige Gründe eingeschränkt werden (§ 52 Abs 1 UGB). Daneben endet die Prokura auch ua durch Kündigung der Prokura durch den Prokuristen selbst oder dessen Tod bzw Handlungsunfähigkeit (*siehe Tz 4.1.1*). Das Erlöschen ist – wie die Erteilung – zur Eintragung in das Firmenbuch anzumelden (§ 53 Abs 2 UGB). Die Prokura bleibt im Außenverhältnis bis zur Löschung bestehen.

4.2.2 Handlungsvollmacht

Aufgrund einer Handlungsvollmacht kann der Bevollmächtigte sämtliche Geschäfte und Rechtshandlungen, die der Betrieb des Unternehmens des Vollmachtgebers für gewöhnlich (branchenüblich) mit sich bringt, durchführen (§ 54 Abs 1 UGB; vgl dazu im Unterschied *Tz 4.2.1*: Prokuristen dürfen alle Geschäfte – nicht nur „gewöhnliche" – durchführen).

Ausgenommen davon sind:

- Veräußerung und Belastung von Grundstücken;
- Eingehung von Wechselverbindlichkeiten;
- Aufnahme von Darlehen und
- Prozessführung (§ 54 Abs 2 UGB).

Weitere Beschränkungen sind möglich. Ein Dritter muss diese aber nur dann gegen sich gelten lassen, wenn er die Beschränkung gekannt hat oder kennen musste (§ 55 UGB). Der Bevollmächtigte hat im geschäftlichen Verkehr seiner Unterschrift einen Zusatz beizufügen, der das Vollmachtsverhältnis, in dem er steht, erkennbar macht (§ 57 UGB; zB „i.A.").

Im Rahmen des Betriebes einer GmbH entscheidet die Generalversammlung grundsätzlich darüber, ob eine Handlungsvollmacht erteilt werden darf (*siehe Tz 4.3.3*). Die konkrete Erteilung selbst hat durch die vorgesehene Zahl der Geschäftsführer nicht zwingend ausdrücklich zu erfolgen; auch eine stillschweigende Erteilung ist möglich. Im Gegensatz zur Prokura ist die Handlungsvollmacht nicht in das Firmenbuch einzutragen.

Die Handlungsvollmacht erlischt grundsätzlich in denselben Fällen wie die Prokura (*siehe Tz 4.2.1*; § 58 Abs 1 UGB). Es ist allerdings möglich, dass auf das jederzeitige Widerrufsrecht vertraglich verzichtet wird (§ 58 Abs 2 UGB). Darüber hinaus kann die Handlungsvollmacht mit Zustimmung des Vollmachtgebers auf eine andere Person übertragen werden (§ 58 Abs 3 UGB).

4.3 Generalversammlung

Bei der Generalversammlung handelt es sich um das **oberste Willensbildungsorgan der GmbH**. Sie wird von allen Gesellschaftern gemeinsam gebildet und ist für sämtliche Angelegenheiten zuständig, die nicht durch das GmbHG oder – sofern nicht zwingend der Generalversammlung vorbehalten – den Gesellschaftsvertrag einem anderen Organ zugewiesen sind. Über die Generalversammlung erhalten die einzelnen Gesellschafter die Möglichkeit, Einfluss auf die Ausrichtung und die Leitung der GmbH zu nehmen. Wie gesehen kommt ihr diesbezüglich insbesondere ein umfassendes Weisungsrecht gegenüber den Geschäftsführern zu. Auch kann sie Aufsichtsratsbeschlüsse korrigieren bzw außer Kraft setzen.

Die Willensbildung erfolgt dabei in Form von **Beschlüssen**. Sie werden entweder

- **in der Generalversammlung** selbst oder
- **im Umlauf**

gefasst, wobei letzteres nur nach Zustimmung aller (auch nicht stimmberechtigter) Gesellschafter zulässig ist und die Mehrheitserfordernisse sich nach der Gesamtzahl der allen Gesellschaftern zur Verfügung stehenden Stimmen richten (*siehe Tz 4.3.2*).

Daneben wird die Möglichkeit der **formlosen Beschlussfassung** anerkannt, wenn alle Gesellschafter individuell ihre Zustimmung – mündlich oder schriftlich – zu einer Maßnahme geben.

4.3.1 Einberufung der Generalversammlung

Die Generalversammlung kann auf folgende Arten einberufen werden:

- durch die **Geschäftsführer**: Mindestens einmal pro Jahr am Sitz der Gesellschaft (ordentliche Generalversammlung, § 36 Abs 1 und 2);
- durch die **Geschäftsführer oder** – falls bestellt – den **Aufsichtsrat**: Jederzeit, wenn es das Wohl der Gesellschaft verlangt (außerordentliche Generalversammlung; § 30j Abs 4), insbesondere dann (§ 36 Abs 2), wenn
  - die Hälfte des Stammkapitals verloren gegangen ist, also das Gesellschaftsvermögen trotz Berücksichtigung offener Rücklagen und stiller Reserven nicht mehr die Hälfte des Stammkapitals erreicht oder
  - die Eigenmittelquote weniger als 8% und die Schuldentilgungsdauer mehr als 15 Jahre beträgt (§ 22 URG);

> **Hinweis**
>
> *Die Beschlüsse einer Generalversammlung, die zum Wohle der Gesellschaft einberufen wurde, sind dem Firmenbuchgericht mitzuteilen.*

- auf **Verlangen von Gesellschaftern**: Die Geschäftsführer haben aufgrund des schriftlichen Verlangens eines oder mehrerer Gesellschafter (die über mindestens 10% des Stammkapitals verfügen; der Gesellschaftsvertrag kann dieses Erfordernis reduzieren) die Generalversammlung einzuberufen. Kommen die Geschäftsführer diesem Verlangen nicht binnen 14 Tagen nach, können die verlangenden Gesellschafter die Versammlung selbst einberufen.

Die Einberufung der Generalversammlung hat in der im Gesellschaftsvertrag festgelegten Form zu erfolgen. Ist keine besondere Form vorgesehen, erfolgt die Einberufung mit eingeschriebenem Brief an die zuletzt bekannt gegebene Adresse des jeweiligen Gesellschafters. Die Versammlung selbst findet am Sitz der Gesellschaft statt.

Die Verlautbarung bzw Versendung der Einladung hat spätestens 7 Tage vor der Generalversammlung stattzufinden; gleichzeitig ist den Gesellschaftern eine Tagesordnung zu übermitteln, wobei die Punkte auf der Tagesordnung möglichst präzise gefasst sein sollten. Bis spätestens 3 Tage vor der Versammlung kann eine Minderheit von 10% des Stammkapitals (oder einem laut Gesellschaftsvertrag geringerem Teil) die begründete Aufnahme von weiteren Tagesordnungspunkten verlangen (§ 38 Abs 1 bis 3).

Hinweis

In der Generalversammlung können Beschlüsse nur dann gefasst werden, wenn die Einberufung ordnungsgemäß stattgefunden hat oder die Gegenstände der Beschlussfassung mindestens 3 Tage vor der Versammlung – in der vorgeschriebenen Weise – angekündigt wurden. Ausnahme: Alle Gesellschafter sind in der Versammlung anwesend oder vertreten (Universalversammlung) und erheben keine Einwände gegen die Abhaltung der nicht vorschriftsmäßig einberufenen Generalversammlung.

Den Vorsitz der Generalversammlung führt entweder ein Mitglied eines allfälligen Aufsichtsrates, ein Gesellschafter oder ein Geschäftsführer. Das Gesetz macht hier keine klare Vorgabe, weshalb eine Klarstellung im Gesellschaftsvertrag vorgenommen werden sollte.

Soll die Generalversammlung vertagt werden, so sind dafür keine der Einberufung entsprechenden Regeln einzuhalten. Die Vertagung kann vielmehr auch mündlich oder konkludent vorgenommen werden. Dass nicht alle Gesellschafter rechtzeitig über die Abberaumung informiert wurden, steht ihr nicht im Wege.

4.3.2 Beschlussfähigkeit und Beschlussmehrheiten

Die Generalversammlung ist beschlussfähig, wenn – soweit der Gesellschaftsvertrag keine Erleichterung oder Erschwerung vorsieht – 10% des Stammkapitals anwesend oder vertreten sind (§ 38 Abs 6). Teilnehmen dürfen alle Gesellschafter, die im Firmenbuch eingetragen sind, selbst dann, wenn sie einem Stimmverbot unterliegen bzw kein Stimmrecht haben (§ 78; *siehe unten*).

Hinweis

Wird dieses Anwesenheitserfordernis nicht erreicht, ist unter Hinweis auf die Beschlussunfähigkeit der ersten Versammlung eine weitere Versammlung einzuberufen. Diese Generalversammlung ist, soweit der Gesellschaftsvertrag nichts Abweichendes festlegt, unabhängig vom vertretenen Kapital beschlussfähig, aber jedenfalls auf die Tagesordnungspunkte der nicht beschlussfähigen Generalversammlung beschränkt (§ 38 Abs 6 und 7).

Das **Gewicht der Stimme** des einzelnen Gesellschafters bemisst sich an der übernommenen Stammeinlage. Es wird also grundsätzlich nicht nach Köpfen abgestimmt. Es gilt: Eine Stammeinlage von mindestens € 10,-- entspricht einer Stimme. Beträge die darunter liegen, werden vernachlässigt; es stünden im Fall einer Einlage von € 325,-- daher 32 Stimmen zur Verfügung (§ 39 Abs 2). Die Bemessung kann im Gesellschaftsvertrag auch auf gänzlich andere Weise erfolgen. Hier bestehen umfangreiche Gestaltungsmöglichkeiten, selbst eine von den Stammeinlagen vollkommen unabhängige Stimmgewichtung wäre wohl zulässig. Jedem Gesellschafter muss allerdings mindestens eine Stimme in der Generalversammlung zustehen.

> **Beispiel:**
>
> In unserem Beispiel verfügt Christoph über eine Stammeinlage iHv € 22.750,--, Georg über eine iHv € 12.250,--. Entsprechend der von den beiden nicht abgeänderten Regelung des GmbHG verfügt Christoph damit über 2.275 Stimmen, Georg über 1.225.

Das Stimmrecht darf auch durch einen Bevollmächtigten ausgeübt werden, der über eine schriftliche **Stimmrechtsvollmacht**, lautend auf die Ausübung des Stimmrechts in der Generalversammlung oder im Rahmen eines Umlaufbeschlusses, verfügt. Darüber hinaus kann es zur koordinierten Stimmrechtsausübung durch mehrere Gesellschafter kommen. Dazu wird oftmals ein sogenannter **Syndikatsvertrag** zwischen den betroffenen Gesellschaftern geschlossen. Der Syndikatsvertrag ist als GesBR zu qualifizieren *(siehe Tz 2.2.1)*.

Beschlüsse in der Generalversammlung werden – soweit im Gesellschaftsvertrag nichts anderes vorgesehen ist – grundsätzlich mit **einfacher Mehrheit** der abgegebenen Stimmen – Enthaltungen bzw passives Verhalten bleiben außer Betracht – gefasst. In bestimmten Fällen sieht allerdings bereits das GmbHG ein höheres Mehrheitserfordernis vor:

- **Einstimmigkeit,** für die Änderung des Unternehmensgegenstandes (§ 50 Abs 3) oder zB die Einführung einer Nachschusspflicht (§ 50 Abs 4).
- **Dreiviertelmehrheit,** ua für die Änderung des Gesellschaftsvertrages (§ 50 Abs 1); dh eine Minderheit der Gesellschafter, die über 25% des Stammkapitals + 1 Stimme verfügt, kann eine Änderung des Gesellschaftsvertrages verhindern. Es handelt sich dabei um die sogenannte „Sperrminorität".

> **Hinweis**
>
> *Werden Beschlüsse nicht in der Generalversammlung, sondern im Umlauf, gefasst, wird die Mehrheit nicht anhand der abgegebenen Stimmen, sondern an den Stimmen, die allen Gesellschaftern zustehen, bemessen (§ 34 Abs 2).*

Stimmrechtsausschlüsse sind in Fällen der Interessenkollision zulässig. Ist ein Gesellschafter in Bezug auf einen Beschlussgegenstand der Generalversammlung befangen, indem er persönlich und nicht nur als Gesellschafter von der Entscheidung betroffen wäre und nunmehr als „Richter in eigener Sache" fungieren würde (zB bei Abschluss eines Rechtsgeschäftes zwischen Gesellschaft und Gesellschafter, der Befreiung von einer Verpflichtung, der Einleitung oder Erledigung eines Rechtsstreits zwischen den beiden, der Kaduzierung, des Ausschlusses oder der Zuwendung eines für die Gesellschaft nachteiligen Vorteils), ist er nicht stimmberechtigt. Er darf aber an der Versammlung teilnehmen, da er ein entsprechendes Recht hat, gehört zu werden und sich zu erklären.

Hinweis

Soll ein Gesellschafter-Geschäftsführer vom Wettbewerbsverbot nach § 24 entbunden werden, so darf er beim betreffenden Beschluss nicht mitstimmen. Dies gilt ebenso bei Beschlüssen, mit denen ein Rechtsstreit gegen den Gesellschafter-Geschäftsführer eingeleitet werden soll. Der jeweilige Beschluss kann mit Mehrheit der übrigen, stimmberechtigten Gesellschafter gefasst werden.

Ausgenommen davon sind ua allerdings die Bestellung und Abberufung (*siehe Tz 4.1.2*) als (Gesellschafter-)Geschäftsführer, Aufsichtsratsmitglied und Liquidator sowie der Entzug von Sonderrechten (*siehe Tz 5.2.3*). Letzterer ist, außer bei Vorliegen eines wichtigen Grundes, nur mit Zustimmung des betroffenen Gesellschafters möglich.

Darüber hinaus wird auch ein vertraglich vereinbarter Stimmrechtsausschluss als zulässig erachtet. Keine Geltung soll er entfalten, wenn Beschlüsse dem Gleichbehandlungsgrundsatz widersprechen, indem sie in die Rechte des stimmrechtslosen Gesellschafters zu seinen Lasten eingreifen oder sein Auseinandersetzungsguthaben verringern (*siehe Tz 7.3*).

Über (alle) Beschlüsse der Generalversammlung haben die Geschäftsführer eine **Niederschrift** zu führen; diese sind geordnet aufzubewahren und den Gesellschaftern zur Einsicht zugänglich zu machen (§ 40 Abs 1). Darüber hinaus sind die Beschlüsse den Gesellschaftern unverzüglich nach Beschlussfassung eingeschrieben in Kopie zu übermitteln (§ 40 Abs 2); mit der Absendung beginnt die Anfechtungsfrist (§ 41 Abs 4; *siehe Tz 4.3.4*).

Hinweis

Bildet ein Beschluss die Grundlage für eine Eintragung in das Firmenbuch, ist er zu seiner Gültigkeit notariell zu beurkunden (zB Änderungen des Gesellschaftsvertrags gemäß § 51 Abs 1).

Die Pflicht, ein Protokoll über die Generalversammlung zu führen, ist im GmbHG nicht verankert. In der Praxis hat es sich allerdings eingebürgert, dass ein solches – aus Beweisgründen – verfasst wird.

4.3.3 Beschlussgegenstände

Die meisten Beschlussgegenstände, die in den Zuständigkeitsbereich der Generalversammlung fallen, sind im Gesetz an einer Stelle zusammengefasst (§ 35 Abs 1). Dabei handelt es sich um:

- die Prüfung (wenn nicht Aufsichtsrat und/oder Abschlussprüfer dafür zuständig sind) und Feststellung des Jahresabschlusses (die Erstellung ist eine Aufgabe der Geschäftsführung), die Verteilung des Bilanzgewinnes (wenn diese im Gesellschaftsvertrag für jedes Jahr vorgesehen ist) sowie die Entlastung der Geschäftsführer und – falls bestellt – des Aufsichtsrates, wobei die entsprechenden

Beschlüsse innerhalb der ersten 8 Monate des aktuellen für das abgelaufene Geschäftsjahr zu fassen sind;

Anmerkung

Bei der Entlastung (siehe auch Tz 4.1.7.1) handelt es sich um eine (einseitige) Erklärung der Gesellschaft, mit der die Geschäftsführung gebilligt und ausgedrückt wird, dass der Gesellschaft gegen die Geschäftsführer bzw die Mitglieder des Aufsichtsrates keine Schadenersatzansprüche aus einer Pflichtverletzung zustehen (dh Ersatzansprüche gemäß § 25 können nicht mehr geltend gemacht werden bzw ist eine Abberufung aus wichtigem Grund nicht mehr möglich). Die Entlastung bezieht sich allerdings nur auf Ansprüche bzw Abberufungsgründe, die bei Prüfung der vorgelegten Unterlagen erkennbar waren. Der Beschluss über die Entlastung ist wirkungslos, wenn die (möglichen) Ersatzansprüche zur Befriedigung der Gläubiger benötigt werden (§ 27 Abs 7 und § 10 Abs 6).

- die Einforderung weiterer Einzahlungen auf die Stammeinlagen, wenn diese nicht bereits bei der Gründung voll einbezahlt wurden oder der Zeitpunkt einer späteren Einzahlung nicht bereits im Gesellschaftsvertrag festgelegt wurde;
- eine Entscheidung über die Rückzahlung von Nachschüssen sowie ihre Einforderung (§ 72 Abs 1; *siehe Tz 5.3.2*);
- die Entscheidung darüber, ob Prokura oder Handlungsvollmacht zum gesamten Geschäftsbetrieb erteilt werden darf;
- die Entscheidung über Maßnahmen zur Prüfung und Kontrolle der Geschäftsführung; dabei handelt es sich um ein Recht, aber keine Pflicht der Generalversammlung, wobei der Gesellschaftsvertrag dieses Recht einschränken und/oder ein anderes Organ mit der Überwachung der Geschäftsführung betrauen kann und
- die Geltendmachung von Ersatzansprüchen gegen Geschäftsführer oder Aufsichtsrat und Bestellung eines Prozessvertreters, wenn die Gesellschaft weder durch (andere) Geschäftsführer noch durch den Aufsichtsrat vertreten werden kann.

Hinweis

Wird ein Antrag auf Geltendmachung von Ersatzansprüchen abgelehnt, können diese auch von einer Minderheit der Gesellschafter, die über mindestens 10% des Stammkapitals oder Stammkapital im Nennbetrag von € 700.000,-- (oder einem geringeren Anteil bzw Betrag laut Gesellschaftsvertrag) verfügt, binnen eines Jahres ab der Beschlussfassung eingeklagt werden (§ 48).

- den Erwerb von Anlagen oder Liegenschaften, wenn die Anschaffungskosten 20% des Stammkapitals übersteigen, wobei für einen gültigen Beschluss eine Dreiviertelmehrheit erforderlich ist.

Darüber hinaus sind noch folgende weitere Gegenstände einer Beschlussfassung durch die Generalversammlung vorbehalten:

- Änderung des Gesellschaftsvertrages (§§ 49 und 50; *siehe Tz 6.1*); dafür ist eine Dreiviertelmehrheit erforderlich (Ausnahme: Änderung des Unternehmensgegenstandes; diese ist einstimmig zu beschließen);
- Beratung und Beschlussfassung über Maßnahmen, wenn die Hälfte des Stammkapitals verloren wurde (§ 36 Abs 2); in diesem Fall ist unbedingt die Generalversammlung einzuberufen;
- Zustimmung zur Abtretung und Teilung von Geschäftsanteilen, wenn im Gesellschaftsvertrag vorgesehen (§§ 76, 79, 8 Abs 2; *siehe Tz 6.4.1*);
- Bestellung und Abberufung von Geschäftsführern (dazu gehören auch der Abschluss, die Aufhebung bzw die Änderung der Geschäftsführerverträge), Mitgliedern des Aufsichtsrates und des Abschlussprüfers;
- Auflösung der Gesellschaft, ihre Fusion, Umwandlung und Spaltung (*siehe Tz 7.2*).

Die Generalversammlung entscheidet auch in den Fällen, in denen sie von den Geschäftsführern angerufen wird. Dies wird insbesondere dann der Fall sein, wenn es sich um ein außergewöhnliches Geschäft handelt bzw wenn zu befürchten ist, dass das geplante Geschäft dem Willen der Mehrheit der Gesellschafter widerspricht.

Die Gegenstände, die einer Beschlussfassung durch die Generalversammlung unterliegen, können im Gesellschaftsvertrag verringert oder erweitert werden. Über folgende Gegenstände wird allerdings immer die Generalversammlung zu entscheiden haben (die ersten 4 Fälle sind dabei ausdrücklich im Gesetz genannt):

- Jahresabschluss (einschließlich Verteilung und Entlastung),
- Rückzahlung von Nachschüssen (*siehe Tz 5.3.2*),
- Geltendmachung von Ersatzansprüchen,
- (zumindest innerhalb der ersten 2 Jahre ab Gründung der Gesellschaft) Anschaffungen, deren Kosten 20% des Stammkapitals betragen,
- Änderungen des Gesellschaftsvertrages (*siehe Tz 6.1*),
- Auflösung, Spaltung, Umwandlung und Verschmelzung der Gesellschaft (*siehe Tz 7.2*),
- Einforderung von Nachschüssen und
- Prüfung und Überwachung der Geschäftsführung.

4.3.4 Fehlerhafte Beschlüsse

Es ist zwischen **absolut nichtigen** und **anfechtbaren** Beschlüssen der Generalversammlung zu unterscheiden. Während die absolute Nichtigkeit von Beschlüssen nicht ausdrücklich im Gesetz geregelt, allerdings von der Praxis anerkannt, wird, sind die Voraussetzungen einer Anfechtung sowie das entsprechende Verfahren ausdrücklich im GmbHG festgelegt.

4.3.4.1 Nichtigkeit

Nichtigkeit bedeutet, dass ein Beschluss für jedermann unverbindlich ist und daher insbesondere auch von den Geschäftsführern (im Fall einer Weisung) nicht befolgt werden muss. Die Nichtigkeit kann auch mit Urteil durch das Gericht festgestellt werden; in diesem Fall ist eine Feststellungsklage einzubringen. Voraussetzung für die Klage – die gegen die Gesellschaft gerichtet sein muss – ist das Vorliegen eines rechtlichen Interesses an der Feststellung durch den Kläger (§ 228 Zivilprozessordnung, ZPO). Vor allem in folgenden Fällen wird absolute Nichtigkeit angenommen:

- Ein Beschluss wurde in einer Generalversammlung gefasst, die von einem unzuständigen Organ (zB dem Abschlussprüfer) einberufen wurde.
- Ein Beschluss wurde nicht entsprechend notariell beurkundet.
- Durch Einhaltung des Beschlusses (einer Weisung) verletzen die Geschäftsführer gesetzlich auferlegte Pflichten, die dem Gläubigerschutz (zB Verteilung des Gesellschaftsvermögens bei aufrechter Gesellschaft außerhalb der Liquidation), dem Schutz der Gesellschaft oder anderen öffentlichen Interessen dienen.
- Jeder Beschluss, der mit dem „Wesen" der GmbH unvereinbar ist, zB die Einführung der unbeschränkten Haftung der Gesellschafter analog zur OG.

4.3.4.2 Anfechtbarkeit

Laut GmbHG können sowohl **formelle** als auch **inhaltliche Mängel** einen Beschluss – soweit er dadurch nicht als absolut nichtig anzusehen ist – anfechtbar machen (§ 41 Abs 1). Der Beschluss bleibt also bis zur erfolgreichen Anfechtung grundsätzlich wirksam.

Formelle Mängel stellen ua Einberufungs- und Ankündigungsmängel, fehlerhafte Abstimmungen sowie die Nichterfüllung von Anwesenheits- und Mehrheitserfordernissen dar.

Beschlüsse weisen einen **inhaltlichen Mangel** auf, wenn ihr Inhalt gegen das GmbHG bzw zwingendes Gesetzesrecht oder den Gesellschaftsvertrag verstößt; das ist insbesondere dann der Fall, wenn die Treuepflicht oder das Gleichbehandlungsgebot (*siehe Tz 2.2 und 2.3 jeweils am Beginn*) verletzt werden oder ein Gesellschafter-Geschäftsführer ohne wichtigen Grund (bei entsprechender Einschränkung) abberufen werden soll. Ein Widerspruch zum Gesellschaftsvertrag liegt nur vor, wenn bei Beschlussfassung die Beschlussvorschriften für Gesellschaftsvertragsänderungen nicht eingehalten wurden.

4.3.4.3 Anfechtung – Klage auf „Nichtigerklärung"

Ein Beschluss, der formelle oder inhaltliche Mängel aufweist, kann mit der Klage auf „Nichtigerklärung" angefochten werden. Dabei handelt es sich um eine Rechtsgestaltungsklage. Sie wird gegen die Gesellschaft gerichtet. Anfechtungsberechtigt sind (§ 41 Abs 2 und 3):

- jeder Gesellschafter, der in der Generalversammlung seinen Widerspruch zum Beschluss zu Protokoll gegeben hat;

Hinweis

An und für sich besteht keine Pflicht ein Protokoll zu führen (siehe Tz 4.3.2). Es genügt, dass der Anfechtende seinen Widerspruch deutlich zum Ausdruck gebracht hat. Ein Widerspruch ist nicht erforderlich, wenn der Anfechtende wegen Einladungsmängeln oder aufgrund der Nichtzulassung an der Versammlung nicht teilnehmen konnte.

- jeder Gesellschafter, der entweder nicht zur Teilnahme an der Generalversammlung zugelassen wurde oder durch einen Einberufungsmangel an der Teilnahme gehindert wurde;
- jeder Gesellschafter, der bei Beschlussfassung im Umlaufweg entweder übergangen wurde oder gegen den Beschluss gestimmt hat;
- Geschäftsführung und/oder – falls eingerichtet – der Aufsichtsrat jeweils als Kollegialorgan (dh klagen können nur alle Geschäftsführer oder Mitglieder des Aufsichtsrates als Gesamtheit);
- jeder Geschäftsführer bzw jedes Mitglied des Aufsichtsrates, wenn – bei Befolgung eines Beschlusses (Weisung) – eine Ersatzpflicht oder Strafbarkeit entstehen könnte (solche Beschlüsse werden idR allerdings als absolut nichtig angesehen; *siehe Tz 4.3.4.1*).

Die Klage auf „Nichtigerklärung" eines Beschlusses ist innerhalb eines Monats ab Absendung der Kopie des Beschlusses (*siehe Tz 4.3.2*) an die Gesellschafter beim zuständigen Handelsgericht einzubringen (§ 41 Abs 4). Weicht die Kopie bzw die Niederschrift wesentlich vom Originalbeschluss ab, beginnt die Frist nicht zu laufen. Die gleiche Frist wird auch für die anfechtungsberechtigten Geschäftsführer und Aufsichtsräte gelten, beginnend mit dem Zeitpunkt der Kenntnisnahme des Beschlussinhalts.

Die Wirksamkeit des Beschlusses wird durch die Klage nicht aufgeschoben. Ist daher aufgrund der Ausführung des Beschlusses mit einem (unwiederbringlichen) Schaden für die Gesellschaft zu rechnen, kann die Klage mit einer einstweiligen Verfügung dafür verbunden werden, dass der Beschluss vorerst nicht ausgeführt werden darf (§ 42 Abs 4).

Hinweis

Es liegt im Ermessen der Geschäftsführer, ob ein Beschluss während des Verfahrens auf Nichtigerklärung – soweit keine einstweilige Verfügung erlassen wurde – ausgeführt wird.

Wird die Nichtigkeit mit Urteil festgestellt, wirkt diese für und gegen alle Gesellschafter (§ 42 Abs 6), auch wenn diese nicht am Prozess beteiligt waren. Der Beschluss wird durch das Urteil rückwirkend aufgehoben. Wurde ein Beschluss zuvor bereits in das Firmenbuch eingetragen, so ist er nach einem Ausspruch über seine Nichtigkeit vom Gericht von Amts wegen wieder zu löschen (§ 44).

4.4 Aufsichtsrat

Das GmbHG kennt zwei Arten von Aufsichtsräten. Es handelt sich dabei zum einen um den **notwendigen (obligatorischen) Aufsichtsrat** – dieser ist bei Vorliegen bestimmter Merkmale auf jeden Fall einzurichten – und zum anderen um den **fakultativen Aufsichtsrat**. Den österreichischen Regelfall stellt allerdings die GmbH ohne Aufsichtsrat dar.

Bezüglich der Haftung der Aufsichtsratsmitglieder darf vorab auf die, die Geschäftsführer anzuwendenden Regelungen verwiesen werden, die sinngemäß auch die Aufsichtsratsmitglieder treffen (*siehe Tz 4.1.7.1*).

4.4.1 Arten

4.4.1.1 Notwendiger Aufsichtsrat

Ein Aufsichtsrat muss auf jeden Fall bestellt werden, wenn (§ 29 Abs 1):

- das Stammkapital € 70.000,-- und die Anzahl der Gesellschafter 50 übersteigen oder
- die Anzahl der Arbeitnehmer im Jahresdurchschnitt 300 übersteigt (Ausnahme: Die Gesellschaft ist Teil einer Konzernstruktur und für die leitende Gesellschaft ist ein Aufsichtsrat einzurichten) oder
- die Gesellschaft selbst leitende Gesellschaft in einem Konzern ist, die Untergesellschaften selbst aufsichtsratspflichtig sind und die Anzahl der Arbeitnehmer aller Gesellschaften zusammen 300 übersteigt oder
- die Gesellschaft persönlich haftender Gesellschafter einer KG ist und zusammen mehr als 300 Arbeitnehmer beschäftigt werden oder
- die Organe der Arbeitnehmervertretung (Betriebsrat) einer aus grenzüberschreitender Verschmelzung hervorgehenden Gesellschaft Rechte zur Wahl, Bestellung, Empfehlung oder Ablehnung von Aufsichtsratsmitgliedern haben.

> **Hinweis**
>
> *Am 1. Jänner jeden Jahres haben die Geschäftsführer in vertretungsbefugter Zahl den Durchschnitt der im Vorjahr beschäftigten Arbeitnehmer festzustellen, wobei der Arbeitnehmerbegriff dem des § 36 Arbeitsverfassungsgesetzes (ArbVG) entspricht. Das Überschreiten der Grenzen von 300 bzw 500 Arbeitnehmern ist unverzüglich dem Firmenbuchgericht bekannt zu geben.*

Darüber hinaus kann eine Aufsichtsratsbestellung im Liquidationsverfahren (§ 94 Abs 2; gerichtliche Bestellung) bzw für bestimmte Geschäftstätigkeiten (zB § 12 Wohnungseigentumsgesetz, § 2 Investmentfondsgesetz) notwendig sein.

4.4.1.2 Fakultativer Aufsichtsrat

Ist kein notwendiger Aufsichtsrat zu bestellen (*siehe Tz 4.4.1.1*), kann in allen anderen Fällen freiwillig ein Aufsichtsrat eingerichtet werden (§ 29 Abs 6). Einzige

Voraussetzung dafür ist, dass diese Bestellung im Gesellschaftsvertrag vorgesehen ist. Hierbei müssen sich die Gesellschafter aber noch nicht vollkommen festlegen. Sie können auch lediglich vorsehen, dass ein Aufsichtsrat zu bestellen ist, wenn eine einfache Mehrheit der Gesellschafter dies beschließt. Eine spätere Änderungsnotwendigkeit des Gesellschaftsvertrages wird so vermieden, die Bestellung aber jedenfalls schon ermöglicht.

Auch einem fakultativen Aufsichtsrat stehen die gesetzlichen Mindestaufgaben (siehe insbesondere § 30j) zu. Beschränkungen, die in diese eingreifen, sind nicht wirksam.

4.4.2 Bestellung, Funktionsdauer und Abberufung

Der Aufsichtsrat – notwendig oder fakultativ – besteht aus mindestens 3 Mitgliedern (sogenannte **Kapitalvertreter**). Eine gesetzliche Obergrenze wurde nicht statuiert. Ein allenfalls im Gesellschaftsvertrag verankertes Limit ist aber einzuhalten (§ 30). Bei den Mitgliedern des Aufsichtsrats muss es sich wiederum um physische, handlungsfähige Personen handeln (*siehe Tz 4.1.1*).

Die **Bestellung** erfolgt aufgrund:

- **eines Beschlusses** der Gesellschafter mit einfacher Mehrheit oder je nach Gesellschaftsvertrag höherem Mehrheitsquorum (§ 30b Abs 1);
- im Gesellschaftsvertrag festgelegter **Entsendungsrechte** zugunsten bestimmter Gesellschafter mit vinkuliertem Anteil (*siehe Tz 6.4.2*) oder Inhaber eines bestimmten vinkulierten Anteils (§ 30c);
- einer Bestellung durch das **Firmenbuchgericht**, wenn der Aufsichtsrat aufgrund des Fehlens mindestens eines Mitgliedes länger als 3 Monate beschlussunfähig ist (§ 30d), wobei dies bei einem fakultativen Aufsichtsrat nur auf Antrag der Geschäftsführer, eines Aufsichtsratsmitgliedes oder eines Gesellschafters geschieht;

Hinweis
Die Geschäftsführer sind sogar ausdrücklich dazu verpflichtet einen entsprechenden Antrag zu stellen.

- Entsendung durch den **Betriebsrat** (§ 110 ArbVG): Für 2 Kapitalvertreter darf der Betriebsrat ein Mitglied als **Arbeitnehmervertreter** entsenden (Drittelparität), welches die gleichen Rechte und Pflichten wie die Kapitalvertreter treffen. Ist die Anzahl der Kapitalvertreter ungerade, darf ein weiteres Mitglied entsandt werden.

Beispiel:

Durch den Gesellschaftsvertrag der Wonneproppenspielzeug GmbH wurde ein fakultativer Aufsichtsrat eingerichtet und festgelegt, dass dieser aus 5 Mitgliedern zu bestehen hat. Da im Unternehmen der GmbH auch ein Betriebsrat gewählt wurde, kommt diesem ein Entsendungsrecht 2:1 zu; dh der Betriebsrat darf 3 Mitglieder in den Aufsichtsrat entsenden. Dieser besteht daher insgesamt aus 8 Mitgliedern.

Damit die Bestellung wirksam wird, haben die auserkorenen Aufsichtsratsmitglieder die Wahl anzunehmen.

Das GmbHG nennt eine Reihe von Gründen, bei deren Vorliegen eine Mitgliedschaft im Aufsichtsrat ausgeschlossen ist. Beispielhaft zu nennen ist die Häufung von Mitgliedschaften – eine Person darf maximal in 10 Aufsichtsräten vertreten sein (§ 30a Abs 2) – oder das Verbot für Geschäftsführer, Stellvertreter der Geschäftsführer und Arbeitnehmer der Gesellschaft oder von Tochtergesellschaften (ausgenommen als Arbeitnehmervertreter) als Mitglieder des Aufsichtsrates zu fungieren. Gesellschaftern ist eine Mitgliedschaft im Aufsichtsrat aber ohne weiteres möglich.

Die **Funktionsdauer** der Mitglieder des Aufsichtsrates ist – je nach Form der Bestellung – zu beurteilen:

- Mittels **Gesellschafterbeschluss** bei Errichtung der Gesellschaft bestellte Mitglieder des ersten Aufsichtsrates haben ihre Funktion grundsätzlich bis zum Beschluss über die Entlastung über das erste Geschäftsjahr inne. Jede weitere Funktionsdauer endet zwingend nach dem Beschluss über die Entlastung über das vierte Geschäftsjahr ihrer Funktion, wobei das Geschäftsjahr, in dem sie gewählt wurden, nicht mitgezählt wird. Der Gesellschaftsvertrag oder der Bestellungsbeschluss darf die Dauer jedoch verkürzen. Eine Wiederwahl von Mitgliedern ist unbeschränkt möglich. Eine vorzeitige Abberufung durch einen Beschluss der Gesellschafter ist jederzeit zulässig (Mehrheitserfordernis laut Gesetz: 75%, im Gesellschaftsvertrag kann dieses Erfordernis nach oben und unten abgeändert werden).

Beispiel:

Greta Geschäftig wird im Geschäftsjahr 2011 in den Aufsichtsrat der Fenstererzeugung Durchblick GmbH gewählt; ihre Funktion endet daher 2016 nach dem Beschluss über die Entlastung für das Geschäftsjahr 2015, da dieses das vierte volle Geschäftsjahr nach der Wahl ist.

- Von einem Gesellschafter **entsandte Mitglieder** können ansonsten jederzeit vom entsendenden Gesellschafter abberufen und durch eine andere Person ersetzt werden.
- Die Mitgliedschaft der **Arbeitnehmervertreter** endet mit ihrer Beendigung der Mitgliedschaft zum Betriebsrat oder ihrer Abberufung durch diesen. Ansonsten gibt es für sie keine Höchstbestellungsdauer.
- Schließlich dürfen auch die **Zurücklegung** des Mandats durch das Mitglied oder die Beendigung der Funktion aufgrund der Auflösung des Aufsichtsrates nicht außer Acht gelassen werden.
- Eine Minderheit von 10% des Stammkapitals kann bei Vorliegen eines wichtigen Grundes den Antrag auf **Abberufung** eines Aufsichtsratsmitglieds bei Gericht stellen.

Jede Neubestellung und Abberufung von Mitgliedern des Aufsichtsrates ist von den Geschäftsführern in vertretungsbefugter Zahl unverzüglich zur Eintragung in das Firmenbuch anzumelden. Dabei sind Name, Geburtsdatum und Adresse anzugeben. Eine verspätete oder falsche Anmeldung kann zu Schadenersatzsprüchen gegen die Geschäftsführer führen (§ 30f).

4.4.3 Organisation

Organisation und Ordnung des Aufsichtsrates ergeben sich aus dem GmbHG, einer allfälligen Geschäftsordnung des Aufsichtsrats und allfälligen Gesellschafterbeschlüssen zum Thema.

Der Aufsichtsrat ist ein Kollegialorgan. Er hat aus seiner Mitte einen **Vorsitzenden** und einen **Stellvertreter** zu wählen (§ 30g Abs 1). Die gewählten Personen müssen für ihre Bestellung die Wahl wiederum annehmen. Zur Wahl genügt grundsätzlich die einfache Mehrheit. Wurden Arbeitnehmervertreter in den Aufsichtsrat entsandt, bedarf die Wahl der doppelten Mehrheit: zum einen der Mehrheit im gesamten Aufsichtsrat, zum anderen der Mehrheit der Kapitalvertreter. Vorsitzender und Stellvertreter sind von den Geschäftsführern in vertretungsbefugter Zahl zur Eintragung ins Firmenbuch anzumelden.

Der Vorsitzende bzw sein Stellvertreter haben die Tätigkeit des Aufsichtsrates zu leiten. Dazu gehören insbesondere die Einberufung von Sitzungen und deren Leitung sowie – bei entsprechender Ermächtigung durch den Aufsichtsrat – dessen Vertretung als auch die Bildung von Ausschüssen, dazu noch die Entgegennahme von Berichten der Geschäftsführer, Führung der Niederschrift und die Umsetzung der Beschlüsse des Aufsichtsrates. Die erwähnte **Geschäftsordnung** kann sich der Aufsichtsrat selbst geben, wenn und soweit nicht bereits durch Gesellschaftsvertrag oder Gesellschafterbeschluss eine Festlegung erfolgte.

In jedem Quartal eines Geschäftsjahres hat zumindest eine Sitzung des Aufsichtsrats stattzufinden (§ 30i Abs 3). Auf Verlangen eines Mitgliedes oder der Geschäftsführer hat der Vorsitzende binnen zwei Wochen weitere Sitzungen einzuberufen (§ 30i Abs 1).

Beschlussfähig ist der Aufsichtsrat bei Teilnahme von drei Mitgliedern, sofern der Gesellschaftsvertrag nichts anderes bestimmt. Jedes Mitglied hat eine Stimme, wobei dem Vorsitzenden ein Dirimierungsrecht – er entscheidet bei Stimmengleichheit – eingeräumt werden darf. Wurde nichts anderes im Gesellschaftsvertrag vereinbart, so entscheidet die einfache Mehrheit, wobei Enthaltungen nicht zu zählen sind. Über die Verhandlungen und Beschlüsse des Aufsichtsrats ist eine Niederschrift zu verfassen, die der sitzungsleitende Vorsitzende und sein Stellvertreter zu unterzeichnen haben.

Beschlüsse kann der Aufsichtsrat allerdings nicht nur in seinen Sitzungen, sondern auch schriftlich oder telefonisch fassen. Voraussetzung dafür ist allerdings, dass kein Mitglied diesem Vorgehen widerspricht (§ 30g Abs 3).

Der Aufsichtsrat ist berechtigt, einen oder mehrere **Ausschüsse** zu bestellen, um insbesondere Verhandlungen und Beschlüsse vorzubereiten oder die Ausführung seiner Beschlüsse zu überwachen (§ 30g Abs 4). Ihnen müssen mindestens zwei Mitglieder angehören, davon bei Bestehen eines Betriebsrats zumindest ein Arbeitnehmervertreter. Sollte ein Ausschuss die abschließende Erledigung einzelner Angelegenheiten zugewiesen bekommen, so ist der Gesamtaufsichtsrat noch immer dazu verpflichtet, ihn dabei zu überwachen.

Die Mitglieder des Aufsichtsrates haben ihre Funktion persönlich wahrzunehmen; die Vertretung durch ein anderes Mitglied in einer Sitzung ist allerdings möglich (schriftliche Betrauung; § 30j Abs 6).

Aufgrund der besonderen schuldrechtlichen Beziehung zwischen Aufsichtsrat und Gesellschaft kann eine Vergütung festgesetzt werden (§ 31). Dies gilt allerdings nur für die Kapitalvertreter im Aufsichtsrat.

4.4.4 Aufgaben, Rechte und Pflichten

Hauptaufgabe des Aufsichtsrates ist die Überwachung der Geschäftsführung (§ 30j Abs 1) und damit die Überwachung der Unternehmensleitung. Zu diesem Zweck hat die Geschäftsführung regelmäßig (zB Quartals- und Jahresberichte) bzw aus wichtigem Anlass eigenständig an den Aufsichtsrat zu berichten. Auch haben der Aufsichtsrat bzw seine Mitglieder das Recht, jederzeit Berichte von den Geschäftsführern über die Angelegenheiten der Gesellschaft zu verlangen (§ 30j Abs 2) und Einsicht in die Bücher und Aufzeichnung zu nehmen.

Der Aufsichtsrat soll durch diese Instrumente nicht lediglich eine nachträgliche Kontrolle ausüben, sondern bereits die Pläne der Geschäftsführung untersuchen. Diesbezüglich darf der Aufsichtsrat Beanstandungen vornehmen und den Geschäftsführern auch ein nach seinem Dafürhalten richtiges Vorgehen mitteilen.

Darüber hinaus hat der Aufsichtsrat konkret folgende Aufgaben wahrzunehmen:

- Einberufung der Generalversammlung, wenn es das Wohl der Gesellschaft verlangt (§ 30j Abs 4);
- Prüfung von Jahresabschluss, Lagebericht und des Vorschlages für die Gewinnverteilung (von der Geschäftsführung erstellt) und Bericht darüber an die Generalversammlung (§ 30k);
- Genehmigung bestimmter – in § 30j Abs 5 genannter – Geschäfte, die nur nach Zustimmung des Aufsichtsrates vorgenommen werden dürfen; dazu gehören insbesondere
    - der Erwerb und die Veräußerung von Beteiligungen und Liegenschaften,
    - die Errichtung bzw Schließung von Zweigniederlassungen,
    - die Festlegung der Grundsätze der Geschäftspolitik.

  Die Liste der Genehmigungsgegenstände kann im Gesellschaftsvertrag erweitert werden.

- Überwachung des die Geschäftsführer treffenden Wettbewerbsverbots;

- Vertretung der Gesellschaft bei Rechtsgeschäften mit den Geschäftsführern (§ 30l), zB dem Abschluss von Geschäftsführerverträgen (*siehe Tz 4.1.1*).

Neben den im Gesetz verankerten Aufgaben können im Gesellschaftsvertrag weitere Aufgaben, Rechte und Pflichten vorgesehen werden. Darüber hinaus ist es zulässig, dass die Gesellschafter durch Beschluss dem Aufsichtsrat weitere Gegenstände zur Beratung und Beschlussfassung vorlegen. Jedenfalls ist er aber, wie die Geschäftsführer, der Generalversammlung untergeordnet.

4.5 Abschlussprüfer

Unter bestimmten Voraussetzungen sind der Jahresabschluss und der Lagebericht einer GmbH von einem Abschlussprüfer zu prüfen (§ 268 UGB). Die Prüfung hat in jedem Fall bei mittelgroßen und großen GmbH zu erfolgen sowie bei aufsichtsratspflichtigen (*siehe Tz 4.4*) kleinen und kleinst GmbH. Eine freiwillige Prüfung des Jahresabschlusses ist jedenfalls zulässig.

Folgende Kriterien sind für die Größenklassen maßgeblich (§ 221 UGB):

- **Kleinst GmbH** sind kein Investmentunternehmen oder eine Beteiligungsgesellschaft und überschreiten zwei der nachfolgenden Merkmale nicht:
  - Bilanzsumme: € 350.000,--
  - Umsatzerlöse (in den 12 Monaten vor dem Abschlussstichtag): € 700.000,--
  - Arbeitnehmer im Jahresdurchschnitt: 10
- **Kleine GmbH** überschreiten mindestens zwei der folgenden Merkmale nicht:
  - Bilanzsumme: € 5.000.000,--
  - Umsatzerlöse (in den 12 Monaten vor dem Abschlussstichtag): € 10.000.000,--
  - Arbeitnehmer im Jahresdurchschnitt: 50
- **Mittelgroße GmbH** überschreiten zwei der zuvor genannten Merkmale nicht, aber zwei der folgenden Merkmale:
  - Bilanzsumme: € 20.000.000,--
  - Umsatzerlöse (in den 12 Monaten vor dem Abschlussstichtag): € 40.000.000,--
  - Arbeitnehmer im Jahresdurchschnitt: 250
- **Große GmbH** überschreiten mindestens zwei der unter der mittelgroßen Gesellschaft genannten Größenmerkmale.

Hinweis

Der Jahresabschluss besteht aus der Bilanz und der Gewinn- und Verlustrechnung. Er hat den Grundsätzen ordnungsmäßiger Buchführung zu entsprechen und muss klar und übersichtlich aufgestellt sein. Der Jahresabschluss muss ein möglichst getreues Bild der Vermögens- und Ertragslage des Unternehmens vermitteln. Wenn dies aus besonderen Umständen nicht gelingt, sind im Anhang die erforderlichen zusätzlichen Angaben zu machen.

> *Die Bilanz und die Gewinn- und Verlustrechnung sowie die darauf angewandten Bilanzierungs- und Bewertungsmethoden sind im Anhang zum Jahresabschluss zu erläutern.*
>
> *Im Lagebericht müssen der Geschäftsverlauf, einschließlich des Geschäftsergebnisses, und die Lage des Unternehmens so dargestellt werden, dass ein möglichst getreues Bild der Vermögens-, Finanz- und Ertragslage vermittelt wird. Außerdem müssen die wesentlichen Risiken und Ungewissheiten, denen das Unternehmen ausgesetzt ist, beschrieben werden.*
>
> *Der Jahresabschluss ist spätestens 9 Monate nach dem Bilanzstichtag beim Firmenbuchgericht zur Veröffentlichung einzureichen. Dabei ist zu beachten, dass kleine GmbH lediglich die Bilanz und den Anhang bzw kleinst GmbH ausschließlich die Bilanz offenlegen müssen.*
>
> *Mit der Veröffentlichung im Firmenbuch sind Eingabe- und Eintragungsgebühren verbunden.*

Die Prüfung muss durch einen Wirtschaftsprüfer oder eine Wirtschaftsprüfungsgesellschaft vorgenommen werden. Diese sind von der Generalversammlung zu wählen, bei Gesellschaften mit Aufsichtsrat auf dessen Vorschlag. Besteht ein Aufsichtsrat, so hat dieser auch den Prüfungsauftrag zu erteilen und dessen Vergütung auszuhandeln. Ansonsten trifft diese Aufgabe die Geschäftsführer.

Folgender Prüfungsumfang ist vorgesehen (§ 269 UGB):

- **Jahresabschluss:** Prüfung, ob die gesetzlichen Vorschriften sowie ergänzende Bestimmungen des Gesellschaftsvertrages beachtet worden sind; in diesen Prüfungsteil ist die Buchhaltung einzubeziehen.
- **Lagebericht:** Dieser ist darauf zu prüfen, ob er mit dem Jahresabschluss in Einklang steht, und ob die sonstigen Angaben der tatsächlichen Lage des Unternehmens entsprechen.

Wurde ein Jahresabschluss trotz einer entsprechenden Verpflichtung nicht geprüft, kann er nicht von der Generalversammlung festgestellt werden (§ 268 UGB). Stellt der Prüfer schwere Verfehlungen fest oder Tatsachen, die den Bestand des Unternehmens gefährden, so hat er unverzüglich darüber Bericht zu erstatten. Der Prüfbericht selbst ergeht an die Geschäftsführer bzw die Mitglieder eines allenfalls vorhandenen Aufsichtsrats. Die Gesellschafter sind berechtigt, den Bericht einzusehen oder dessen Zusendung zu verlangen.

Der Abschlussprüfer und seine Gehilfen sind zur Verschwiegenheit und zur gewissenhaften und unparteiischen Prüfung verpflichtet. Werden diese Pflichten verletzt, so werden entsprechende Schadenersatzpflichten gegenüber der Gesellschaft ausgelöst (§ 275 UGB). Die Haftung für die fahrlässige Verletzung der Pflicht zur gewissenhaften und unparteiischen Prüfung ist jedoch betragsmäßig begrenzt. Die entsprechenden Ansprüche unterliegen einer Verjährungsfrist von fünf Jahren, die ab Schadenseintritt zu laufen beginnt. Daneben wird auch eine Haftung gegenüber Dritten anerkannt.

Kapitel 5
Gesellschafter

5.1 Beginn und Ende der Gesellschafterstellung – Verfügung über den Geschäftsanteil

Die Stellung als Gesellschafter einer GmbH kann auf verschiedenen Wegen erworben werden. Es handelt sich dabei um die Übernahme eines Geschäftsanteils

- im Rahmen der **Gründung** einer GmbH (*siehe Kapitel 3*);
- im **Erbweg** (Geschäftsanteile können grundsätzlich vererbt werden – siehe § 76 Abs 1 und *Tz 6.4.3*);
- durch **Eintritt** in eine bestehende GmbH im Wege einer (ordentlichen) Kapitalerhöhung (*siehe Tz 6.2.1*) oder
- im Rahmen der **Übertragung** von einem ausscheidenden auf einen neu eintretenden Gesellschafter (*siehe Tz 6.4*) bzw nach Teilung eines Geschäftsanteils (*siehe Tz 6.4.1*). Die Übertragung von Geschäftsanteilen bedarf dabei eines Notariatsaktes (§ 76 Abs 2) und ist auch ohne Eintragung in das Firmenbuch gültig.

> **Hinweis**
>
> *Zu beachten ist allerdings, dass der Gesellschaft gegenüber nur derjenige als Gesellschafter gilt, der auch als solcher ins Firmenbuch eingetragen ist (§ 78 Abs 1). Die Gesellschaft darf allerdings dem neuen, noch nicht eingetragenen Gesellschafter das Stimmrecht in der Generalversammlung gewähren. Sie muss ihn allerdings nicht zur Generalversammlung einladen.*

Ebenso wie für den Erwerb der Gesellschafterstellung gibt es auch für deren Ende mehrere Möglichkeiten. Diese sind:

- **Übertragung** des Geschäftsanteils unter Lebenden; in diesem Fall haftet der ausscheidende Gesellschafter ab der Anmeldung des Erwerbs zum Firmenbuch für 5 Jahre für rückständige Einlagen (§ 78 Abs 2 und 3) und Nachschüsse (§ 73 Abs 2); für die Rückstände haftet allerdings auch der übernehmende Gesellschafter (§ 78 Abs 2),
- (teilweiser) Verlust des Geschäftsanteils durch eine **Kapitalherabsetzung** (*siehe Tz 6.3*);
- Liquidation und **Beendigung** der Gesellschaft (*siehe Kapitel 7*);
- Ausschluss im Wege des **Kaduzierungs**verfahrens (*siehe Tz 3.1.2.5*);
- Ausschluss aufgrund eines Beschlusses eines Hauptgesellschafters (mit einer Beteiligung von mindestens 90%), wenn nichts anderes im Gesellschaftsvertrag vorgesehen ist (sogenanntes **Squeeze-out**). In diesem Fall steht den „ausgeschlossenen" Gesellschaftern eine angemessene Barabfindung zu.

Im GmbHG nicht geregelt sind der Ausschluss, der Austritt oder die Kündigung eines Gesellschafters. Für diese Fälle kann der Gesellschaftsvertrag allerdings entsprechende Regelungen vorsehen (*siehe Tz 7.2.4*).

5.2 Rechte

Den Gesellschaftern stehen die sogenannten **Vermögens- und Herrschaftsrechte** zu. Die Vermögensrechte beinhalten dabei die Ansprüche der Gesellschafter in Geld gegen die Gesellschaft; die Herrschaftsrechte hingegen stellen die Mitbestimmung der Gesellschafter sowie den Schutz einer Minderheit sicher. Neben den Vermögens- und Herrschaftsrechten steht den Gesellschaftern auch das – nicht den beiden Gruppen zuordenbare – **Bezugsrecht** bei einer ordentlichen Kapitalerhöhung (§ 52 Abs 3; *siehe Tz 6.2.1*) zu.

Werden zusätzlich Rechte über den Gesellschaftsvertrag oder Gesellschafterbeschlüsse gewährt, so ist grundsätzlich der Gleichbehandlungsgrundsatz einzuhalten. **Sonderrechte** können Gesellschaftern gemäß § 6 Abs 4 und § 50 Abs 4 eingeräumt werden.

5.2.1 Vermögensrechte

Die Gesellschafter verfügen grundsätzlich über einen **Anspruch auf den Bilanzgewinn**. Ist der Bilanzgewinn, der sich nach dem von den Geschäftsführern aufzustellenden und von den Gesellschaftern festzustellenden Jahresabschluss aus dem Überschuss der Aktiven über die Passiven (siehe § 232 Abs 2 Z 22 oder Abs 3 Z 21 UGB) ergibt, nicht durch den Gesellschaftsvertrag bzw einen Beschluss der Gesellschafter von der Verteilung ausgeschlossen, haben die Gesellschafter einen Anspruch auf seine vollständige Verteilung (§ 82 Abs 1). Die Verteilung des gesamten Gewinns hat aber zu unterbleiben, wenn sich die finanzielle Lage der GmbH zwischen Bilanzstichtag und Feststellung des Jahresabschlusses erheblich und nicht bloß vorübergehend verschlechtert. Nur der um den entsprechenden Verlust verminderte Bilanzgewinn darf dann ausgeschüttet werden.

Im Gesellschaftsvertrag kann ein besonderer Generalversammlungsbeschluss vorgesehen sein, der über die Verwendung des Gewinns entscheidet (zB um bei einer großen GmbH – *siehe Tz 4.5* – die Bildung von Rücklagen über dem gesetzlichen Mindestmaß von 10% des Stammkapitals zu ermöglichen). Ist dieser Beschluss nicht vorgesehen, ist wiederum ohne weiteres der gesamte Bilanzgewinn auszuschütten.

Die Anteile der einzelnen Gesellschafter am Gewinn können im Gesellschaftsvertrag frei bestimmt werden; mangels einer solchen Regelung ist der Gewinn im Verhältnis der eingezahlten Stammeinlage auszuschütten (§ 82 Abs 2).

Darüber hinaus verfügen die Gesellschafter über einen **Anspruch auf den Liquidationserlös** (*siehe dafür Tz 7.3*).

> **Hinweis**
>
> Ansonsten ist das generelle **Verbot der Einlagenrückgewähr** zu beachten (§ 82 Abs 1). Während des Bestehens der Gesellschaft dürfen neben der Gewinnausschüttung nur nicht benötigte Nachschüsse an die Gesellschafter zurückgezahlt (§ 74), ein angemessenes Entgelt für wiederkehrende Leistungen (die nicht in Geld bestehen) der Gesellschafter (§ 8 Abs 1) geleistet sowie – im Fall von Kapitalherabsetzungen (§§ 54 ff) – Stammeinlagen an die Gesellschafter ausbezahlt werden. Praktisch können derart verbotene Ausschüttungen in Form der Zahlung überhöhter Gründungskosten (siehe Tz 3.1.2.8), eines überhöhten Mietzinses für vom Gesellschafter an die GmbH vermietete Räumlichkeiten, der kostenlosen Benutzung von Betriebsmitteln der Gesellschaft durch Gesellschafter oder überhöhter Pensionszusagen bzw Gehälter an geschäftsführende Gesellschafter vorkommen. Hierbei ist regelmäßig – insbesondere steuerrechtlich – die Frage zu beantworten, ob die Vergütungen bzw Leistungen an die Gesellschafter auch in gleicher Form und Höhe gegenüber Dritten erbracht würden (Fremdvergleich).

Verbotene Zahlungen von der Gesellschaft an einen Gesellschafter hat der Gesellschafter, der die rechtswidrige Leistung erhalten hat, der Gesellschaft rückzuerstatten (§ 83 Abs 1). Gläubiger der GmbH haben keinen diesbezüglichen Anspruch, können aber den Anspruch der Gesellschaft pfänden lassen. Der Anspruch der Gesellschaft besteht nicht, wenn ein Gesellschafter einen Betrag in gutem Glauben an die ordnungsgemäße Ermittlung des Bilanzgewinns als Gewinnanteil erhalten hat.

> **Hinweis**
>
> Im guten Glauben handelt, wer bei Berücksichtigung aller Umstände davon ausgehen konnte, im Recht zu sein bzw kein fremdes Recht zu verletzen.

Ist die Rückerstattung weder durch den Empfänger noch durch die Geschäftsführer (siehe Tz 4.1.7.1; bei der unerlaubten Verteilung von Gesellschaftsvermögen handelt es sich um einen Haftungsfall, der im Gesetz ausdrücklich angeführt ist) zu erwarten, haften die anderen Gesellschafter anteilsmäßig, wenn durch die Auszahlung das Stammkapital vermindert wurde (§ 83 Abs 2 und 3). Fallen diesbezüglich einige Gesellschafter aus, haftet der Rest noch immer nach demselben Verhältnis.

Diese Ansprüche können nicht erlassen werden und verjähren in 5 Jahren ab Zahlung. Bei Kenntnis darüber, dass es sich um eine unerlaubte Auszahlung gehandelt hat, beträgt die Frist 30 Jahre. Die Bestimmung soll den Gläubigerschutz gewährleisten, indem das Stammkapital vor einer Schmälerung durch Auszahlungen an die Gesellschafter geschützt wird.

5.2.2 Herrschaftsrechte

Neben den beiden in *Tz 5.2.1* genannten Vermögensrechten stehen den Gesellschaftern eine ganze Reihe von im Gesetz genannten Herrschaftsrechten zu. Es handelt sich dabei um:

- das Recht auf Teilnahme, der Information (Auskunft) und der Stimmabgabe in der Generalversammlung (*siehe Tz 4.3*; § 39); damit verbunden ist auch das Recht (fehlerhafte) Generalversammlungsbeschlüsse anzufechten (*siehe Tz 4.3.4.2*);
- das Recht die Bücher der Gesellschaft – 14 Tage vor der Generalversammlung, in welcher der Jahresabschluss geprüft wird bzw vor Ablauf der Frist zu der im Umlaufweg abgestimmt werden muss – einzusehen (§ 22 Abs 2); wobei dieses Recht inhaltlich umfassend ist und im Gesellschaftsvertrag nur ausgeschlossen oder eingeschränkt (zB durch Fristverkürzung) werden darf, wenn für die Gesellschaft ein Aufsichtsrat zu bestellen ist;
- das Recht auf Übermittlung der Generalversammlungsbeschlüsse (§ 40 Abs 2), sofortige Zusendung des Jahresabschlusses samt Lagebericht nach Aufstellung durch die Geschäftsführer (§ 22 Abs 2) sowie – wenn kein Bucheinsichtsrecht besteht (siehe oben) – des Gewinnverteilungsvorschlages und des Prüfungsberichtes des Abschlussprüfers (wenn ein solcher zu bestellen ist; *siehe Tz 4.5*).

Eine den beschriebenen Rechten entsprechende Einsicht ist grundsätzlich in den Geschäftsräumen der GmbH bzw in Ausnahmefällen an dem Ort, an dem die Bücher geführt werden, zu nehmen. Es darf zu diesem Zweck ein zur Verschwiegenheit verpflichteter Sachverständiger beigezogen werden. Auch ist es zulässig, sich durch diesen vertreten zu lassen. Schließlich ist der Gesellschafter berechtigt, Abschriften und Kopien herzustellen.

Die Gerichte haben entschieden, dass den Gesellschaftern neben den ausdrücklich im Gesetz geregelten Informationsrechten noch ein allgemeines Einsichts- und Informationsrecht zukommt, da die Gesellschafter zB für das Fassen eines Generalversammlungsbeschlusses oder die Geltendmachung von Gesellschafterechten eine entsprechende Basis benötigen. Dabei unterliegt das Recht jeweils dem Verhältnismäßigkeitsgrundsatz. Es ist also jeweils abzuwägen zwischen dem Geheimhaltungsinteresse der Gesellschaft und dem Informationsinteresse des Gesellschafters. Auch ausgeschiedene Gesellschafter verfügen über ein Informationsrecht, soweit sie Informationen zur Prüfung allfälliger Ansprüche zu deren Verfolgung gegen die GmbH benötigen.

Hinweis

Gesellschafter sind grundsätzlich nicht dazu verpflichtet, ihre beschriebenen Herrschaftsrechte auch auszuüben.

Daneben stehen regelmäßig der **Minderheit** der Gesellschafter bestimmte Rechte zu:

- eine Minderheit von 10% des Stammkapitals bzw Stammeinlagen iHv € 700.000,-- hat – sofern sie Unredlichkeiten oder die grobe Verletzung gesetzlicher oder vertraglicher Bestimmungen glaubhaft machen kann und ein entsprechender Antrag in der Generalversammlung zuvor abgelehnt wurde – das Recht, die Bestellung eines Revisors zur Prüfung des letzten Jahresabschlusses durch Gerichtsbeschluss zu erwirken (§ 45 Abs 1); mit dem Ergebnis der (Sonder-)Prüfung ist die Generalversammlung zu befassen;

> **Hinweis**
> *Der Gesellschaftsvertrag darf diese Bedingungen nicht erschweren!*

- wurde die Geltendmachung von Ersatzansprüchen gegen Gesellschafter, Geschäftsführer oder Mitglieder des Aufsichtsrates von der Generalversammlung abgelehnt oder ein Beschluss darüber verweigert, kann eine Minderheit von 10% des Stammkapitals oder Stammeinlagen iHv € 700.000,-- (oder einem niedrigerem Ausmaß laut Gesellschaftsvertrag) diese ersatzweise geltend machen (§ 48 Abs 1), wobei dies binnen eines Jahres ab Ablehnung bzw Verweigerung zu geschehen hat;

- eine Minderheit von 10% des Stammkapitals oder Stammeinlagen iHv € 700.000,-- (oder einem niedrigerem Ausmaß laut Gesellschaftsvertrag) kann eine Generalversammlung einberufen oder Tagesordnungspunkte aufnehmen lassen (*siehe Tz 4.3.1* und §§ 37, 38 Abs 3); wird die Generalversammlung trotz ordentlichem Verlangen nicht einberufen, so ist sie berechtigt dies selbst zu tun (Selbsthilferecht);

- eine Minderheit von 10% des Stammkapitals oder Stammeinlagen iHv € 700.000,-- (oder einem niedrigerem Ausmaß laut Gesellschaftsvertrag) kann in der Liquidationsphase die Bestellung von Liquidatoren aus wichtigen Gründen verlangen (§ 89 Abs 2; *siehe auch Tz 7.1.1.1*);

- Gesellschafter mit 10% des Stammkapitals oder Stammeinlagen im Ausmaß von € 1.400.000,-- können bei „kleinen" GmbHs (*siehe Tz 4.5*) die Erstellung eines vollständigen Anhanges zur Bilanz verlangen;

- eine Minderheit, welche über ein Drittel des Stammkapitals verfügt, hat die Möglichkeit ein Aufsichtsratsmitglied zu entsenden (spezieller Wahlmodus gemäß § 30b Abs 1), indem sie eine Einzelabstimmung statt Blockabstimmung über die Kandidaten verlangt; sofern der Minderheitskandidat in der Wahl zum vorletzten Mitglied zumindest ein Drittel der abgegebenen Stimmen erhält, ist er trotz Niederlage in dieser Wahl als letztes Mitglied gewählt;

- eine Minderheit von 10% des Stammkapitals kann ein Mitglied des Aufsichtsrates – nicht aber vom Betriebsrat entsandte Arbeitnehmervertreter – bei Vorliegen eines wichtigen Grundes, der die weitere Organmitgliedschaft des Betreffenden unzumutbar machen würde, durch das Gericht abberufen lassen (§ 30b Abs 5);

- aus den speziellen Mehrheitserfordernissen – insbesondere in Bezug auf die Änderung des Gesellschaftsvertrages, wofür eine Mehrheit von Dreiviertel der Stimmen notwendig ist – ergeben sich sogenannte „negative Minderheitenrechte"; so kann eine Minderheit von 25% des Stammkapitals plus 1 Stimme (**Sperrminorität** bzw **negatives Minderheitenrecht** in Abgrenzung zu den oben genannten **positiven Minderheitsrechten**) die Änderung des Gesellschaftsvertrages verhindern.

5.2.3 Sonderrechte

Neben den dargestellten gesetzlich festgelegten Rechten können einzelnen Gesellschaftern oder Gesellschaftergruppen durch den Gesellschaftvertrag zusätzliche Rechte eingeräumt werden (§§ 6 Abs 4 und 50 Abs 4). Diese lassen sich wiederum in **vermögens- und herrschaftsbezogene Sonderrechte** unterteilen.

Vermögensbezogene Sonderrechte wären zB

- spezielle Vergütungen,
- ein den Anteil am Stammkapital verhältnismäßig übersteigender Anteil am Gewinn
- oder Liquidationserlös.

Als herrschaftsbezogene Sonderrechte sind insbesondere zu nennen:
- das Recht auf Geschäftsführung (*siehe auch Tz 4.1.1*),
- das Recht auf Entsendung eines Mitglieds des Aufsichtsrates,
- das Recht auf Nominierung eines Geschäftsführers,
- das Recht auf Nominierung eines Prokuristen,
- das Recht auf Einberufung der Generalversammlung,
- ein den Anteil am Stammkapital verhältnismäßig übersteigendes Stimmgewicht sowie
- Zustimmungs- bzw Vetorechte.

Ein Generalversammlungsbeschluss auf den Entzug von Sonderrechten ist, wenn gegen den Willen des betroffenen Gesellschafters und ohne das Vorliegen eines wichtigen Grundes gefasst, anfechtbar. Ein Entzug von Sonderrechten ist damit im Fall des Nichtvorliegens eines wichtigen Grundes nur mit Zustimmung des betroffenen Gesellschafters möglich!

5.3 Pflichten

Den Gesellschaftern stehen nicht nur Rechte zu; sie haben auch bestimmte Pflichten gegenüber der Gesellschaft bzw ihren Mitgesellschaftern.

5.3.1 Leistung der übernommenen Einlage (Einlagepflicht)

Es handelt sich dabei um die (vermögensrechtliche) Hauptpflicht der Gesellschafter (§§ 10 und 63 ff) und sie ergibt sich entweder aus dem Gesellschaftsvertrag oder der Übernahme im Zuge einer Kapitalerhöhung (*siehe Tz 3.1.2.4 und 6.2.1*).

Bei Anmeldung müssen zumindest 25% auf jede Einlage durch die verpflichteten Gesellschafter eingezahlt sein, zumindest aber € 70,--. Sacheinlagen sind hingegen zur Gänze sofort einzubringen. Auf die gesamten bar zu leistenden Einlagen müssen bei Anmeldung aber mindestens insgesamt € 17.500,-- geleistet sein; sofern wegen der Einbringung von Sacheinlagen ihr Gesamtbetrag niedriger ist, genügt es diesen einzuzahlen (*zur privilegierten Gründung siehe unten sowie Tz 3.1.2.4 und Tz 3.4*).

Der Einzahlungsanspruch der Gesellschaft gegenüber den Gesellschaftern entsteht mit Abschluss des Gesellschaftsvertrages bzw der Übernahme der Stammeinlagen im Rahmen der Kapitalerhöhung. Die Fälligkeit der oben genannten Mindesteinzahlungsbeträge bei Bareinlagen sowie der Sacheinlagen ergibt sich aus dem GmbHG. Wann die restliche (Bar-)Einlage von den Gesellschaftern zu leisten ist, kann im Gesellschaftsvertrag festgelegt werden. Ansonsten hat der Einforderung durch die Geschäftsführer ein Gesellschafterbeschluss voranzugehen. Es ist der Gleichbehandlungsgrundsatz zu beachten.

Die Einforderung der restlichen Einlagen ist beim Firmenbuchgericht anzumelden und von diesem zu veröffentlichen (§ 64 Abs 1); eingetragen wird schließlich die erfolgte Zahlung.

Hinweis

Während aufrechter Gründungsprivilegierung sind die Gesellschafter – neben ihren weiteren Pflichten – zu weiteren Einzahlungen bis zur Höhe der übernommenen gründungsprivilegierten Stammeinlagen verpflichtet. Dies gilt gegenüber Gläubigern und auch für den Fall, dass während aufrechter Gründungsprivilegierung ein Insolvenzverfahren über das Vermögen der Gesellschaft eröffnet wird. Während der Dauer der Gründungsprivilegierung ist es daher möglich, das wirtschaftliche Risiko der Gesellschafter auf € 10.000,-- zu begrenzen.

Beispiel:

Georg und Christoph gründen die *Full-Throttle-Start-Up-Consulting GmbH* unter Anwendung der Gründungsprivilegierung (*siehe Tz 3.4*). Jeder übernimmt eine privilegierte Stammeinlage in Höhe von € 5.000,--. Georg leistet darauf € 2.500,--, Christoph zahlt € 4.000,-- ein.

Im Fall einer Insolvenz wären Georg und Christoph ausschließlich dazu verpflichtet die Differenz auf die volle Höhe der privilegierten Stammeinlage zu leisten. Georg müsste daher im Insolvenzfall weitere € 2.500,-- und Christoph weitere € 1.000,-- leisten.

5.3.2 Nachschusspflicht

Der Gesellschaftsvertrag darf festlegen, dass durch einen Gesellschafterbeschluss Nachschüsse eingefordert werden können (§§ 72 ff). In der Praxis wird diese

Möglichkeit jedoch selten genutzt. Durch Nachschüsse erhält die Gesellschaft vorübergehend zusätzliche Mittel; sie können insbesondere zur Deckung von Bilanzverlusten verwendet werden. Die Leistung eines Nachschusses erhöht nicht den Geschäftsanteil und unterliegt der Nachschuss auch keiner den Stammeinlagen analogen Bindung. Die Bezeichnung von Nachschüssen als „erhöhte Stammeinlagen" ist daher nicht statthaft.

Hinweis

Die Nachschusspflicht ist zwingend auf einen nach dem Verhältnis der Stammeinlage bestimmten Betrag zu beschränken. Das Nachschussrisiko soll für die Gesellschafter berechenbar sein. Ohne diese Beschränkung ist die Bestimmung über die Nachschusspflicht im Gesellschaftsvertrag wirkungslos (§ 72 Abs 2). Darüber hinaus sind sämtliche Gesellschafter zur Leistung zu verpflichten, eine Ungleichbehandlung ist unzulässig.

Soll eine Nachschusspflicht nach der Gesellschaftsgründung eingeführt werden, ist der Gesellschaftsvertrag entsprechend zu ändern. In diesem Fall ist allerdings die Zustimmung aller Gesellschafter erforderlich (§ 50 Abs 4).

Für die konkrete Einforderung von Nachschüssen ist ein Gesellschafterbeschluss notwendig, zu dessen Annahme eine einfache Mehrheit genügt. Hält sich der Beschluss nicht an die gesellschaftsvertraglichen Vorgaben, wird er anfechtbar.

Wird ein Gesellschafter mit der Einzahlung des Nachschusses säumig, kann auch hier auf die Einzahlung geklagt bzw ein Kaduzierungsverfahren (*siehe Tz 3.1.2.5*) eingeleitet werden.

Nachschüsse dürfen nach einem mit einfacher Mehrheit zu fassenden Beschluss der Gesellschafter an die Gesellschafter rückbezahlt werden, soweit sie nicht zur Deckung eines bilanzmäßigen Verlustes am Stammkapital erforderlich sind (§ 74 Abs 1) oder die Stammeinlagen noch nicht vollständig eingezahlt wurden. Der Beschluss ist durch die Geschäftsführer zu veröffentlichen, danach ist eine Sperrfrist von drei Monaten einzuhalten, bevor eine Auszahlung erfolgen darf. Wird der Nennbetrag des Stammkapitals nach Abzug der Verbindlichkeiten von den übrigen Aktiva der GmbH nicht mehr erreicht, so verbietet sich ebenso die Rückzahlung.

Beispiel:

Wurde für die GmbH ein Stammkapital iHv € 50.000,-- festgelegt und beläuft sich ihr Reinvermögen auf € 40.000,--, so darf bei eingezahlten Nachschüssen von in Summe € 20.000,-- nur ein Betrag von € 10.000,-- an die Gesellschafter ausbezahlt werden. Relevant für die Zulässigkeit ist die Lage zum Auszahlungszeitpunkt.

Werden Rückzahlungen ohne Erfüllung der gesetzlich genannten Voraussetzungen vorgenommen, machen sich der Empfänger, die Mitglieder der Geschäftsführung (*siehe Tz 4.1.7*; § 25) und die anderen Gesellschafter haftbar.

5.3.3 Treuepflicht

Die einzelnen Gesellschafter trifft eine – im GmbHG nicht ausdrücklich festgelegte – Treuepflicht sowohl der Gesellschaft als auch den übrigen Gesellschaftern gegenüber. Der Inhalt der Pflicht – die aus dem Bereich der Personengesellschaften stammt – ist nicht konkret umschrieben; sie wird insbesondere folgende Aspekte umfassen:

- die Wahrung der Interessen der Gesellschaft und der übrigen Gesellschafter sowie
- die Pflicht, die Gesellschaft nicht zu schädigen.

Beschlüsse, die gegen die Treuepflicht verstoßen sind anfechtbar (*siehe Tz 4.3.4.2*). Daneben kann treuwidriges Verhalten eines Gesellschafters zu Schadenersatzpflichten führen.

Hinweis

Den Gesellschafter einer Einmann-GmbH treffen keine besonderen Treuepflichten, da die Interessen der Gesellschaft nicht von seinen unterschieden werden können.

5.3.4 Besondere Pflichten – Nebenleistungen

Neben den gesetzlich festgelegten Pflichten (Leistungs- bzw Nachschusspflicht) und der allgemein anerkannten Treuepflicht, dürfen im Gesellschaftsvertrag sogenannte Nebenpflichten der Gesellschafter festgelegt werden (§ 8). Es hat sich dabei um

- wiederkehrende,
- nicht in Geld bestehende,
- aber einen Vermögenswert darstellende
- Leistungen

zu handeln. Die Nebenleistungen haben vor allem deshalb nicht in Geld zu bestehen, damit sie von den Nachschüssen abgegrenzt werden können.

Hinweis

*Die Verpflichtung, der Gesellschaft den Preis für ein Inserat in einem von ihr veröffentlichten Medium zu refundieren, ist daher nicht als Nebenleistung zu qualifizieren, da es sich um eine Barleistung handelt. Eine zulässige Nebenleistung ist aber zB die **Rübenleistungspflicht von Rübenbauern**, die Gesellschafter einer Zuckerfabrik sind.*

Die Nebenleistungspflichten sind mit einem bestimmten Geschäftsanteil zu verbinden – der Anteil ist darüber hinaus zu vinkulieren (*siehe Tz 6.4.2*) – und treffen daher den jeweiligen Inhaber. Sie sind im Gesellschaftsvertrag hinsichtlich Umfang und Leistungsbedingungen genau zu bestimmen. Leistung und allfällige Gegenleistung müssen insbesondere für den Anteilseigner bzw allfällige Nachfolger deutlich beurteilbar sein. Ein Verweis auf spätere Konkretisierung durch Absprachen ist daher nicht ratsam bzw möglicherweise unzulässig. Konkret wären hier eine Pflicht zur Ablieferung von gewissen Erzeugnissen, die Abtretung künftiger Erfindungen oder Wettbewerbsverbote zu nennen.

Andere Verpflichtungen sind nicht auf gesellschaftsrechtlicher, aber schuldrechtlicher Basis vereinbar, sofern sie nicht mit dem Geschäftsanteil verbunden werden.

5.3.5 Haftung gegenüber Dritten

Für Schulden der GmbH haften die Gesellschafter im Sinne des Trennungsprinzips idR nicht (§ 61 Abs 2). Insbesondere in folgenden Fällen wird ein Durchgriff gegen die Gesellschafter jedoch möglich sein:

- unzureichende Kapitalausstattung der Gesellschaft durch die Gesellschafter in Bezug auf den Umfang der Geschäftstätigkeit, die eine Gefährdung der Gläubiger darstellt;
- Mischung von Gesellschafter- und Gesellschaftsvermögen (Sphärenvermischung); dh eine eindeutige Zuordnung von Vermögensgegenständen und Bankguthaben ist nicht möglich (kann vor allem bei einer Einmann-GmbH passieren);
- Gründung der Gesellschaft, um die geltenden Gesetze zu umgehen;
- Haftung als „faktischer" Geschäftsführer; dh Gesellschafter, die sich in die Geschäftsführung (zB durch Weisungen ohne gültigen Generalversammlungsbeschluss) einmischen, sollen wie die Geschäftsführer selbst haften (*siehe Tz 4.1.7.1*);
- nach § 25 URG haften die Gesellschafter, die einen Vorschlag der Geschäftsführer zur Reorganisation der Gesellschaft abgelehnt oder eine entsprechende ablehnende Weisung erteilt haben, jeweils bis zu einem Betrag von € 100.000,-- (*siehe auch Tz 4.1.7.1*).

Daneben ist vor allem nochmals auf folgende Haftungsbestimmungen hinzuweisen:

- Vorbelastungshaftung (*siehe Tz 3.3*);
- Differenzhaftung gemäß § 10a bei Sacheinlage im Rahmen der Gründung oder einer Kapitalerhöhung (*siehe Tz 3.3*);
- Haftung bei Übertragung des Geschäftsanteils (*siehe Tz 6.4.4*).

Kapitel 6
Veränderungen

6.1 Änderung des Gesellschaftsvertrags

Die Änderung des Gesellschaftvertrags erfolgt nicht mehr in Form einer einvernehmlich zu treffenden Vereinbarung wie sein Abschluss, sondern in Form eines nach dem Mehrheitsprinzip zu treffenden Beschlusses durch die Generalversammlung (§§ 49 ff). Die Änderung fällt dabei zwingend in die Zuständigkeit der Generalversammlung. Als Änderungen gelten auch rein redaktionelle Modifikationen des Wortlauts.

Änderungen des Gesellschaftsvertrages bedürfen einer Zustimmung von ¾ der in der Generalversammlung abgegebenen Stimmen. Der Gesellschaftsvertrag kann zusätzliche Erfordernisse statuieren, zB ein bestimmtes Präsenzquorum oder eine bestimmte zusätzliche Kapitalmehrheit, aber keine „Erleichterungen".

Eine Änderung des Unternehmensgegenstandes muss einstimmig durch alle abgegebenen Stimmen erfolgen. Dieses Erfordernis darf im Gesellschaftsvertrag nur auf die Voraussetzung der Dreiviertelmehrheit abgesenkt werden.

Geschäftsführer sind nicht dazu ermächtigt, die Gesellschaft zu einer Änderung des Gesellschaftsvertrags zu verpflichten, solange kein entsprechender Gesellschafterbeschluss vorliegt, dh ein Geschäftsführer kann nicht ohne weiteres eine Vereinbarung mit einem Dritten eingehen, die zB die Verlegung des Gesellschaftssitzes zum Gegenstand hat.

Rückwirkende Änderungen des Gesellschaftsvertrags sind zulässig, wenn dadurch nicht die zwingenden Rechte Dritter, insbesondere von Gläubigern der Gesellschaft, geschmälert werden. Eine rückwirkende Änderung des Bilanzstichtages darf nicht vorgenommen werden.

Eine **einfache Mehrheit** genügt jedoch

- für die Einrichtung eines fakultativen Aufsichtsrates (*siehe Tz 4.4.1.2*) und
- die Herabsetzung der gesellschaftsvertraglich bestimmten Entlohnung der Geschäftsführer und Mitglieder des Aufsichtsrates.

Werden durch den Beschluss Rechte oder Pflichten einzelner Gesellschafter vermehrt bzw verkürzt, so bedarf es zu dessen Gültigkeit der Zustimmung der Betroffenen (zu den Sonderrechten *siehe Tz 5.2.3*).

> **Beispiele:**
>
> Erlaubt der Gesellschaftsvertrag den Gesellschaftern die freie letztwillige Verfügung über ihre Anteile und wird nun nach dem Tod eines Gesellschafters ein Beschluss gefasst, der die Vererbung rückwirkend von der Zustimmung der anderen Gesellschafter abhängig machen soll, so hätte der von der Maßnahme betroffene Gesellschafter, im konkreten Fall natürlich der Nachlassverwalter, diesem Beschluss zuzustimmen, damit er gefasst werden kann.

Wurde einem Gesellschafter ein Sonderrecht auf den Bezug im Rahmen der ordentlichen Kapitalerhöhung (*siehe Tz 6.2.1*) eingeräumt, so kann es ihm im Einzelfall nur mit seiner Zustimmung entzogen werden.

Die vertragsändernden Beschlüsse sind notariell zu beurkunden und zu ihrer Wirksamkeit bedarf es der Eintragung in das Firmenbuch nach unverzüglicher Anmeldung durch sämtliche Geschäftsführer.

Hinweis

Ein Notariatsakt kann die vom Gesetz vorgeschriebene notarielle Beurkundung ersetzen, sofern sämtliche Gesellschafter gleichzeitig vor dem Notar erscheinen und dort einstimmig ihren Willen im Sinne des zu fassenden Beschlusses erklären.

6.2 Kapitalerhöhung

Das Kapital der Gesellschaft kann auf zwei verschiedene Arten erhöht werden. Einerseits durch eine **ordentliche Kapitalerhöhung** (Außenfinanzierung), andererseits durch eine **nominelle Kapitalerhöhung** bzw Kapitalberichtigung (Eigenfinanzierung).

6.2.1 Ordentliche Kapitalerhöhung

Mit der ordentlichen Kapitalerhöhung, die in den §§ 52 f geregelt ist, werden der Gesellschaft neue Mittel von außen zugeführt. Dazu ist ein entsprechender Beschluss der Generalversammlung zur Änderung des Gesellschaftsvertrags notwendig, der der Zustimmung von ¾ der abgegebenen Stimmen bedarf. Der Gesellschaftsvertrag darf dafür aber auch zusätzliche Erfordernisse (*siehe Tz 6.1*) vorsehen. Schließlich ist der Beschluss jedenfalls notariell zu beurkunden.

Die Gesellschafter verfügen hinsichtlich des „neuen" Stammkapitals grundsätzlich über ein Bezugsrecht im Verhältnis der bisherigen Einlagen. Sie haben dieses Vorrecht innerhalb von vier Wochen auszuüben. Sie trifft aber keine Pflicht zur Übernahme. Auch können sie dazu nicht gesellschaftsvertraglich verpflichtet werden. Das Bezugsrecht ist unter denselben Bedingungen wie ein Geschäftsanteil übertragbar.

Achtung

Nehmen die bisherigen Gesellschafter ihr jeweiliges Bezugsrecht zT nicht wahr, so kommt es natürlich zu einer Verschiebung der Beteiligungsverhältnisse, da das jeweilige nicht ausgeübte Bezugsrecht den anderen Gesellschaftern anteilig zuwächst. Dagegen kann nachträglich grundsätzlich nicht mehr vorgegangen werden.

Der Gesellschaftsvertrag oder der vorangegangene Erhöhungsbeschluss können im Rahmen der Treuepflicht und des Gleichbehandlungsgrundsatzes (*siehe Tz 2.3*) anderes bestimmen, insbesondere ein Bezugsrecht ausschließen. Die neuen Stammeinlagen können zB Dritten vorbehalten werden.

Hinweis

Eine ordentliche Kapitalerhöhung wird grundsätzlich nicht einfach dadurch ausgeschlossen, dass ein Gesellschafter wirtschaftlich nicht in der Lage ist daran teilzunehmen.

Die Übernahmeerklärung selbst bedarf eines Notariatsaktes. Übernimmt ein Dritter die Einlage, so muss zusätzlich dessen Beitritt zur Gesellschaft entsprechend beurkundet werden.

Wurden die Einlagen übernommen und eingezahlt, so ist die Kapitalerhöhung bzw der Erhöhungsbeschluss zum Firmenbuch anzumelden. Die Anmeldung hat insbesondere die Übernahmeerklärungen in notarieller Ausfertigung oder beglaubigter Abschrift zu enthalten. Erst mit der Eintragung erhöhen sich die Werte der bestehenden Geschäftsanteile bzw entstehen neue Geschäftsanteile.

Wird die Erhöhung auch durch Sacheinlagen erreicht, so gelangen die §§ 6, 6a, 10 und 10a sinngemäß zur Anwendung (*siehe Tz 3.3*). Wurde aber der bei Gründung mindestens bar einzuzahlende Betrag von € 17.500,-- bis zum Zeitpunkt der Kapitalerhöhung noch nicht vollständig eingezahlt, so hat dies in ihrem Rahmen nachträglich zu erfolgen. Grundsätzlich bildet aber die vollständige Einzahlung der bisher übernommenen Stammeinlagen keine Voraussetzung für eine Kapitalerhöhung.

Hinweis

Zu beachten sind die abweichenden Regelungen zur privilegierten Gründung (Tz 3.1.2.4 und 3.4).

6.2.2 Nominelle Kapitalerhöhung

Im Fall der nominellen Kapitalerhöhung bzw Kapitalberichtigung, die im Kapitalberichtigungsgesetz (KapBG) ihre gesetzliche Grundlage findet, wird diese durch eine buchmäßige Minderung des sonstigen Eigenkapitals erreicht, nicht durch einen realen Zufluss von frischen Mitteln. Dazu können sowohl offene Rücklagen (Gewinn- sowie Kapitalrücklagen) als auch ein Gewinnvortrag verwendet werden, soweit ihnen nicht ein Verlust einschließlich eines Verlustvortrages gegenübersteht. Sie darf nicht zusammen mit einer ordentlichen Kapitalerhöhung beschlossen werden.

Eine Umwandlung von Rücklagen, die für bestimmte Zwecke gebildet wurden, ist nur zulässig, wenn sich ihre Umwandlung mit ihrer Zweckbestimmung vereinbaren lässt. Eine nominelle Kapitalerhöhung mittels gebundener Rücklagen (§ 229 UGB) ist nur möglich, soweit sie 10% des Stammkapitals nach der Umwandlung übersteigen.

Hinweis

Rücklagen sind Teile des Eigenkapitals und dienen als Vorsorge für das allgemeine Unternehmensrisiko. Sie können entweder als offene, also in der Bilanz sichtbar gebildet, oder stille Rücklagen, gebildet durch nach außen nicht sichtbare Unterbewertung von Vermögen oder die Überbewertung von Schulden, auftreten. Sie sind nicht mit Rückstellungen zu verwechseln, die eine bilanzielle Vorsorge für mit großer Wahrscheinlichkeit eintretende Verluste und Aufwendungen darstellen.

Die Berichtigung stellt wiederum eine Änderung des Gesellschaftsvertrags dar, weshalb dieselben Beschlusserfordernisse wie für eine nominelle Erhöhung einzuhalten sind. Die Kapitalerhöhung kann aber nur mit Rückwirkung zum Beginn eines Geschäftsjahres in einer solchen Generalversammlung beschlossen werden, der der vorausgehende festgestellte Jahresabschluss vorliegt oder die über diesen beschlossen hat.

Die Anmeldung zum Firmenbuch darf nicht mehr als neun Monate nach dem für den gegenständlichen Jahresabschluss maßgeblichen Abschlussstichtag liegen. Die Geschäftsführer haben in ihrer Anmeldung der Kapitalberichtigung zum Firmenbuch ausdrücklich festzuhalten, dass es sich um eine nominelle Erhöhung handelt und darüber hinaus zu erklären, dass nach ihrer Kenntnis seit dem gegenständlichen Abschlussstichtag keine der Berichtigung entgegenstehende Vermögensminderung stattgefunden hat.

Das Firmenbuchgericht trägt im Fall von Bedenken der Gesellschaft die Prüfung des der Kapitalerhöhung zugrunde liegenden Rechnungsabschlusses durch einen beeideten Wirtschaftsprüfer und Steuerberater, einen beeideten Buchprüfer und Steuerberater oder vergleichbare qualifizierte Prüfungsgesellschaften auf.

Die neuen Anteilsrechte stehen den Gesellschaftern im Verhältnis ihrer Anteile am bisherigen Stammkapital zu, insofern kommt es hier zu keiner Verschiebung. Ein entgegenstehender Beschluss ist nichtig. Auch gibt es kein gesondertes Bezugsrecht.

6.3 Kapitalherabsetzung

Das Kapital der Gesellschaft kann auf drei verschiedene Varianten auch herabgesetzt werden:

- ordentliche Herabsetzung mit Gläubigeraufgebot,
- vereinfachte Herabsetzung oder
- Herabsetzung durch Einziehung von Geschäftsanteilen.

6.3.1 Ordentliche Kapitalherabsetzung

Die ordentliche Herabsetzung des GmbH-Kapitals ist in den §§ 54 ff geregelt. Sie bedarf zuerst eines Beschlusses der Generalversammlung auf Herabsetzung. Da es sich um eine Änderung des Gesellschaftsvertrages handelt, sind die entsprechenden Beschluss- und Formerfordernisse einzuhalten. Der Beschluss selbst hat konkret den Umfang, den Zweck und die Art der Durchführung zu benennen. Die Herabsetzung kann erfolgen durch:

- Rückzahlung von Stammeinlagen an Gesellschafter,
- Herabsetzung des Nennbetrags von Stammeinlagen,
- gänzliche oder teilweise Befreiung von Einlageverpflichtungen und Haftung der Vormänner.

Die Herabsetzung darf aber nicht zu einer Unterschreitung der gesetzlichen Mindestbeträge für Stammeinlagen in Höhe von € 70,-- führen.

Eine Unterschreitung des Mindestkapitals von € 35.000,-- ist nur dann möglich, wenn gleichzeitig eine Kapitalerhöhung ohne Sacheinlage beschlossen wird, mit der das geforderte Mindestkapital wieder hergestellt wird. Die entsprechenden Beschlüsse sind aber nichtig, wenn sie und die Durchführung der Erhöhung nicht binnen sechs Monaten nach der Beschlussfassung in das Firmenbuch eingetragen werden. Diese Variante wird aber eigentlich nur im Rahmen der vereinfachten Kapitalherabsetzung sinnvolle Anwendung finden, da es bei dieser vor allem zu keiner effektiven Rückzahlung von Mitteln kommt, weshalb auf *Tz 6.3.2* zu verweisen ist.

Zuerst ist nur der Beschluss auf Herabsetzung durch die Geschäftsführer zur Eintragung ins Firmenbuch anzumelden. Darüber hinaus haben die Geschäftsführer zum Schutz der Gläubiger die beabsichtigte Kapitalherabsetzung zu veröffentlichen und bekannt zu machen, dass die GmbH bereit ist, alle zum Veröffentlichungstag gegen sie bestehenden Forderungen zu befriedigen oder sicherzustellen. Bereits bekannte Gläubiger der Gesellschaft sind dabei gleich direkt zu kontaktieren. Die Mitteilungen haben den ausdrücklichen Hinweis an die Gläubiger zu enthalten, dass, wenn sie nicht innerhalb von drei Monaten auf die Mitteilung reagieren, dies als Zustimmung zur Kapitalherabsetzung gilt (**Gläubigeraufruf bzw -aufgebot**). Melden sich Gläubiger innerhalb der Dreimonatsfrist und widersprechen der Herabsetzung, so sind ihre Forderungen zu befriedigen oder sicherzustellen.

Erst nachdem diese Schritte zum Schutz der Gläubiger vollständig gesetzt wurden, darf die Änderung des Gesellschaftsvertrags auf Kapitalherabsetzung selbst zur Eintragung ins Firmenbuch durch sämtliche Geschäftsführer angemeldet werden. Hierbei ist dem Firmenbuchgericht

- die Durchführung des Gläubigeraufrufs
- sowie die allfällige Befriedigung bzw Sicherstellung der Forderungen jener Gläubiger, die sich aufgrund des Aufgebots gemeldet haben, nachzuweisen und
- eine Erklärung abzugeben, dass alle bekannten Gläubiger unmittelbar verständigt wurden und sich andere als die befriedigten oder sichergestellten Gläubiger nicht gemeldet haben sowie
- eine aufgrund des Herabsetzungsbeschlusses richtig gestellte Liste der Gesellschafter zu übermitteln.

> **Achtung**
>
> Die Geschäftsführer haften den Gläubigern wegen einem Zuwiderhandeln gegen die dargelegten Vorschriften und können sich darüber hinaus durch die Abgabe falscher Erklärungen nach § 122 Abs 2 Z 1 strafbar machen!

Die Herabsetzung wird schließlich erst durch die Eintragung in das Firmenbuch wirksam, weshalb erst zu diesem Zeitpunkt die allenfalls durch die Herabsetzung hervorgerufenen Zahlungen der GmbH an die Gesellschafter vorgenommen werden dürfen.

> **Hinweis**
>
> Zwischen 1.7.2013 und 28.2.2014 betrug das Mindeststammkapital € 10.000,--. In dieser Zeit war es möglich, das Stammkapital einer bereits bestehenden GmbH auf diesen Betrag zu senken. Seit Inkrafttreten des Abgabenänderungsgesetz am 1.3.2014 beträgt das Stammkapital wieder € 35.000,-- (Ausnahme: Gründung unter Anwendung des Gründungsprivilegs, siehe Tz 3.4). Wurde daher das Stammkapital einer bestehenden GmbH gesenkt, so ist dieses innerhalb von 10 Jahren wieder auf den Betrag von € 35.000,-- zu erhöhen (siehe Tz 8.2). Diese Kapitalerhöhung ist von den Eintragungsgebühren befreit.

6.3.2 Vereinfachte Kapitalherabsetzung

Die vereinfachte oder nominelle Kapitalherabsetzung nach § 59 darf nur dazu dienen, einen sonst auszuweisenden Bilanzverlust zu decken und allenfalls Beträge in die gebundene Kapitalrücklage einzustellen. Das Stammkapital wird ziffernmäßig verändert, die Einlagen der Gesellschafter sind entsprechend anzupassen. Es erfolgen weder Zahlungen an die Gesellschafter, noch werden sie von Einlageverpflichtungen befreit. Darüber hinaus kann die vereinfachte Kapitalherabsetzung nur vorgenommen werden, nachdem alle nicht gebundenen Kapitalrücklagen, alle satzungsmäßigen und anderen Gewinnrücklagen sowie der 10% des Kapitals übersteigende Teil der gebundenen Rücklagen aufgelöst wurden und dann noch immer ein Bilanzverlust besteht.

Wiederum hat die Herabsetzung durch eine Änderung des Gesellschaftsvertrags mittels Beschluss der Generalversammlung zu erfolgen, welcher auch den Zweck der Herabsetzung anzugeben hat. Sämtliche Beschlüsse sind unwirksam, wenn die Beschlüsse über die Herabsetzung und die Erhöhung des Stammkapitals nicht binnen drei Monaten nach der Beschlussfassung in das Firmenbuch eingetragen worden sind. Der Beschluss ist daher entsprechend durch alle Geschäftsführer zur Eintragung ins Firmenbuch anzumelden. Die Herabsetzung ist mit Eintragung bereits wirksam, da das unter Tz 6.3.1 beschriebene Verfahren zum Gläubigerschutz aufgrund der rein nominellen Herabsetzung des Kapitals nicht durchgeführt werden muss. Stattdessen gelangt § 187 AktG zur Anwendung. Bei großen Gesellschaften ist aber eine Gewinnausschüttung erst dann wieder zulässig, wenn die gebundenen Rücklagen 10% des Stammkapitals erreichen.

Hinweis

Die Größenklassen werden in § 221 UGB festgelegt. Große Gesellschaften überschreiten mindestens zwei der drei folgenden Merkmale: € 20,0 Mio Bilanzsumme, € 40,0 Mio Umsatzerlöse in den zwölf Monaten vor dem Abschlussstichtag, im Jahresdurchschnitt 250 Arbeitnehmer (siehe auch Tz 4.5).

Bei allen anderen Gesellschaften können, soweit nicht ein Gläubigeraufruf durchgeführt wurde, Gewinne, die mehr als 4% des Kapitals betragen, erst für jene Geschäftsjahre beschlossen werden, die mehr als zwei Jahre nach dem Beschluss auf Herabsetzung des Kapitals beginnen.

Eine Herabsetzung unter die Mindestkapitalgrenze von € 35.000,-- ist wiederum nur bei gleichzeitiger Kapitalerhöhung durch Bareinlagen zulässig. Es handelt sich dabei um einen sogenannten **Kapitalschnitt**, der insbesondere zum Zweck der Sanierung einer GmbH angestrebt werden kann und zB dadurch notwendig wird, dass sich nicht alle bisherigen Gesellschafter an der Kapitalerhöhung beteiligen oder ein frischer Gesellschafter und Kapitalgeber eine Anpassung des bisherigen Grundkapitals auf den realen wirtschaftlichen Wert des Unternehmens verlangt.

6.3.3 Einziehung von Geschäftsanteilen

Die Einziehung von Geschäftsanteilen wurde in § 58 geregelt. In der Praxis ist diese Bestimmung jedoch vollkommen bedeutungslos, weshalb sie über den Hinweis hinaus hier nicht näher besprochen werden soll.

6.4 Gesellschafterwechsel

Die Geschäftsanteile der GmbH sind, anders als Aktien, grundsätzlich nicht für den wirtschaftlichen Verkehr bestimmt. Ihre Übertragung durch zB Kauf, Tausch oder Schenkung ist zwar zulässig, bedarf aber mit ein paar Ausnahmen der **Form des Notariatsaktes.** Dies gilt auch für Vorverträge über die Übertragung. Eine Ausgabe negoziabler Wertpapiere (zB Order- oder Inhaberpapier) über die Geschäftsanteile ist daher überhaupt nicht möglich.

Auch wenn die Übertragbarkeit erschwerenden Bedingungen unterliegt, ist ihr genereller Ausschluss grundsätzlich nicht zulässig. Der Erwerb eines GmbH-Anteils im guten Glauben ist nicht möglich, da die entsprechenden Normen des ABGB auf die Anteile nicht zur Anwendung gelangen.

Eine Übertragung des Anteils kann schließlich aufgrund des Kaduzierungsverfahrens erfolgen (*siehe Tz 3.1.2.5*). Darüber hinaus kann im Rahmen der ordentlichen Kapitalerhöhung ein neuer Gesellschafter zur GmbH stoßen (*siehe Tz 6.2.1*).

Ein Notariatsakt ist für die Anteilsübertragung nicht notwendig, wenn

- die entsprechende Verpflichtung sich aus dem Gesellschaftsvertrag ergibt,
- sie die Folge eines gerichtlichen Vergleichs darstellt oder

- durch den Masseverwalter im Insolvenzverfahren oder
- im Zuge eines Exekutionsverfahrens erfolgt.

Ansonsten ist die Formvorschrift aber zwingend einzuhalten; selbst eine Lockerung mittels Gesellschaftsvertrag ist nicht zulässig.

> **Achtung**
>
> *IdR darf die Gesellschaft selbst keine eigenen Geschäftsanteile erwerben (§ 81), da ansonsten das verankerte Verbot der Einlagenrückgewähr (siehe Tz 5.2.1) umgangen werden könnte (§ 82). Von dieser Bestimmung bestehen nur folgende Ausnahmen:*
>
> - *Erwerb im Wege der Exekution zur Hereinbringung von Forderungen gegen einen Gesellschafter,*
> - *der unentgeltliche Erwerb,*
> - *der Erwerb im Weg der Gesamtrechtsnachfolge und*
> - *der Erwerb zur Entschädigung von Minderheitsgesellschaftern (zB bei Verschmelzung oder Spaltung; siehe Tz 7.2.7 und 7.2.9).*

> **Hinweis**
>
> *Ein Geschäftsanteil kann nicht nur übertragen bzw vererbt (siehe Tz 6.4.3), sondern auch verpfändet werden. Für die Verpfändung ist im Gegensatz zur Übertragung unter Lebenden kein Notariatsakt erforderlich (§ 76 Abs 3). Die Verwertung verpfändeter vinkulierter Geschäftsanteile wurde in § 76 Abs 4 gesondert geregelt.*

6.4.1 Teilung eines Geschäftsanteils

Soll nur ein Teil des Geschäftsanteils bzw der Geschäftsanteil in Teilen an einen anderen bzw an andere übertragen werden, so ist er zu teilen. Die Teilbarkeit von Geschäftsanteilen durch Abtretung bedarf aber jedenfalls einer ausdrücklichen Vereinbarung im Gesellschaftsvertrag, ansonsten ist sie unwirksam (§ 79). Wiederum ist auch das Formgebot zu beachten. Die Abtretung darf gesellschaftsvertraglich an die Zustimmung der Gesellschaft geknüpft werden. Zuständig ist, sofern nichts Abweichendes im Gesellschaftsvertrag vereinbart wurde, die Generalversammlung (*siehe auch Tz 6.4.2*). Sie ist in Schriftform zu erteilen und hat den Erwerber und den Betrag der Stammeinlage zu bezeichnen, den er übernimmt. Die Geschäftsführer haben sodann eine entsprechende schriftliche Erklärung gegenüber einem Veräußerer oder Erwerber abzugeben.

Die Regelungen über die Höhe der einzelnen Stammeinlage und der Mindesteinzahlung kommen (*siehe Tz 3.1.2.4*) in jedem Teilungsfall zur Anwendung. Eine Änderung der Gesellschafterstruktur, die auf einem dieser Wege erfolgt, ist wiederum im Firmenbuch einzutragen (§ 78 Abs 1), da nur derjenige Gesellschafter der GmbH ist, der auch im Firmenbuch eingetragen ist (*siehe aber Tz 5.1* für Ausnahmen).

> **Achtung**
>
> *Die Verletzung des Formgebots bewirkt die Unwirksamkeit einer Übertragung!*

Im Fall der Vererbung bedarf eine Teilung zu ihrer Zulässigkeit keiner gesellschaftsvertraglichen Bestimmung (*siehe Tz 6.4.3*).

> **Beispiel:**
>
> Georg und Christoph haben die Teilungsmöglichkeit von Geschäftsanteilen im Gesellschaftsvertrag vorgesehen, insbesondere im Hinblick darauf, dass sie leitende und erfolgreiche Mitarbeiter durch eine Beteiligung an das Unternehmen binden können. Sollte Nora Notum sich als Geschäftsführerin bewähren, käme sie als Mitgesellschafter in Frage. Um sich abzusichern könnte sie aber verpflichtet werden, im Fall der Beendigung ihrer Geschäftsführungsfunktion, die erhaltenen Anteile zu einem bestimmten Preis rückzuübertragen.

6.4.2 Vinkulierung, Vorkaufs- und Aufgriffs- sowie Anbietungs- und Mitverkaufsrechte

Im Gesellschaftsvertrag ist eine Bindung der Übertragung von Anteilen insbesondere an die Zustimmung der Gesellschaft möglich (**Vinkulierung**). Diese kann dann je nach Gesellschaftsvertrag die Zustimmung des Geschäftsführers oder der Gesellschafter bzw der Generalversammlung erfordern. Vor allem bei den in *Tz 2.3.4* bereits erwähnten Familien-GmbH besteht ein großes Interesse, keine „Fremden" mit am Tisch zu haben. Wird keine Spezifizierung bezüglich der Zustimmung vorgenommen, so sind im Zweifel alle Gesellschafter inklusive des übertragungswilligen Gesellschafters zuständig, einen entsprechenden Beschluss zu fassen. Schließlich ist eine weitere breite inhaltliche Ausdifferenzierung der Klausel möglich. So können Übertragungen an nahe Verwandte oder bestimmte Arten des Erwerbs (zB die Schenkung) von der Zustimmungspflicht ausgenommen werden. Die Vinkulierung darf sich auch nur auf bestimmte Geschäftsanteile beziehen.

> **Hinweis**
>
> *Eine Vinkulierung ist insbesondere zwingend zu vereinbaren, wenn ein Geschäftsanteil ein Entsendungsrecht zum Aufsichtsrat beinhaltet oder ein Gesellschafter zu Nebenleistungen gemäß § 8 Abs 2 (siehe Tz 5.3.4) verpflichtet ist.*

Wird die Zustimmung zu einer Übertragung schließlich verweigert, kann das Gericht dem Gesellschafter die Übertragung dennoch gestatten. Dafür müssen folgende Voraussetzungen erfüllt sein:

- die Stammeinlage muss voll einbezahlt sein,
- die Zustimmung wurde ohne ausreichende Begründung verweigert und
- die Übertragung kann ohne Schädigung der Gesellschaft, der übrigen Gesellschafter und der Gläubiger erfolgen.

Der Gesellschaft steht allerdings – wenn das Gericht zugunsten des Gesellschafters entscheidet – das Recht zu, einen anderen Erwerber zu benennen, der die Anteile zu denselben Bedingungen wie der vom Gesellschafter genannte Erwerber übernimmt.

Darüber hinaus können auch **Vorkaufsrechte** oder **Aufgriffsrechte** vorgesehen werden. Ein Aufgriffsrecht ermöglicht dem Begünstigten bei Vorliegen einer vertraglich vereinbarten Voraussetzung (Aufgriffsfall) entweder durch einseitige Erklärung den übertragungswilligen Gesellschafter direkt zur Übertragung zu verpflichten oder es verpflichtet den Übertragungswilligen zum Abschluss eines Kaufvertrages mit dem Begünstigten. Vorkaufsrechte und ähnlich gestaltete Konstruktionen können daher als Aufgriffsrechte betrachtet werden. Inhaltlich besteht großer Freiraum. Das Vorkaufsrecht wird dabei grundsätzlich nur bei Abschluss eines Vertrages zwischen dem Übertragungswilligen und dem Dritten ausgelöst (siehe §§ 1072 bis 1079 ABGB). Bei einem allen oder einzelnen Gesellschaftern eingeräumten Aufgriffsrecht ist auch ein Abstellen auf die bloße Veräußerungsabsicht denkbar. Man könnte allfälligen verkaufswilligen Mitgesellschaftern auch eine Anbotspflicht auferlegen. Daneben kann ein Aufgriffsrecht auch für den Todesfall oder den Konkurs eines Gesellschafters vorgesehen werden.

Das Aufgriffsrecht ist wiederum in Notariatsaktform auszuüben. Werden entsprechende Klauseln außerhalb des Gesellschaftsvertrags vereinbart, so bestand bis vor kurzem ebenso Notariatsaktspflicht. Die Judikatur lässt aber seit neuestem eine notarielle Beurkundung genügen.

> **Beispiel:**
>
> In unserem Beispiel in *Tz 3.1.2.4* wurden bereits Möglichkeiten beschrieben, mit denen sich Georg als Minderheitsgesellschafter absichern könnte, insbesondere auch durch ein Kündigungsrecht samt einer Christoph treffenden Aufgriffspflicht. Nun möchte aber natürlich auch Christoph nicht von heute auf Morgen mit einem neuen Gesellschafter konfrontiert werden. Insofern stünde eine Vinkulierung von Georgs Geschäftsanteil zur Diskussion. Jede entgeltliche oder unentgeltliche Verfügung darüber bräuchte dann die vorherige schriftliche Zustimmung von Christoph. Für den Fall der Zahlungsunfähigkeit, des Ausscheidens aus der Geschäftsführung von Georg oder im Fall von Verkaufsabsichten wäre ein Aufgriffsrecht Christophs, zB auch auf den Todesfall (*siehe Tz 6.4.3*), denkbar.

Mitverkaufsrechte werden primär dazu eingesetzt Minderheitsgesellschaftern zu ermöglichen, ihren Anteil zu den gleichen Bedingungen wie der Mehrheitsgesellschafter an einen Dritten zu veräußern. Ist der Dritte nicht zur Übernahme der Anteile zu den gleichen Konditionen bereit, so wird sein Erwerb des Anteils des Mehrheitsgesellschafters von der Zustimmung der Minderheit abhängig gemacht.

Sollen die Vinkulierung von Anteilen oder Aufgriffsrechte erst nachträglich in den Gesellschaftsvertrag aufgenommen werden, bedarf der Beschluss zwingend der Zustimmung der betroffenen Gesellschafter (*siehe auch Tz 6.1*). Dies kann auch bei einer Entfernung der Klausel zutreffen. Es besteht auch Notariatsaktspflicht.

Der Vorteil der Verankerung der Vinkulierung und anderer Übertragungsbedingungen sowie von Aufgriffsrechten im Gesellschaftsvertrag liegt darin, dass ihnen widersprechende Geschäfte (schwebend) unwirksam sind; wird das Geschäft im Fall der Vinkulierung nachträglich nicht entsprechend der Klausel genehmigt, so ist es schlechthin unwirksam. Insofern entwickelt die Vinkulierung eine sogenannte absolute bzw dingliche Wirkung. Werden entsprechende Vereinbarungen außerhalb des Gesellschaftsvertrages getroffen, ist eine ihnen widersprechende Übertragung wirksam, sie bleibt aufrecht. Die übergangenen Personen können aber insbesondere Schadenersatzansprüche geltend machen.

6.4.3 Übertragung von Todes wegen

Neben der Übertragung unter Lebenden ist auch eine Übertragung von Todes wegen möglich. Die Anteile sind nämlich vererblich, was durch Gesellschaftsvertrag weder ausgeschlossen noch beschränkt werden kann. Insofern bildet der Tod eines Gesellschafters grundsätzlich keinen Auflösungsgrund (*siehe Tz 7.2* für die Auflösungsgründe).

Die Übertragung selbst bzw die letztwillige Verfügung des Verstorbenen bedarf nicht der Notariatsaktsform, diese wird durch die gerichtliche Einantwortung ersetzt. Mit der rechtskräftigen Einantwortung geht der Geschäftsanteil auf den bzw die Erben über.

Ein gesellschaftsvertraglicher Ausschluss der Vererblichkeit wird mittlerweile als nicht zulässig betrachtet (siehe aber ein von einer älteren Entscheidung abgeleitetes *Beispiel unter Tz 6.1*). Allerdings ist die Vereinbarung von Aufgriffsrechten (*siehe Tz 6.4.2*) auf den Todesfall möglich.

Die Aufteilung des Geschäftsanteils auf mehrere Erben ist auch ohne entsprechende Regelung im Gesellschaftsvertrag zulässig (*siehe Tz 6.4.1*). Wiederum kann dieser aber einen Zustimmungsvorbehalt zu Gunsten der Gesellschaft enthalten. Die Teile richten sich nach den in der Einantwortungsurkunde genannten Erbquoten bzw nach einer allenfalls abweichenden Regelung im Gesellschaftsvertrag.

Hinweis

Im Gesellschaftsvertrag kann vorgesehen werden, dass der Geschäftsanteil im Erbfall nicht geteilt werden darf. In diesem Fall gelten alle Erben als Miteigentümer des Anteils und dürfen die daraus resultierenden Rechte nur gemeinsam ausüben.

6.4.4 Haftung

Bei Übertragung eines Geschäftsanteils haften der Erwerber und der bisherige Gesellschafter solidarisch für die im Zeitpunkt der Übertragung aushaftenden Rückstände auf die Stammeinlage und Nachschüsse (§ 78). Die Ansprüche gegen den übertragenden Gesellschafter verjähren innerhalb von 5 Jahren ab dem Tag der Anmeldung zur Eintragung in das Anteilsbuch am Firmenbuchgericht.

6.4.5 Anmeldung

Schließlich sind alle entsprechenden Veränderungen durch die vertretungsbefugte Zahl an Geschäftsführern beim Firmenbuch anzumelden, andernfalls können Zwangsstrafen verhängt werden.

Hinweis

Der Geschäftsführer hat vor Anmeldung die Pflicht, den Übertragungsakt auf seine formelle und materielle Richtigkeit sowie seine Rechtswirksamkeit zu prüfen! Ihnen droht bei schulhaften Verzögerungen oder der Abgabe falscher Angaben die Haftung gegenüber der Gesellschaft und geschädigten Dritten.

Als Gesellschafter gilt gegenüber der Gesellschaft grundsätzlich nur derjenige, der im Firmenbuch eingetragen ist. Es bleibt aber der Gesellschaft überlassen, noch nicht eingetragene Erwerber entsprechend ihrer faktischen Stellung als Gesellschafter das Stimmrecht ausüben zu lassen.

Kapitel 7
Beendigung

7.1 Auflösung und Liquidation

Durch die Verwirklichung eines Auflösungsgrundes (*siehe Tz 7.2*) wird die Gesellschaft grundsätzlich nicht sofort beendet. Ihre Rechtspersönlichkeit bleibt bestehen, jedoch wird der ursprüngliche Gesellschaftszweck durch den Abwicklungszweck, also das Ziel der Verwertung des vorhandenen Vermögens und der Abwicklung der Gesellschaft, ersetzt. Die Gesellschaft tritt durch die Auflösung in das Stadium der Liquidation oder Abwicklung. Die Auflösung ist durch die Geschäftsführer in das Firmenbuch einzutragen.

Hinweis

Da die GmbH also durch die Auflösung ihre Rechtssubjektivität nicht verliert, hat die Auflösung zB auch keinen Einfluss auf die Gewerbeberechtigung.

Ein nach Verwertung des Gesellschaftsvermögens und Befriedigung bzw Sicherstellung der Gläubiger verbleibendes Vermögen wird unter den Gesellschaftern verteilt.

Achtung

Die Firma der Gesellschaft ist in diesem Stadium mit dem Zusatz „i.L." bzw „in Liquidation" oder „in Abwicklung" zu versehen. Ein Weglassen kann Schadenersatzpflichten hervorrufen.

Ist die Liquidation der Gesellschaft abgeschlossen, so erfolgt ihre Löschung im Firmenbuch. Die Gesellschaft gilt schließlich erst dann als beendet und verliert ihre Rechtspersönlichkeit, wenn

a) sämtliches Gesellschaftsvermögen verwertet, also kein Gesellschaftsvermögen mehr vorhanden ist, und

b) sie aus dem Firmenbuch gelöscht wurde.

Beide Voraussetzungen müssen kumulativ – also gemeinsam – vorliegen!

Die Liquidation entfällt bei Fusion, Aufspaltung und übertragender Umwandlung (siehe UmgrStG), da es sich bei diesen um Fälle der Gesamtrechtsnachfolge handelt, sowie bei völliger Vermögenslosigkeit der Gesellschaft und im Fall des Konkurses.

7.1.1 Liquidatoren

Die Generalversammlung und ein allfälliger Aufsichtsrat werden durch die Auflösung nicht berührt. Jedoch erlöschen erteilte Prokuren (*siehe Tz 4.2.1*) mit der Auflösung und neue Prokuren dürfen im Liquidationsstadium nicht mehr erteilt werden. Die Geschäftsführer werden – außer im Fall des Konkurses (*siehe Tz 7.2.5*) – aber durch sogenannte Liquidatoren ersetzt. Diesbezüglich ist insbesondere auf §§ 89 ff zu verweisen.

7.1.1.1 Bestellung

Grundsätzlich übernehmen die amtierenden **Geschäftsführer** die Funktion als sogenannte „**geborene Liquidatoren**". Es bedarf dazu keiner gesellschaftsvertraglichen Bestimmung oder eines entsprechend lautenden Gesellschafterbeschlusses.

> **Hinweis**
> *Die Anstellungs- bzw Vertragsverhältnisse der Geschäftsführer werden durch diesen Funktionswechsel von Geschäftsführer zu Liquidator grundsätzlich nicht berührt.*

Mittels **Beschluss der Gesellschafter** können aber natürlich auch andere Personen zu Liquidatoren bestellt (**gekorene Liquidatoren**) werden. Dazu genügt, soweit nichts anderes vereinbart wurde, eine einfache Mehrheit. Ansonsten knüpfen die Mehrheitserfordernisse an allfällig für die Geschäftsführerbestellung besonders festgelegte Regelungen in der Satzung an.

Die **Satzung** darf ebenfalls andere als die Geschäftsführer als (damit gekorene) Liquidatoren vorsehen, ua auch juristische Personen. Daneben wird es auch möglich sein, Minderheitsgesellschaftern oder dem Aufsichtsrat gesellschaftsvertraglich ein Vorschlags- oder Präsentationsrecht einzuräumen.

Auf Antrag eines allenfalls vorhandenen Aufsichtsrates oder von Gesellschaftern, die allein oder gemeinsam 10% des Stammkapitals auf sich vereinen oder einen Nennbetrag von € 700.000,-- bzw einen gesellschaftsvertraglich festgesetzten niedrigeren Betrag halten, hat das **Gericht** in wichtigen Fällen neben oder statt den ursprünglichen Liquidatoren andere Liquidatoren zu bestellen. Ein wichtiger Grund liegt vor, wenn

- die Gesellschaft über gar keine Liquidatoren verfügt,
- die vorhandenen Liquidatoren die ihnen zugedachte Aufgabe nicht ordnungsgemäß erfüllen werden oder
- unüberbrückbare Differenzen zwischen den Liquidatoren bestehen.

Ein wichtiger Grund liegt praktisch zB auch vor, wenn zwischen dem Liquidator und der zu liquidierenden Gesellschaft eine Interessenkollision besteht. Kein maßgeblicher Grund ist das bloße fehlende Vertrauen der Minderheit der Gesellschafter.

Ein Antragsteller darf dem Gericht auch Vorschläge hinsichtlich des zu bestellenden Liquidators machen, wobei dieses aber nicht an die Anregung gebunden ist. Das Gericht kann über die Bestellung hinaus auch die Vertretungsbefugnis der Liquidatoren (zB Gesamt- statt Einzelvertretung) ändern.

Außer im Fall der geborenen Liquidatoren ist grundsätzlich die **Zustimmung der Betroffenen** für eine wirksame Bestellung notwendig. Darüber hinaus ist wie beim Geschäftsführer zwischen der Bestellung und der Anstellung zu unterscheiden. Der Anstellungsvertrag von zu Liquidatoren bestellten Geschäftsführern bleibt jedenfalls aufrecht. Bei gerichtlich bestellten Liquidatoren orientiert sich der Entgeltanspruch an den Grundsätzen der Entlohnung des Notgeschäftsführers (*siehe Tz 4.1.3*).

7.1.1.2 Abberufung

Zur Abberufung von Liquidatoren genügt – außer im Fall der gerichtlich bestellten Liquidatoren – ein **Gesellschafterbeschluss** mit einfacher Mehrheit.

Wie erwähnt kann das **Gericht** auf Antrag aus wichtigem Grund Liquidatoren bestellen und ursprüngliche Liquidatoren abberufen. Liquidatoren, die das Gericht bestellt hat, kann nur das Gericht wieder abberufen. Dabei hat es sich wiederum auf einen wichtigen Grund zu stützen. Dieser wird zB bei einer Interessenskollision zwischen dem Liquidator und der zu liquidierenden Gesellschaft vorliegen, oder wenn objektiv begründete Zweifel an den Fähigkeiten eines Liquidators vorliegen.

Natürlich steht es dem Liquidator auch offen von seinem Amt zurückzutreten. Ein **Rücktritt** mit sofortiger Wirkung wird aber nur aus wichtigen Gründen möglich sein. Darüber hinaus ist auf die in § 16a statuierten Beschränkungen Acht zu geben. Schließlich erlischt die Funktion des Liquidators jedenfalls mit seinem Tod oder der Löschung der Gesellschaft.

7.1.1.3 Eintragung

Der Antrag auf Eintragung der Liquidatoren ins Firmenbuch ist durch die vertretungsberechtigte Zahl an Liquidatoren einzubringen. Er ist mit den entsprechenden beglaubigten Unterschriften zu versehen. Daneben sind ihm

- die Bestellungsurkunde in der Urschrift oder als beglaubigte Abschrift und
- eine beglaubigte Musterzeichnung der Liquidatoren

beizulegen. Die Musterzeichnung muss nicht beigeschlossen werden, wenn bereits eine als Geschäftsführer hinterlegt wurde.

Dem Antrag auf Löschung eines Liquidators ist die Urkunde (Urschrift oder beglaubigte Abschrift) beizulegen, die das Erlöschen der Funktion des Liquidators belegt.

Vom Gericht bestellte Liquidatoren sind von Amts wegen in das Firmenbuch einzutragen bzw zu löschen. Dasselbe gilt, wenn die Gesellschaft durch Gerichtsbeschluss aufgelöst wird (*siehe Tz 7.2.11*).

7.1.1.4 Rechte und Pflichten

Die Liquidatoren haben

- die laufenden Geschäfte zu beenden,
- die Forderungen der Gesellschaft einzuziehen sowie
- das übrige Vermögen der Gesellschaft in Geld umzusetzen und
- die Gläubiger der Gesellschaft zu befriedigen.

Allerdings kann die Pflicht zur Beendigung der Geschäfte auch das Eingehen neuer Geschäfte notwendig machen. Dies hängt von ihrer Zweckmäßigkeit ab, also davon inwieweit sie der Abwicklung dienen.

Achtung

Bewegt sich der Liquidator bei seiner Geschäftsführung außerhalb des Liquidationszwecks, so macht er sich unter Umständen gegenüber der abzuwickelnden GmbH schadenersatzpflichtig!

Die Auflösung der Gesellschaft ist durch die Liquidatoren in der Wiener Zeitung und in weiteren allenfalls im Gesellschaftsvertrag bestimmten (elektronischen) Medien zu veröffentlichen. Die Information hat eine **Aufforderung an die Gläubiger** zu enthalten, sich bei den Liquidatoren zu melden. Ansonsten sind die bereits bekannten Gläubiger direkt zu kontaktieren. Fällige Verbindlichkeiten sind sodann entsprechend zu begleichen. Die zur Erfüllung nicht fälliger Verbindlichkeiten notwendigen Mittel sind einzubehalten. Ebenso dürfen die Mittel zur Begleichung nicht geltend gemachter Verbindlichkeiten und streitiger Forderungen nicht an die Gesellschafter ausbezahlt werden. Werden fällige Forderungen von Gläubigern aus irgendeinem Grund nicht behoben, so sind die entsprechenden Beträge bei Gericht zu hinterlegen.

Stellt sich im Zuge der Befriedigung der Gläubiger heraus, dass die Gesellschaft für die Erfüllung sämtlicher ihrer Verbindlichkeiten nicht über genügend Mittel verfügt, ist durch die Liquidatoren umgehend die Eröffnung eines Insolvenzverfahrens zu beantragen. Die schon aufgelöste GmbH ist daher konkursfähig.

Die Liquidatoren haben darüber hinaus eine **Eröffnungsbilanz** zum Stichtag der Auflösung aufzustellen. Auch sind von den Liquidatoren für vor der Auflösung abgelaufene bzw der Auflösung vorangehende Rumpfgeschäftsjahre Jahresabschlüsse zu erstellen und offen zu legen. Besteht ein Aufsichtsrat, so ist ihm die Eröffnungsbilanz zur Prüfung vorzulegen. Er hat sodann der Generalversammlung zu berichten. Diese entscheidet über deren Genehmigung und die entsprechende Entlastung der Liquidatoren. Während der Dauer der Liquidation der Gesellschaft sind von den Liquidatoren die entsprechenden Jahresabschlüsse zu erstellen.

Grundsätzlich vertreten die Liquidatoren die Gesellschaft gemeinsam. Der Gesellschaftsvertrag kann auch die Einzelvertretung vorsehen bzw kann ein entsprechender Beschluss der Generalversammlung mit einfacher Mehrheit gefasst werden.

Der Liquidator agiert nicht vollkommen unabhängig, da damit der Organisationsverfassung der GmbH widersprochen würde. Die Generalversammlung bleibt weiterhin oberstes Organ der Gesellschaft und hat insbesondere die strategischen Entscheidungen hinsichtlich der Art und Weise der Abwicklung zu treffen. Auch ist der Liquidator an die Weisungsbeschlüsse der Generalversammlung gebunden, welche mit einfacher Mehrheit gefasst werden können. Jedoch haben sich die Beschlüsse und Weisungen der Generalversammlung, wie die Tätigkeit des Liquidators, im Rahmen des Liquidationszwecks zu bewegen. Eine Veräußerung des gesamten Unternehmens bzw die Veräußerung des Gesellschaftsvermögens als Ganzes bedarf zwingend der Zustimmung einer qualifizierten Dreiviertelmehrheit der Gesellschafter. Die Vertretungs- und Geschäftsführungsbefugnis der Liquidatoren ist also insofern eingeschränkt.

7.2 Auflösungsgründe

In den Gesetzen, insbesondere §§ 84 ff, sind folgende Auflösungs- bzw Endigungsgründe aufzufinden:

7.2.1 Ablauf der im Gesellschaftsvertrag bestimmten Zeit

Soweit die Satzung nichts anderes bestimmt, so gilt die Gesellschaft auf unbestimmte Zeit eingegangen. Eine Befristung der Gesellschaft ist durch die Festlegung eines Auflösungsdatums oder einer Bedingung in der Satzung festzulegen. Die Bedingung hat sich auf ein gewiss eintretendes, zukünftiges Ereignis, zB das Auslaufen eines Patents, zu beziehen. Die entsprechende Zeitdauer ist in das Firmenbuch einzutragen. Ist die Zeit der Gesellschaft abgelaufen, so ist dieser Umstand durch die Geschäftsführer umgehend zum Firmenbuch anzumelden und ins Firmenbuch einzutragen. Die Eintragung wirkt jedoch nur deklarativ.

Die Dauer der Gesellschaft kann aber auch nachträglich immer noch im Rahmen einer Satzungsänderung durch die Gesellschafter verkürzt oder verlängert werden. Grundsätzlich ist ein Verlängerungsbeschluss mit der qualifizierten Mehrheit nach § 50 Abs 1 zu fassen. Um wirksam zu werden, muss die Verlängerung jedoch noch vor dem Auflösungszeitpunkt in das Firmenbuch eingetragen werden.

7.2.2 Gesellschafterbeschluss

Ein Auflösungsbeschluss kann in der Regel durch eine einfache Mehrheit in der Generalversammlung gefasst werden. Er wird unabhängig von einer Eintragung ins Firmenbuch wirksam, hat aber jedenfalls notariell beurkundet zu werden. Eine Anmeldung der Auflösung hat trotzdem zu erfolgen.

Die Zuständigkeit zur Entscheidung über die Auflösung der Gesellschaft kann nicht wirksam auf ein anderes Gesellschaftsorgan übertragen werden, da es sich um einen Grundlagenbeschluss handelt, der zwingend in die Kompetenz der Gesellschafter fällt. Im Gesellschaftsvertrag können andere Mehrheiten vorgesehen sowie der

Beschluss an das Vorliegen wichtiger Gründe geknüpft werden. Da eine Erklärung bzw Vereinbarung der Unauflöslichkeit der Gesellschaft nicht wirksam ist, ist eine entsprechende Bestimmung im Gesellschaftsvertrag als Einstimmigkeitserfordernis für den Auflösungsbeschluss umzudeuten.

Wurde in der Satzung eine Befristung der Gesellschaft vereinbart, so ist der Auflösungsbeschluss als Satzungsänderung anzusehen, wodurch die entsprechenden Vorschriften einzuhalten sind. Auch wenn die Auflösung bedingt oder befristet beschlossen wird, könnte es sich um eine nachträgliche Satzungsänderung im Sinne der Tz 6.1 handeln.

7.2.3 Nichtigkeitsklage

Analog zu den §§ 216 ff AktG kann ein Geschäftsführer, Gesellschafter oder ein Aufsichtsratsmitglied auf Nichtigerklärung der Gesellschaft klagen, wenn die Satzung nicht über den geforderten zwingenden Inhalt verfügt oder der in der Satzung umschriebene bzw tatsächliche Unternehmensgegenstand als rechts- oder sittenwidrig zu qualifizieren ist. Ein stattgebendes Urteil ist vom Gericht ins Firmenbuch einzutragen. Die Eintragung führt zur Auflösung der Gesellschaft.

Darüber hinaus wird in Teilen der Literatur die Möglichkeit anerkannt, die GmbH durch Klage aus wichtigem Grund aufzulösen. Als wichtig ist ein Grund dann zu qualifizieren, wenn die weitere Fortsetzung des Gesellschaftsverhältnisses dem Kläger nicht mehr zuzumuten ist. Dies kann sich auf Interna der Gesellschaft beziehen, zB ein wiederholt minderheitenschädliches Verhalten der Mehrheit oder die Uneinbringlichkeit von Einlageansprüchen, oder auf externe Umstände, wie die Unerreichbarkeit des Gesellschaftszweck samt dauernder Unrentabilität des Unternehmens.

Aufgrund der Unsicherheit hinsichtlich der Durchsetzbarkeit dieses Anspruchs empfiehlt es sich, entsprechende Kündigungsgründe im Gesellschaftsvertrag schriftlich zu fixieren (*siehe Tz 7.2.4*).

Ein stattgebendes rechtskräftiges Urteil gegen die Gesellschaft hat deren Auflösung zur Folge.

7.2.4 Gesellschaftsvertragliche Auflösungsgründe

Den Gesellschaftern steht es frei, im Rahmen des zwingenden Rechts, weitere Auflösungsgründe in den Gesellschaftsvertrag aufzunehmen. Besonders erwähnenswert ist hier die **Einräumung eines Kündigungsrechts**. Diesbezüglich sollten im Gesellschaftsvertrag genaue Bestimmungen hinsichtlich allfälliger Kündigungsgründe, der Form der Kündigung und der an sie anschließenden Folgen, zB ein Aufgriffsrecht oder eine Übernahmepflicht der Mitgesellschafter, niedergelegt werden. Auch erkennt die Rechtsprechung ein Kündigungsrecht ohne gesellschaftsvertragliche Vereinbarung nicht an.

Als Auflösungsgründe können daneben zB

- die Insolvenz eines Gesellschafters oder
- die Einstellung seines Betriebs,
- der Verlust der gewerberechtlichen Konzession,
- die Erreichung des Gesellschaftszwecks,
- die Nichterreichung eines Mindestumsatzes oder
- eine Unterbilanz

vereinbart werden.

> **Beispiel:**
> Wie bereits in *Tz 3.1.2.4* erwähnt, möchte zB Georg ein Kündigungsrecht im Gesellschaftsvertrag eingeräumt bekommen, damit er als Minderheitsgesellschafter nicht vom Mehrheitsgesellschafter „überrollt" werden kann.

Im Fall der entsprechenden Auflösung ist diese beim Firmenbuchgericht anzumelden.

7.2.5 Eröffnung des Konkurses

Ist die GmbH zahlungsunfähig oder überschuldet im Sinn der §§ 66 und 67 Insolvenzordnung (IO), so ist ein Konkurs über ihr Vermögen zu eröffnen. Einen Geschäftsführer trifft in diesem Fall die Pflicht, einen entsprechenden Antrag auf Verfahrenseröffnung zu stellen. Mit Eröffnung des Verfahrens ist die Gesellschaft aufgelöst. Auf die Rechtskraft des Eröffnungsbeschlusses kommt es dabei nicht an. Die auf Veranlassung des Insolvenzgerichts erfolgende Eintragung in das Firmenbuch hat rein deklarativen Charakter. Es kommt zu keiner Liquidation der Gesellschaft.

Die Vermögensrechte der GmbH und Vertretungsrechte werden schließlich im Verfahren durch den Insolvenzverwalter wahrgenommen, wobei die Gesellschaftsorgane nach Maßgabe der Aufgaben des Masseverwalters weiter handlungsbefugt bleiben. Für Liquidatoren ist daher kein Platz. Ansonsten werden sie von ihm verdrängt. Der Insolvenzverwalter unterliegt nicht der Aufsicht durch die Organe der GmbH, kann aber auch selbst Mitglieder der Organe weder bestellen noch abberufen.

7.2.6 Ablehnung der Eröffnung des Insolvenzverfahrens

Wird der Antrag auf Eröffnung des Insolvenzverfahrens mangels Masse – also kostendeckendem Vermögen – rechtskräftig abgewiesen oder das Verfahren nachträglich aufgehoben, wird die GmbH gemäß § 39 Abs 1 FBG aufgelöst.

Die Auflösung wird von Amts wegen in das Firmenbuch eingetragen. Sofern die GmbH noch über ein Vermögen verfügt, wird die Liquidation eingeleitet. Ansonsten kommt es zu einem Amtslöschverfahren gemäß § 40 FBG (*siehe Tz 7.2.11*).

7.2.7 Fusion (Verschmelzung)

Eine Verschmelzung kann zwischen zwei GmbHs oder zwischen einer GmbH und einer AG im Weg der Gesamtrechtsnachfolge vorgenommen werden. Die übertragende Gesellschaft endet durch die Verschmelzung und wird im Firmenbuch gelöscht. Es erfolgt keine Liquidation.

7.2.8 Übertragende Umwandlung

Die Umwandlung führt zur Übertragung einer bestehenden Gesellschaft auf einen Nachfolgerechtsträger. Im Fall der übertragenden Umwandlung geht das Vermögen der GmbH auf den jeweiligen Hauptgesellschafter über. Dieser muss zu mindestens 90% an der umwandelnden Gesellschaft beteiligt sein. Den Minderheitsgesellschaftern steht ein Abfindungsanspruch zu.

Mit der Eintragung einer übertragenden Umwandlung der GmbH in das Firmenbuch wird diese aufgelöst und beendet. Es erfolgt keine Liquidation.

7.2.9 (Auf-)Spaltung

Mit einer Spaltung wird eine GmbH ganz oder teilweise auf zwei andere Kapitalgesellschaften aufgeteilt. Mit der Eintragung der Spaltung in das Firmenbuch gehen die im Spaltungsplan dafür ausersehenen Vermögensbestandteile der übertragenden Gesellschaft im Rahmen einer Gesamtrechtsnachfolge auf die übernehmenden Gesellschaften über. Die aufgespaltene GmbH erlischt damit. Es erfolgt keine Liquidation.

7.2.10 Verfügung der Behörde

Die Verwaltungsbehörde kann gemäß § 86 die GmbH auflösen, wenn

- diese ihren durch das GmbHG festgelegten Wirkungskreis überschreitet und Versicherungsgeschäfte betreibt oder als politischer Verein tätig wird;
- die Geschäftsführer sich bei der Ausübung ihrer Organfunktion einer gerichtlich strafbaren Handlung schuldig machen und der Fortbestand der Gesellschaft voraussichtlich dem Gemeinwohl schaden würde.

Zuständig ist im Fall des Betriebes von Versicherungsgeschäften der Bundesminister für Finanzen, in den Fällen der Tätigkeit als politischer Verein und der Gefährdung des Gemeinwohls der Landeshauptmann.

Darüber hinaus wirkt die Rücknahme der Bankenkonzession durch die FMA wie ein Auflösungsbeschluss, wobei die entsprechende Wirkung erst drei Monate nach Rechtskraft des Bescheides für den Fall eintritt, dass die Bankgeschäfte nicht aus dem Unternehmensgegenstand entfernt werden.

Die Behörde hat die rechtskräftig verfügte Auflösung dem Firmenbuchgericht von Amts wegen mitzuteilen. Dieses nimmt dann die entsprechende Eintragung vor.

7.2.11 Beschluss des Gerichts

Liegen wesentliche Voraussetzungen für die Eintragung der GmbH nicht (mehr) vor, so kann das Gericht die Gesellschaft nach § 10 Abs 2 FBG von Amts wegen löschen. Die GmbH wird hiervon verständigt, um gegebenenfalls den vorliegenden Mangel beheben zu können.

Nach § 10 Abs 3 FBG ist die Gesellschaft von Amts wegen auch dann zu löschen, wenn

- die Satzung nicht über den geforderten zwingenden Inhalt verfügt oder
- der in der Satzung umschriebene bzw tatsächliche Unternehmensgegenstand als rechts- oder sittenwidrig zu qualifizieren ist (*siehe auch Tz 7.2.3*).

Eine vermögenslose Gesellschaft ist gemäß § 40 FBG

- auf Antrag ihrer zuständigen gesetzlichen Interessenvertretung,
- der Steuerbehörde oder
- von Amts wegen

im Firmenbuch zu löschen. Mit der Löschung gilt die Gesellschaft als aufgelöst und beendet. Eine Abwicklung findet nicht statt.

Als Vermögen gelten alle bilanzierungsfähigen und selbstständigen Objekte. Lediglich mögliche, aber nicht sichere, zukünftige Einnahmen scheiden, da nicht bilanzierungsfähig, aus.

Sofern das Vorhandensein von Vermögen nicht offensichtlich ist, gilt die Gesellschaft bis zum Beweis des Gegenteils auch als vermögenslos, wenn sie dem Gericht trotz Aufforderung die Jahresabschlüsse und gegebenenfalls Lageberichte zweier aufeinanderfolgender Geschäftsjahre nicht vollständig vorlegt.

7.3 Verteilung des Vermögens und Löschung

Mit einer Verteilung des nach Befriedigung der Gläubiger noch vorhandenen Gesellschaftsvermögens darf

- frühestens drei Monate (Sperrfrist) nach dem Tag der Veröffentlichung der Auflösung und
- nachdem alle bekannten Gläubiger befriedigt wurden

begonnen werden.

Der **Liquidationsüberschuss** ist schließlich im Verhältnis der eingezahlten und nicht der übernommenen Stammeinlagen zu verteilen. Allerdings darf im Gesellschaftsvertrag Abweichendes vereinbart werden. Der entsprechende Anspruch auf Auszahlung gilt als entstanden, sobald die zwei oben genannten Voraussetzungen erfüllt wurden.

Achtung

Trifft die Liquidatoren an einer mangelhaften Verteilung ein Verschulden, so werden sie schadenersatzpflichtig!

Melden sich Gläubiger erst nach Ablauf der drei Monate, so haben sie Anspruch darauf, aus dem noch nicht verteilten Gesellschaftsvermögen befriedigt zu werden.

Wurde Vermögen in rechtswidriger Weise verteilt, zB vor Ablauf der Dreimonatsfrist, so sind die bereits ausgezahlten Beträge wieder in das Gesellschaftsvermögen rückzuüberführen, soweit diese zur Begleichung noch offener Verbindlichkeiten notwendig sind.

Wurde das gesamte Vermögen der Gesellschaft verteilt, so gilt die Liquidation als beendet. Die Gesellschafter haben sodann die Liquidatoren per Beschluss zu entlasten. Wird die Entlastung verweigert, können die Liquidatoren diese einklagen. Ist bei einer Einpersonengesellschaft der einzige Gesellschafter zugleich auch Liquidator, darf die Entlastung entfallen.

Die **Bücher und Schriften der Gesellschaft** sind einem Gesellschafter oder Dritten – bestimmt durch Gesellschaftsvertrag, Gesellschafterbeschluss oder das Gericht – für die Dauer von sieben Jahren ab dem Geschäftsjahr, in dem die Liquidation abgeschlossen wurde, zur Aufbewahrung zu übergeben. Die Gesellschafter und Gläubiger, die einen entsprechenden Gerichtsbeschluss erwirken konnten, verfügen über ein Einsichtsrecht in die Unterlagen.

Die Gesellschaft ist schließlich von sämtlichen Liquidatoren beim Firmenbuch zur Löschung anzumelden. Dazu müssen sie

a) dem Gericht den Gesellschafterbeschluss über ihre Entlastung nachweisen;
b) den Verwahrer der Gesellschaftsunterlagen bekannt geben oder einen Antrag auf Bestellung eines Verwahrers stellen;
c) eine Unbedenklichkeitsbescheinigung des Finanzamts mitvorlegen;
d) die Veröffentlichung des Gläubigeraufrufs belegen und
e) dem Löschantrag eine Erklärung der Liquidatoren über die abgeschlossene Liquidation beilegen.

Wurde die Gesellschaft gelöscht und verfügt sie über keinerlei Vermögen mehr, so gilt sie als beendet. Die Löschung wird durch das Gericht von Amts wegen im Amtsblatt zur Wiener Zeitung veröffentlicht.

Stellt sich nachträglich heraus, dass noch Vermögen vorhanden ist, so hat eine **Nachtragsliquidation** zu erfolgen. Das Gericht hat hierzu auf Antrag (eines beteiligten Gesellschafters, ehemaliger Organwalter oder Dritter mit besonderem Interesse) eigene Nachtragsliquidatoren zu bestellen.

Steuerrecht

§ 19 KStG stellt für Auflösung und Abwicklung spezielle steuerrechtliche Bestimmungen dar. Er normiert eine Erstreckung des Veranlagungszeitraumes auf bis zu drei Jahre. Die jährliche Veranlagung entfällt. Körperschaftssteuererklärungen sind in diesem Zeitraum nicht zu legen. Auf Antrag kann die Dreijahresfrist von der Finanzbehörde auch erstreckt werden.

Besteuert wird schließlich der Liquidationsgewinn, welcher sich aus Gegenüberstellung des Abwicklungs-Endvermögens (Liquidationsschlussbilanz bzw das zu verteilende Vermögen) und des Abwicklungs-Anfangsvermögens ergibt. Letzteres ist jenes Vermögen, welches am Ende des der Auflösung vorangegangenen Wirtschaftsjahres nach den geltenden Vorschriften über die Gewinnermittlung anzusetzen war.

7.4 Fortsetzung der Gesellschaft

Obwohl das GmbHG selbst keine Regelung bezüglich einer allfälligen Fortsetzung einer eigentlich aufgelösten Gesellschaft enthält, wird in Anlehnung an § 215 Abs 1 AktG davon ausgegangen, dass ein entsprechender **Fortsetzungsbeschluss** durch die Generalversammlung gefällt werden darf.

Der Fortsetzungsbeschluss ist – wie der Auflösungsbeschluss – notariell zu beurkunden. Im Fall der Auflösung durch Zeitablauf erfordert die Fortsetzung aber eine Satzungsänderung (*siehe Tz 7.2.1*). Da der Fortsetzungsbeschluss das Gegenstück zum Auflösungsbeschluss bildet, sind auf ihn dieselben Mehrheitserfordernisse anzuwenden. Der Gesellschaftsvertrag könnte aber Abweichendes vorsehen. Wurde die Auflösung durch Kündigung oder Klage bewirkt, so wird die Zustimmung des Kündigenden bzw Klägers einzuholen sein.

Ist ein Auflösungsgrund rückwirkend weggefallen, so kann ein Fortsetzungsbeschluss unterbleiben. Dies gilt auch bei einer Aufhebung des Löschungsbeschlusses nach § 40 FBG sowie der Rücknahme des Auflösungsbescheides durch die Verwaltungsbehörde, soweit diese ebenfalls rückwirken. Ohne einen entsprechenden Widerruf der Auflösung, kann in diesen Fällen kein Fortsetzungsbeschluss gefasst werden.

Der Beschluss kann allerdings nur dann erfolgen, wenn

- die Gesellschaft noch nicht beendet ist und
- nicht bereits mit der Verteilung des Gesellschaftsvermögens begonnen wurde.

Selbst durch eine Verpflichtung der Gesellschafter ihren Liquidationserlös zurückzuerstatten, wird eine Fortsetzung nicht möglich. Sollte aber nach erfolgter Löschung noch ein Gesellschaftsvermögen vorhanden sein, so wird davon ausgegangen, dass sie noch als nichteingetragene Gesellschaft existiert. Die Fassung eines Fortsetzungsbeschlusses wäre dann möglich.

Die Fortsetzung ist durch die Geschäftsführer in das Firmenbuch einzutragen. Sie sind entsprechend zu bestellen. Der Antrag hat wiederum die beglaubigten Unterschriften aller Geschäftsführer aufzuweisen. Es sind ihm beizulegen:

- der notariell beurkundete Gesellschafterbeschluss,
- ein Bestellungsnachweis der Geschäftsführer samt Angabe der Art sowie des Beginns der Vertretungsbefugnis,
- eine Musterzeichnungserklärung der neuen Geschäftsführer sowie
- im Fall des § 39 FBG eine Bescheinigung über den Wegfall des Auflösungsgrundes.

7.5 Übersicht

Auflösung	Liquidation	Beendigung
• Zeitablauf • Gesellschafterbeschluss • Nichtigkeitsklage • Gesellschaftsvertragliche Gründe • Konkurseröffnung • Ablehnung der Konkurseröffnung • Fusion • Umwandlung • Spaltung • Verfügung der Behörde • Gerichtsbeschluss • Firmenbucheintragung durch Geschäftsführer	• Bestellung der Liquidatoren • Veröffentlichung der Auflösung und Gläubigeraufruf • Eröffnungsbilanz • Verwertung des Gesellschaftsvermögens • Befriedigung der Gläubiger • Schlussbilanz • Verteilung eines allfälligen Liquidationsgewinns • Entlastung der Liquidatoren	• kein Gesellschaftsvermögen mehr vorhanden • Antrag auf Löschung aus dem Firmenbuch • Löschung durch Gerichtsbeschluss • allfällige Nachtragsliquidation

Kapitel 8
Exkurs: GmbH light

8.1 Das Gesellschaftsrechts-Änderungsgesetz 2013

Am 1.7.2013 trat eine Reform des GmbH-Rechts in Kraft. Das Gesellschaftsrechts-Änderungsgesetz 2013 sollte der Modernisierung der GmbH dienen und deren Gründung vereinfachen. Die inhaltlichen Eckpunkte der damaligen Reform können wie folgt zusammengefasst werden:

- Das Mindeststammkapital wurde von € 35.000,-- auf € 10.000,-- gesenkt (GmbH light). Der Mindestwert der einzelnen Stammeinlage betrug weiterhin € 70,-- und es war ausreichend das halbe Stammkapital in bar zu leisten.
- Bereits bestehenden Gesellschaften wurde das Recht eingeräumt ihr Stammkapital durch Änderung des Gesellschaftsvertrages auf den neuen Mindestbetrag in Höhe von € 10.000,-- herabzusetzen.

> **Hinweis**
>
> *Die Herabsetzung des Mindeststammkapitals von € 35.000,-- auf € 10.000,-- hatte auch eine Änderung der Mindestkörperschaftssteuer zur Folge. Diese sank von jährlich € 1.750,-- auf € 500,-- und führte zu einem entsprechenden Steuerausfall.*

- Die Neugründung einer GmbH ist seit der Reform nicht mehr im Amtsblatt zur Wiener Zeitung zu veröffentlichen. Jede weitere Änderung des Gesellschaftsvertrages ist nach wie vor zu veröffentlichen.
- Die Generalversammlung ist nicht nur dann von der Geschäftsführung bzw dem Aufsichtsrat einzuberufen, wenn die Hälfte des Stammkapitals verloren ist, sondern auch, wenn die Eigenmittelquote unter 8% sinkt und die (fiktive) Schuldentilgungsdauer mehr als 15 Jahre beträgt.

> **Achtung**
>
> *Die Bestimmungen betreffend das Stammkapital wurden bereits Anfang 2014 einer neuerlichen Novelle unterzogen. Dabei wurde das Mindeststammkapital wieder auf € 35.000,-- angehoben.*

8.2 Das Abgabenänderungsgesetz 2014

Das Abgabenänderungsgesetz 2014 trat am 1.3.2014 in Kraft. Bereits 8 Monate nach In-Krafttreten der Bestimmungen bezüglich Senkung des Mindeststammkapitals von € 35.000,-- auf € 10.000,-- wurden diese Bestimmungen bereits zurückgenommen. Die Bundesregierung führte dazu in den Erläuterungen aus, dass durch diese Änderung der im Jahr 2013 prognostizierte Steuerausfall vermieden werden könnte.

Die Rechtslage für die Zeit nach dem 1.3.2014 kann wie folgt zusammengefasst werden:

- Für **Gründungen ab 1.3.2014** gilt, dass das Mindeststammkapital grundsätzlich wieder € 35.000,-- beträgt. Die GmbH light gemäß GesRÄG 2013 wurde durch die Gründungsprivilegierung ersetzt. Demgemäß ist die Gründung einer GmbH weiterhin mit einem Stammkapital in Höhe von € 10.000,-- möglich. Dieses ist allerdings innerhalb von 10 Jahren ab Eintragung der Gesellschaft in das Firmenbuch auf € 35.000,-- zu erhöhen. Im Rahmen einer privilegierten Gründung sind keine Sacheinlagen möglich (*vgl Tz 3.1.2.4*).

  In Bezug auf die Mindestkörperschaftssteuer gilt, dass diese für die ersten 5 Jahre ab Eintragung der Gesellschaft in das Firmenbuch € 500,-- pro Jahr und für weitere 5 Jahre des Bestehens € 1.000,-- beträgt. Danach steigt die Körperschaftssteuer auf mindestens € 1.750,-- pro Jahr.

- Auf Anmeldungen zum Firmenbuch, die sich auf **Gründungen vor dem 1.3.2014** bezogen, war – unter dem Hinweis auf den Vertrauensschutz – nach wie vor die *unter Tz 8.1* beschriebene Rechtslage anzuwenden. Dh dass auch nach dem 28.2.2014 neu gegründete Gesellschaften mit einem Stammkapital von unter € 35.000,-- in das Firmenbuch eingetragen wurden. Darüber hinaus gilt:
  - Bis zum 1.3.2024 ist eine Kapitalerhöhung auf den Betrag von mindestens € 35.000,-- durchzuführen.
  - Die Eintragung dieser Kapitalerhöhung in das Firmenbuch ist von der Eintragungsgebühr befreit.
  - Für Gründungen nach dem 30.6.2013 beträgt die Mindestkörperschaftssteuer in den ersten 5 Jahren ab Eintragung in das Firmenbuch € 500,-- pro Jahr. Für weitere 5 Jahre beträgt die Mindestkörperschaftssteuer jährlich € 1.000,--, um schließlich auf € 1.750,-- pro Jahr zu steigen.

Kapitel 9
Muster

Checklisten, Verträge, Formulare uvm

9.1 Checkliste Gründung

9.2 Checkliste Gesellschaftsvertrag

9.3 Vorvertrag zu einem GmbH-Gesellschaftsvertrag

9.4 Gesellschaftsvertrag

9.5 Firmenbuchanmeldung der Gesellschaft

9.6 Bestätigung des Kreditinstituts

9.7 Gewerbeanmeldung

9.8 Erklärung betreffend Gewerbeausschlussgründe

9.9 Sacheinlagevertrag (Einbringungsvertrag)

9.10 Geschäftsordnung einer GmbH-Geschäftsführung

9.11 Geschäftsbrief

9.12 Geschäftsführerbestellungsbeschluss

9.13 Anmeldung eines neuen Geschäftsführers

9.14 Musterzeichnungserklärung

9.15 Firmenbucheingabe Prokura

9.16 Kapitalerhöhungsbeschluss

9.17 Umlaufbeschluss

9.18 Abtretungsvertrag

9.19 Firmenbucheingabe Gesellschafterwechsel

9.20 Auflösungsbeschluss

9.21 Firmenbucheingabe Auflösung und Liquidation

9.22 Veröffentlichung Gläubigeraufforderung

9.23 Firmenbucheingabe Erlöschen der Firma

9.24 Antrag auf Eröffnung des Konkursverfahrens

 Das gesamte Musterkapitel 9 steht Ihnen als Download unter www.dbv.at/downloads/ im Menüpunkt „Ergänzungen zu dbv-Werken" zur Verfügung.

9.1 Checkliste Gründung

9.1.1 Wie sieht meine Geschäftsidee aus?

☑ Was biete ich an?
☑ An wen wendet sich meine Leistung? Wer sind meine Kunden?
☑ Welchen besonderen Vorteil/Zusatznutzen zieht mein Kunde aus meiner Leistung?
☑ Ist der Zusatznutzen gleich erkennbar?
☑ Wie unterscheidet sich meine Leistung von den bereits bekannten Angeboten der Mitbewerber?
☑ Wie sieht meine Preispolitik aus?
☑ Wie sieht der Markt aus, auf dem ich meine Leistung anbiete und wie wird er sich wahrscheinlich in Zukunft entwickeln? Wo sind die Chancen, wo die Risiken?
☑ Wie sieht der geeignete Standort im Hinblick auf meine Leistung/meine Kunden aus?
☑ Wer gehört zu meiner Konkurrenz? Wie wird sie auf meinen Markteintritt reagieren?
☑ Wie komme ich an meine Kunden/Lieferanten? Habe ich bereits entsprechende persönliche Kontakte?
☑ Wie erfolgt der Vertrieb meiner Leistung?

9.1.2 Was gebe ich auf, was gewinne ich als Unternehmer?

☑ Komme ich damit zurecht, weniger Freizeit/Urlaub und weniger Zeit für Familie/Privatleben zu haben?
☑ Bin ich bereit, ein höheres finanzielles Risiko einzugehen?
☑ Kann ich mit einer – zumindest anfangs – ungewissen und unregelmäßigen Einkommenssituation leben?
☑ Bin ich einer stärkeren, insbesondere psychischen Belastung im Vergleich zu einem Standarddienstverhältnis gewachsen?
☑ Wiegen die Chance auf ein deutlich höheres Einkommen und die Möglichkeit der selbstständigen Verwirklichung der eigenen Ideen und Visionen die allfälligen Nachteile wirklich für mich auf?

9.1.3 Bin ich eine Gründerpersönlichkeit?

☑ Verfüge ich über angemessene fachliche Kenntnisse hinsichtlich meiner Branche?
☑ Verfüge ich über relevante und nachweisbare Qualifikationen bzw kann ich fachliche Defizite ausgleichen (durch Mitarbeiter, Partner etc)?

- ☑ Habe ich zumindest ein kaufmännisches Grundwissen oder betriebswirtschaftliches Know-how?
- ☑ Sind mir Fragen des Marketings und Vertriebs vertraut?
- ☑ Bin ich fähig, Aufgaben zu delegieren und Mitarbeiter zu führen?
- ☑ Verfüge ich über ausreichend Eigenkapital?
- ☑ Verfüge ich über ein angemessenes finanzielles Polster, um die allenfalls schwierige Anfangszeit durchzustehen?
- ☑ Bin ich dazu fähig, eine längere Durststrecke durchzuhalten und mich finanziell einzuschränken?
- ☑ Ist mein privates Umfeld bereit, diesen Weg zu unterstützen? Kann der/die LebenspartnerIn einen allfälligen Einkommensausfall ausgleichen?
- ☑ Bin ich fähig, mich eigenständig zu motivieren oder brauche ich einen „Chef im Hintergrund"?
- ☑ Habe ich ein realistisches Bild von meinem zukünftigen Unternehmeralltag?
- ☑ Sind meine Ziele realistisch und bin ich von meinem Erfolg überzeugt?
- ☑ Gehe ich gerne auf Menschen zu und verfüge ich über die erforderliche Kundenorientierung?

9.1.4 SWOT-Analyse

Interne und externe Stärken/Schwächen, die aufgrund der Überlegungen herausgearbeitet wurden, können mittels SWOT-Analyse dargestellt werden:

	Persönliche Stärken	**Persönliche Schwächen**
intern	zB gut vernetzt …	zB wenig Eigenkapital …
	Marktchancen	**Marktrisiken**
extern	zB starkes Wachstum …	zB starke Konkurrenz …

9.1.5 Grundsatzüberlegungen konkretisieren

- ☑ Welche beruflichen Berechtigungen sind notwendig?
- ☑ Welche Hauptinvestitionen sind vor dem/beim Start zu tätigen?
- ☑ Wie hoch ist der Kapitalbedarf gesamt (Anlage-/Umlaufvermögen, Betriebskosten, Aufwendungen für den privaten Lebensunterhalt)?
- ☑ Gibt es Förderangebote (Gemeinde, Land, Bund usw)?
- ☑ Verfüge ich über einen guten Kontakt zu meinem Kundenbetreuer bei der Bank und kann die notwendige Finanzierung sichergestellt werden?

- ☑ Welchen konkreten Standort werde ich wählen? Welche Kriterien sind für die Wahl ausschlaggebend (Verkehrsanbindung, Laufkundschaft, Parkplätze usw)? Welche Räumlichkeiten benötige ich? Miete, Leasing oder Kauf?
- ☑ Wie werde ich meine Kunden gewinnen (Mundpropaganda, Postwurfsendungen, Messebesuche, Inserate usw)?
- ☑ Kann ich bereits eine Vorauswahl hinsichtlich künftiger Mitarbeiter treffen?
- ☑ Habe ich schon Kontakt mit möglichen Lieferanten? Kann ich diesbezüglich ein breites Angebot nutzen oder droht Lieferantenabhängigkeit?
- ☑ Wie sichere ich mich gegen Risiken ab bzw sorge ich vor? Wie werde ich meinen persönlichen/geschäftlichen Versicherungsbedarf abdecken?

9.1.6 Gründungsschritte

- ☑ Der konkrete Starttermin wird festgelegt.
- ☑ Die notwendigen Berater werden ausgewählt (Steuerberater, Unternehmensberater, Anwalt etc).
- ☑ Der Businessplan wird unter Zuhilfenahme der ausgewählten Berater erstellt.
- ☑ Förderungsmöglichkeiten werden geprüft, entsprechende Anträge gestellt.
- ☑ Bei Bezirkshauptmannschaft oder Magistrat werden Informationen hinsichtlich allfällig notwendiger Gewerbeanmeldungen (auch elektronisch bei der Wirtschaftskammer möglich) und Betriebsanlagengenehmigungen eingeholt.
- ☑ Finanzierungsgespräche werden geführt, vor Entscheidung werden mehrere Angebote eingeholt.
- ☑ Allenfalls wird ein Vorvertrag über die Gründung der GmbH abgeschlossen.
- ☑ Der Gesellschaftsvertrag wird abgeschlossen bzw die Errichtungserklärung (bei Einmann-Gründung) jeweils in Form eines Notariatsaktes abgegeben.
- ☑ Die Organe – insbesondere Geschäftsführer – werden bestellt.
- ☑ Die Geschäftsführerverträge werden abgeschlossen.
- ☑ Rechnungswesen bzw Buchhaltung werden organisiert.
- ☑ Meldung des allfälligen Gesellschaftergeschäftsführers bei der Sozialversicherungsanstalt der gewerblichen Wirtschaft wird vorgenommen.
- ☑ Ein Bankkonto wird eröffnet und die Einlagen werden wie vereinbart geleistet.
- ☑ Die Bankbestätigung über die Einzahlung der bei der Gründung bar zu leistenden Einlagen wird eingeholt.
- ☑ Die Gesellschaftssteuer in Höhe von 1 Prozent der geleisteten Einlage wird gezahlt, außer es besteht eine Befreiung aufgrund des Neugründungsförderungsgesetzes.
- ☑ Es erfolgt die Anmeldung zum Firmenbuch durch sämtliche Geschäftsführer, die Prüfung durch das Firmenbuchgericht und bei positiver Erledigung die Eintragung in das Firmenbuch sowie die Veröffentlichung der Eintragung in der Wiener Zeitung bzw in der Ediktsdatei.

- ☑ Falls erforderlich wird das Gewerbe angemeldet.
- ☑ Der allenfalls notwendige gewerberechtliche Geschäftsführer wird bei der Gebietskrankenkasse angemeldet.
- ☑ Sofern notwendig wird die Betriebsanlagengenehmigung beantragt.
- ☑ Die notwendigen Investitionen werden getätigt und Verträge abgeschlossen (Mietvertrag, Lieferantenverträge usw).
- ☑ Die als notwendig identifizierten Versicherungen und Vorsorgen werden abgeschlossen.
- ☑ Eventuell bereits notwendige Mitarbeiter werden eingestellt (Dienstverträge abschließen!) und vor Dienstbeginn bei der Gebietskrankenkasse angemeldet.
- ☑ Die Werbemaßnahmen zur Betriebseröffnung werden festgelegt.
- ☑ Der Betrieb wird eröffnet, die Betriebstätigkeit aufgenommen.
- ☑ Meldung beim Finanzamt und Beantragung einer Steuernummer.

9.2 Checkliste Gesellschaftsvertrag

- ☑ Wie lautet die **Firma** (Namens-, Sach- oder gemischte Firma)?
- ☑ Wo liegt der **Sitz** der Gesellschaft?
- ☑ Wie lautet der **Unternehmensgegenstand**?
- ☑ **Stammkapital** von mind. € 35.000,--: Wie ist das Stammkapital unter den Gesellschaftern verteilt? Wie wird es aufgebracht? Sacheinlagen, Bareinlagen, gemischt? Erfolgt die Gründung unter Anwendung des Gründungsprivilegs? (Wenn ja: Es sind keine Sacheinlagen möglich.)
- ☑ Sollen **Nachschüsse** eingefordert werden können?
- ☑ Wird die **Gesellschaft auf unbestimmte Zeit angelegt oder befristet**? Soll ein Gesellschafter die Gesellschaft kündigen können?
- ☑ Stimmt das **Geschäftsjahr** mit dem Kalenderjahr überein?
- ☑ Ist die **Teilung von Geschäftsanteilen** zulässig?
- ☑ Ist die **Übertragung von Geschäftsanteilen** ohne schriftliche Zustimmung der Mitgesellschafter zulässig? Wird diesen ein Vorkaufsrecht eingeräumt?
- ☑ Wird im Fall des **Todes eines Gesellschafters** die GmbH aufgelöst oder mit den Erben fortgesetzt?
- ☑ Besteht ein **Übernahmerecht** der Mitgesellschafter bei Konkurs eines Gesellschafters?
- ☑ Besteht im Fall der Kündigung der Gesellschaft ein/e **Aufgriffsrecht/-pflicht** der übrigen Gesellschafter?
- ☑ Wie viele **Geschäftsführer** soll die Gesellschaft haben? Wie werden ihre Aufgaben verteilt?
- ☑ Wie vertreten die Geschäftsführer die Gesellschaft? Gemeinsam oder einzeln?
- ☑ Wer bestellt **Prokuristen** und beruft sie wieder ab?
- ☑ **Aufsichtsrat:** Muss ein Aufsichtsrat eingerichtet werden oder möchte man auch einfach einen einrichten? Welchen Geschäften muss der Aufsichtsrat zustimmen? Wie sieht dessen Geschäftsordnung aus?
- ☑ **Generalversammlung:** Festlegung einer Geschäftsordnung, der Aufgaben der Generalversammlung, hinsichtlich der Einberufung (auch durch eine Minderheit), der Tagesordnung, der Vertretung in der Generalversammlung, dem Vorsitz, der Beschlussfähigkeit, dem Stimmrecht, den Abstimmungen und notwendigen Mehrheiten, der Protokollierung und der Anfechtung von Beschlüssen.
- ☑ Festlegung der **Rechte und Pflichten der Gesellschafter** hinsichtlich Gewinnverwendung, Gewinnverteilung, Minderheits-, Herrschafts- und Informationsrechten sowie hinsichtlich der **Gründungskosten**.

9.3 Vorvertrag zu einem GmbH-Gesellschaftsvertrag

NOTARIATSAKT

Vor mir, Dr. Peter Rechtsfreund, öffentlicher Notar mit Amtssitz in Graz und der Amtskanzlei in 8020 Graz, Kanzleistraße 11a, sind heute in Graz erschienen

1. Georg Mann, geboren am 1.4.1980, Unternehmer, 8010 Graz, Musterstraße 3
2. Christoph Muster, geboren am 3.3.1979, Angestellter, 8010 Graz, Beispielweg 56

und haben errichtet und zu Akt gegeben nachstehenden

VORVERTRAG

§ 1. Vertragsgegenstand

Die Vertragsparteien kommen überein, innerhalb von einem Monat ab Abschluss dieses Vertrages, einen Notariatsakt über die Errichtung einer Gesellschaft mit beschränkter Haftung zu errichten, für den die folgenden Grundsätze zu gelten haben.

§ 2. Bestimmungen des Gesellschaftsvertrages

Die Bestimmungen des abzuschließenden Gesellschaftsvertrages sind insbesondere Folgende:

a) Firma: Full-Throttle-Start-Up-Consulting GmbH
b) Sitz: Graz
c) Unternehmensgegenstand:
   - Unternehmens- und Existenzgründungsberatung,
   - Entwicklung von Businessplänen und Vermarktungsstrategien sowie ähnlichen Dienstleistungen,
   - Veranstaltung und die Abhaltung von Seminaren und Schulungen sowie
   - Erwerb, Besitz, Verwaltung und Beteiligung an anderen Unternehmen der gleichen oder ähnlichen Art
d) Stammkapital: € 35.000,-- zur Gänze einbezahlt
e) Aufteilung des Stammkapitals:
   - Christoph Muster: Einlage iHv € 22.750,-- (65%)
   - Georg Mann: Einlage iHv € 12.250,-- (35%)

f) Geschäftsführung: Georg Mann
g) Der Geschäftsführer ist im Gesellschaftsvertrag – längstens auf die Dauer seiner Zugehörigkeit – zum vertretungsbefugten Organ der Gesellschaft zu bestellen. Der Widerruf seiner Bestellung ist nur aus wichtigen Gründen zulässig.
h) Geschäftsjahr: 1. Jänner bis 31. Dezember
i) Verfügung über Geschäftsanteile: Eine Abtretung bedarf der Zustimmung aller anderen Gesellschafter.
j) Verwendung des Jahresergebnisses: Über die Verwendung des Jahresergebnisses entscheidet die Generalversammlung mit einfacher Mehrheit.
k) Dauer der Gesellschaft: Die Gesellschaft wird auf unbestimmte Zeit errichtet.
l) Kündigung: Georg Mann kann die Gesellschaft unter Einhaltung einer einjährigen Frist ohne Angabe eines Grundes kündigen.
m) Gründungskosten: Diese gehen bis zu einem Höchstbetrag von € 15.000,-- zu Lasten der Gesellschaft.

§ 3. Kosten

1. Die Kosten der Errichtung dieses Vorvertrages zu einem Gesellschaftsvertrag stellen Gründungskosten der Gesellschaft dar.
2. Unterbleibt die Gründung der Gesellschaft, dann hat jede der Parteien die Hälfte dieser Kosten zu tragen.

Graz, am

Unterschrift Vertragsparteien   Unterschrift Notar

9.4 Gesellschaftsvertrag

Nach reiflicher Überlegung haben sich Christoph und Georg für die Gründung einer GmbH entschieden und erarbeiten nun – nachdem sie über die Grundzüge des GmbH-Rechts Bescheid wissen – den Gesellschaftsvertrag. Dieser ist in weiterer Folge in Form eines Notariatsaktes durch den Notar zu beurkunden (*siehe Tz 3.1.2*).

Folgende Eckpunkte soll der Vertrag für sie – insbesondere aufgrund der Verteilung der Einlagen und Geschäftsanteile – unbedingt beinhalten:

Firma: Full-Throttle-Start-Up-Consulting GmbH;

Unternehmensgegenstand: Unternehmens- und Existenzgründungsberatung;

Stammkapital: € 35.000,--, wobei Christoph über eine Einlage iHv € 22.750,-- (65%) und Georg über eine Einlage iHv € 12.250,-- (35%) verfügen soll;

Alternative: Christoph (Anteil: 65%) und Georg (Anteil: 35%) nutzen das Gründungsprivileg aus.

Erhöhte Mehrheitserfordernisse in der Generalversammlung zum Schutz des Minderheitsgesellschafters Georg;

Georg wird bereits im Vertrag zum Geschäftsführer bestellt, wobei die Abberufung auf wichtige Gründe beschränkt wird. Er wird im Rahmen von betriebsgewöhnlichen Geschäften weisungsfrei gestellt.

Georg kann die Gesellschaft kündigen, Christoph muss für diesen Fall die Anteile übernehmen.

GESELLSCHAFTSVERTRAG

§ 1. Firma und Sitz

1. Die Firma der Gesellschaft lautet „Full-Throttle-Start-Up-Consulting GmbH".
2. Sie hat ihren Sitz in Graz.

Anmerkung: *Zu Firma, Sitz, Gegenstand des Unternehmens und Stammkapital siehe Tz 3.1.2.*

§ 2. Gegenstand

1. Gegenstand des Unternehmens sind
   - die Unternehmens- und Existenzgründungsberatung,
   - die Entwicklung von Businessplänen und Vermarktungsstrategien sowie ähnlichen Dienstleistungen,
   - die Veranstaltung und die Abhaltung von Seminaren und Schulungen sowie

- der Erwerb, der Besitz, die Verwaltung und die Beteiligung an anderen Unternehmen der gleichen oder ähnlichen Art.
2. Über den Umfang von Abs 1 hinaus ist die Gesellschaft dazu berechtigt, sämtliche Handlungen, Geschäfte und Maßnahmen zu setzen bzw zu tätigen, die der Erreichung des Gesellschaftszwecks dienen. Dies beinhaltet insbesondere die Errichtung und den Betrieb von Zweigniederlassungen und Betriebsstätten sowohl im Inland als auch im Ausland.

§ 3. Stammkapital, Geschäftsanteile und Gesellschafter

1. Das Stammkapital beträgt € 35.000,--.
2. Die Gesellschaftsanteile eines jeden Gesellschafters bestimmen sich nach der Höhe der von ihm übernommenen Stammeinlagen.
3. Die Stammeinlagen werden von den Gesellschaftern wie folgt übernommen und einbezahlt:
   - Der Gesellschafter Christoph übernimmt eine Stammeinlage von € 22.750,--, die vollumfänglich bar zu bezahlen ist. Die Stammeinlage ist in der Höhe von € 17.500,-- vor der Anmeldung der Gesellschaft zur Eintragung in das Firmenbuch einzuzahlen.
   - Der Gesellschafter Georg übernimmt eine Stammeinlage von € 12.250,--, die durch Sacheinlagen aufgebracht wird. Eingelegt werden folgende Gegenstände:
     ▸ Kraftfahrzeug der Marke X, Typ Y, Fahrgestellnummer Z, Erstzulassung am 5.10.2010, im Wert von € 8.500,--
     ▸ etc.
4. Weitere Einzahlungen haben nach entsprechenden Gesellschafterbeschlüssen zu erfolgen.

alternativ:

1. Die Stammeinlagen werden von den Gesellschaftern wie folgt übernommen:
Der Gesellschafter Christoph übernimmt eine Stammeinlage von € 21.000,--.
Der Gesellschafter Georg übernimmt eine Stammeinlage von € 14.000,--.
2. Hinsichtlich der Gründung der vertragsgegenständlichen Gesellschaft mit beschränkter Haftung wird die Gründungsprivilegierung gem § 10b GmbHG in Anspruch genommen.
   - Der Gesellschafter Christoph übernimmt eine gründungsprivilegierte Stammeinlage von € 6.500,--.
   - Der Gesellschafter Georg übernimmt eine gründungsprivilegierte Stammeinlage von € 3.500,--.
   Die gründungsprivilegierten Stammeinlagen sind vollumfänglich bar vor der Anmeldung der Gesellschaft zur Eintragung in das Firmenbuch einzuzahlen.

3. Die Resteinzahlung der übernommenen Stammeinlagen auf das Stammkapital ist nach schriftlicher Aufforderung durch die Geschäftsführung innerhalb von 14 Tagen vollumfänglich in bar durch die Gesellschafter vorzunehmen, wenn
   - eine entsprechende Ermächtigung auf Basis eines Gesellschafterbeschlusses vorliegt, oder
   - 90 Tage vor Auslaufen der Gründungsprivilegierung, sofern die Resteinzahlung bis dahin nicht erfolgt ist, oder
   - es sonst zwingend, insbesondere im GmbHG, vorgesehen ist.

§ 4. Nachschüsse

1. Wurden sämtliche Stammeinlagen zur Gänze einbezahlt, können einmal pro Geschäftsjahr weitere Einzahlungen (Nachschüsse) von der Generalversammlung beschlossen werden. Für diesen Beschluss ist eine Mehrheit von Dreiviertel der abgegebenen Stimmen erforderlich.
2. Nachschüsse sind binnen 8 Wochen ab Beschlussfassung einzubezahlen.
3. Die Höhe der Nachschüsse ist auf insgesamt 50% der Stammeinlagen beschränkt; die Gesellschafter haben Nachschüsse nach der Höhe ihrer Stammeinlage zu leisten.

Anmerkung: *Zum Thema Nachschüsse siehe Tz 5.3.2.*

§ 5. Übertragung und Teilung von Geschäftsanteilen

1. Die Geschäftsanteile sind teilbar, übertragbar und vererblich. Im Fall der Teilung hat ein jeder Teil auf mindestens € 100,-- zu lauten. Eine Teilung bedarf der Zustimmung aller Gesellschafter.
2. Der Gesellschafter Georg darf eine Übertragung unter Lebenden oder die Verpfändung seines Geschäftsanteils nur mit schriftlicher Zustimmung des Gesellschafters Christoph vornehmen. Andernfalls hat die Übertragung oder Verpfändung zu unterbleiben.

Anmerkung: *Zum Thema Übertragung von Anteilen und deren Teilung siehe Tz 6.4.*

§ 6. Dauer, Geschäftsjahr, Kündigungsrecht und Aufgriffspflicht

1. Die Gesellschaft ist auf unbestimmte Dauer errichtet.
2. Das erste Geschäftsjahr beginnt mit der Eintragung in das Firmenbuch. Es endet am darauffolgenden 31. Dezember desselben Jahres. Alle folgenden Geschäftsjahre entsprechen dem Kalenderjahr.
3. Der Gesellschafter Georg ist berechtigt, die Gesellschaft durch eingeschriebenen Brief an den Mitgesellschafter Christoph und an den oder die Geschäftsführer unter Einhaltung einer einjährigen Kündigungsfrist zum Ende eines je-

den Kalenderjahres zu kündigen. Die Kündigung ist erstmals zum 31. Dezember 2015 zulässig. Die Geschäftsführung ist verpflichtet, unverzüglich alle anderen Gesellschafter nachweislich von der Kündigung zu verständigen.

4. Der Gesellschafter Christoph ist verpflichtet, den Geschäftsanteil des Gesellschafters Georg bis zum Eintritt des Kündigungstermins zu übernehmen. Der diesbezügliche Kaufpreis entspricht dem Buchwert des betroffenen Geschäftsanteils. Kommt es zwischen den Gesellschaftern Christoph und Georg innerhalb von sechs Monaten ab Zugang der Kündigungserklärung zu keinem Konsens über die Höhe des Kaufpreises, kann jeder von beiden die bindende Festlegung des Kaufpreises durch einen Wirtschaftstreuhänder verlangen. Einigen sie sich nicht binnen eines weiteren Monats ab Absendung des Verlangens auf einen Wirtschaftstreuhänder, so ist dieser vom Präsidenten der Kammer der Wirtschaftstreuhänder, Graz, zu bestellen. Die Kosten des Festsetzungsverfahrens tragen sie dann je zur Hälfte. Im Falle eines negativen Unternehmenswertes ist der Gesellschafter Georg verpflichtet, dem Gesellschafter Christoph eine Ausgleichszahlung in der Höhe des anteiligen negativen Unternehmenswertes gemäß seiner Stammeinlage bis zum Eintritt des Kündigungstermins zu leisten. Es kommt das beschriebene Verfahren sinngemäß zur Anwendung.

Anmerkung: *Zum Thema Kündigungsrecht und Aufgriffspflicht siehe Tz 6.4.2 und 7.2.4.*

§ 7. Auflösung und Liquidation

1. Die Gesellschaft wird aufgelöst:
   - durch Gesellschafterbeschluss, der einer Mehrheit von 90% der in der Generalversammlung abgegebenen Stimmen bedarf;
   - durch Kündigung, wenn der Geschäftsanteil des kündigenden Gesellschafters nicht vollständig aufgegriffen wird.
2. Im Fall des Todes eines Gesellschafters wird die Gesellschaft nicht aufgelöst.
3. Zur Durchführung der Liquidation sind die Geschäftsführer berufen, sofern durch die Generalversammlung nicht andere Personen als Abwickler bestellt werden.
4. Im Falle der Abwicklung der Gesellschaft ist jeder Liquidator alleine zur Vertretung der Gesellschaft berechtigt.
5. Das nach Erfüllung der Gläubiger verbleibende Vermögen der Gesellschaft ist im Verhältnis der übernommenen Stammeinlagen der Gesellschafter an diese zu verteilen.

Anmerkung: *Zum Thema Liquidation und Beendigung siehe Kapitel 7.*

§ 8. Organe

Die Gesellschaft verfügt über folgende Organe:

- Geschäftsführung
- Generalversammlung

§ 9. Geschäftsführer, Vertretung der Gesellschaft

1. Die Gesellschaft hat einen oder mehrere Geschäftsführer.
2. Der Gesellschafter Georg wird zum Geschäftsführer bestellt. Im Rahmen des betriebsgewöhnlichen Geschehens ist er weisungsfrei gestellt. Seine Abberufung bedarf eines wichtigen Grundes.
3. Sind mehrere Geschäftsführer bestellt, richtet sich deren Vertretungsbefugnis nach dem Bestellungsbeschluss oder einer sonstigen durch die Generalversammlung beschlossenen Regelung.
4. Die Bestellung von Einzelprokuristen ist unzulässig.
5. Den Geschäftsführern obliegt die gerichtliche und außergerichtliche Vertretung und wirtschaftliche Leitung der Gesellschaft nach den gesetzlichen Vorschriften, dem Gesellschaftsvertrag und den Beschlüssen der Generalversammlung.
6. Die Geschäftsführer sind der Gesellschaft gegenüber verpflichtet, bei ihrer Geschäftsführung die Sorgfalt eines ordentlichen Geschäftsmannes anzuwenden.
7. Vor der Vornahme wichtiger Maßnahmen und Geschäfte, die über betriebsgewöhnliche Geschehen und das von der Generalversammlung über das jeweilige Geschäftsjahr beschlossene Budget hinausgehen, bedarf es der Zustimmung der Generalversammlung.

Anmerkung: *Zum Thema Geschäftsführung und Vertretung siehe Tz 4.1.5 und 4.1.6, zum Thema Prokura siehe Tz 4.2.1.*

§ 10. Generalversammlung

1. Die nach dem Gesetz oder dem gegenständlichen Gesellschaftsvertrag den Gesellschaftern vorbehaltenen Beschlüsse werden in der Generalversammlung gefasst.
2. Die ordentliche Generalversammlung hat einmal jährlich – innerhalb von sechs Monaten nach Ablauf des Wirtschaftsjahres – stattzufinden; der in dieser Generalversammlung allenfalls zu genehmigende Jahresabschluss ist binnen fünf Monaten nach Ablauf des Wirtschafsjahres zu erstellen.
3. Außerordentliche Generalversammlungen sind einzuberufen, so oft es das Interesse der Gesellschaft erfordert.
4. Sämtliche Beschlüsse der Gesellschafter werden in Versammlungen gefasst.
5. Außerhalb von Versammlungen können sie, soweit nicht zwingendes Recht eine andere Form vorschreibt, durch schriftliche Abstimmung gefasst werden,

wenn sich jeder Gesellschafter an der Abstimmung beteiligt und keiner der Art der Beschlussfassung widerspricht.
6. Die Einberufung der Generalversammlung erfolgt durch die Geschäftsführung oder einen Gesellschafter.
7. Die Einberufung hat durch eingeschriebenen Brief an jeden einzelnen Gesellschafter unter seiner zuletzt bekannten Anschrift, mit einer Frist von zumindest zwei Wochen, unter Mitteilung der Tagesordnung zu erfolgen. Der Tag der Postaufgabe des Einberufungsbescheides sowie der Tag der Versammlung sind in diese Frist nicht einzurechnen.
8. Die Beschlussfähigkeit der Generalversammlung ist erst dann gegeben, wenn mindestens 3/4 (75%) des Stammkapitals vertreten sind.
9. Je € 10,-- einer übernommenen Stammeinlage entsprechen einer Stimme, wobei Bruchteile unter € 10,-- unberücksichtigt bleiben. Jedem Gesellschafter steht jedoch mindestens eine Stimme zu.
10. Jede Generalversammlung ist durch die Geschäftsführung zu protokollieren.
11. Einer Mehrheit von 2/3 der in der Generalversammlung abgegebenen Stimmen bedürfen:
    - die Entlastung der Geschäftsführer
    - die Genehmigung des Jahresabschlusses
    - Änderungen des Gesellschaftsvertrages
    - die Bestellung und Abberufung von Fremdgeschäftsführern
    - die Entscheidung über die Aufwendungen für das Gehalt eines Geschäftsführers
    - die Erteilung und der Widerruf von Prokuren oder Handlungsvollmachten
    - die Entscheidung über die Vertretungsbefugnis von Geschäftsführern

Anmerkung: *Zum Thema Generalversammlung siehe Tz 4.3.*

§ 11. Gründungskosten

Für die Gründungskosten wird ein Höchstbetrag von € 15.000,-- festgesetzt. Sie müssen ihrem tatsächlichen Betrag nach als Ausgabe in die erste Jahresabrechnung eingestellt werden.

Anmerkung: *Zum Thema Gründungskosten siehe Tz 3.1.2.8.*

§ 12. Salvatorische Klausel, Recht, Gerichtsstand

1. Sollten einzelne Bestimmungen dieses Vertrages unwirksam sein oder werden, so wird dadurch die Gültigkeit des Vertrages nicht berührt. Die Gesellschafter verpflichten sich, diese Bestimmungen dann durch zulässige zu ersetzen, die dem wirtschaftlichen Zweck der ungültigen Bestimmungen am nächsten kommen.

2. Für diesen Vertrag gilt ausschließlich österreichisches Recht. Erfüllungsort ist der Sitz der Gesellschaft. Für sämtliche Streitigkeiten aus diesem Vertrag sowie über sein Zustandekommen ist das sachlich zuständige Gericht in Graz ausdrücklich vereinbarter Gerichtsstand.

Graz, am

Unterschrift Vertragsparteien   Unterschrift Notar

9.5 Firmenbuchanmeldung der Gesellschaft

Anmerkung: *Zum Thema Anmeldung der Gesellschaft siehe Tz 3.2.*

An das
Landesgericht für Zivilrechtssachen Graz
– als Firmenbuchgericht –
Marburger Kai 49
8010 Graz

Einschreiter:
1. Georg Mann, geboren am 1.4.1980,
   8010 Graz, Musterstraße 3

2. Nora Notum, geboren am 24.12.1975,
   8045 Graz, Gaiusweg 126a

als Geschäftsführer der neu gegründeten **Full-Throttle-Start-Up-Consulting-GmbH** mit der Geschäftsanschrift 8020 Graz, Aulus Ageriusstraße 5

vertreten durch:
Dr. Lex Imperfecta, Rechtsanwalt
8010 Graz, Anwaltsgasse 4a

(Vollmacht erteilt, auch zum Empfang von Zustellungen und Geld)

ANTRAG

**auf Eintragung der Full-Throttle-Start-Up-Consulting-GmbH
in das Firmenbuch**

1-fach

Beilagen (1-fach):

./A Gesellschaftsvertrag in notarieller Ausfertigung

./B Gesellschafterbeschluss über die Geschäftsführerbestellung

./C Musterzeichnungserklärung

./D Selbstberechnungserklärung nach § 10a KVG

./E Bestätigung des Kreditinstituts nach § 10 Abs 3 GmbHG

Die Full-Throttle-Start-Up-Consulting-GmbH wurde mit notariell beglaubigtem Gesellschaftsvertrag vom 1.9.2011 mit dem Sitz in Graz gegründet. Durch den Gesellschaftsvertrag wurden Georg Mann und durch Gesellschafterbeschluss vom 1.9.2011 Nora Notum zu Geschäftsführern bestellt.

Als Geschäftsführer erklären wir, dass die in barem Geld zu leistenden Stammeinlagen in dem eingeforderten Betrag sowie sämtliche Vermögensgegenstände, die nicht bar auf die Stammeinlage zu leisten waren, zu unserer freien Verfügung stehen und wir in dieser Verfügung über den eingezahlten Betrag und die eingelegten Vermögensgegenstände nicht, insbesondere nicht durch Gegenforderungen, beschränkt sind.

Als gemeinsam vertretungsbefugte Geschäftsführer der Full-Throttle-Start-Up-Consulting-GmbH stellen wir unter Vorlage der genannten Urkunden den

ANTRAG

das Landesgericht für Zivilrechtssachen Graz möge folgenden Beschluss fassen und folgende Eintragung vornehmen:

BESCHLUSS

In der Firmenbuchsache mit der Firmenbuchnummer FN 123456a

Full-Throttle-Start-Up-Consulting-GmbH
Aulus Ageriusstraße 5
8020 Graz
Sitz in der politischen Gemeinde Graz

werden die nachstehenden Eintragungen mit der Eintragungsnummer bewilligt:

Firma:	Full-Throttle-Start-Up-Consulting-GmbH
Rechtsform:	Gesellschaft mit beschränkter Haftung
Sitz:	in politischer Gemeinde Graz
Geschäftsanschrift:	8020 Graz, Aulus Ageriusstraße 5
Abschluss des Gesellschaftsvertrages:	1.9.2011
Geschäftszweig:	Unternehmensberatung
Kapital:	EUR 35.000,--
Stichtag für den Jahresabschluss:	31. Dezember

Vertretungsbefugnis:	Die Gesellschaft wird, wenn mehrere Geschäftsführer bestellt sind, durch zwei Geschäftsführer gemeinsam oder durch einen von ihnen gemeinsam mit einem Prokuristen vertreten.
	Die Generalversammlung kann, auch wenn mehrere Geschäftsführer bestellt sind, einzelnen von ihnen selbstständige Vertretungsbefugnis erteilen.
Geschäftsführer:	Georg Mann, geboren am 1.4.1980, 8010 Graz, Musterstraße 3
	Nora Notum, geboren am 24.12.1975, 8045 Graz, Gaiusweg 126a
Gesellschafter:	Christoph Muster, geboren am 3.3.1979, Stammeinlage: EUR 22.750,-- hierauf geleistet: EUR 17.500,--
	Georg Mann, geboren am 1.4.1980, Stammeinlage: EUR .12.250,-- hierauf geleistet: EUR 12.250,--
Personen:	Georg Mann, geboren am 1.4.1980, 8010 Graz, Musterstraße 3
	Christoph Muster, geboren am 3.3.1979, 8010 Graz, Beispielweg 56
	Nora Notum, geboren am 24.12.1975, 8045 Graz, Gaiusweg 126a

Graz, am

(notariell) beglaubigte Unterschriften sämtlicher Geschäftsführer

9.6 Bestätigung des Kreditinstituts

BESTÄTIGUNG

zur Vorlage beim Landesgericht für Zivilrechtssachen Graz als Firmenbuchgericht

Wir bestätigen hiermit zur Vorlage beim Landesgericht für Zivilrechtssachen Graz als Firmenbuchgericht, dass anlässlich der Gründung der

Full-Throttle-Start-Up-Consulting-GmbH

mit dem Sitz in Graz und der Geschäftsanschrift Aulus Ageriusstraße 5, 8020 Graz, der Betrag in der Höhe von

**€ 35.000,00
(in Worten: Euro fünfunddreißigtausend)**

auf dem bei unserem Institut geführten Konto mit der Nr. .... bzw Kapitaleinzahlungskonto, gutgeschrieben wurde, welcher zur freien Verfügung der Geschäftsführung steht.

Die Geschäftsführung ist in der Verfügung über den eingezahlten Betrag nicht, namentlich nicht durch Gegenforderungen, beschränkt. Der auf dem genannten Kapitaleinzahlungskonto befindliche Betrag bleibt bis zum Nachweis der Anmeldung der Gründung der Muster GmbH beim Firmenbuchgericht auf dem Konto gesperrt.

9.7 Gewerbeanmeldung

Gewerbeanmeldung
einer juristischen Person/Personengesellschaft
des Handelsrecht

Schmiedgasse 26 | 8011 Graz
Tel.: +43 316 872-5202 | Fax: -5209
E-Mail.: gewerbe@stadt.graz.at

Hinweis: Bitte füllen Sie alle Felder korrekt aus. Die mit einem ★ gekennzeichneten Felder sind verpflichtend auszufüllen. Für alle Datumseingaben gilt das Format „TT.MM.JJJJ".

Sie können das Formular direkt am Bildschirm ausfüllen, und ausdrucken. Das fertig ausgefüllte Formular übermitteln Sie bitte an die oben angeführte Kontaktadresse.

Informationen zu den vorzulegenden Unterlagen finden Sie auf Seite 2   >> Informationen

1. Anmeldung eines Gewerbes
- Mit Wirkung von ★
- Standort des Betriebes ★

2. Gewerbeinhaber/in ★

3. Angaben zur Person des Geschäftsführers (gewerberechtlich)
- Familienname ★
- Vorname ★
- Versicherungs- Nr. ★
- Geschlecht ★ ○ m   ○ w
- Geboren am ★
- Geburtsort
- Staatsbürgerschaft
- Adresse ★
- Haus-Nr. ★
- Ort ★
- PLZ ★
- Telefon ★
- Fax
- E-Mail

4. Genaue Bezeichnung des Gewerbes ★

5. Datum und Unterschrift
- Ort
- Datum
- Unterschrift

Alle Eingaben löschen   Anmeldung drucken

Seite 1 von 2

Gewerbeanmeldung
**einer juristischen Person/
Personengesellschaft des Handelsrecht**

BürgerInnenamt
Schmiedgasse 26, A-8011 Graz
Telefon: (0316) 872-5202, Fax: -5209
E-Mail: gewerbe@stadt.graz.at

Vorzulegende Unterlagen:

- **Titelnachweis**
- **Befähigungsnachweis oder Nachsichts-/EWR -Anerkennungsbescheid** (bei freien Gewerben nicht erforderlich)
- **Erklärung** über das Nichtvorliegen von Gewerbeausschließungsgründen
- **Firmenbuchauszug** (nicht älter als 6 Monate)

<< Zurück zur Anmeldung

9.8 Erklärung betreffend Gewerbeausschlussgründe

Erklärung
betreffend Gewerbeausschlussgründe
des/der bestellten gewerberechtlichen
Geschäftsführers/in (Dienstnehmers/in)

Schmiedgasse 26 | 8011 Graz
Tel.: +43 316 872-5202 | Fax: -5209
E-Mail.: gewerbe@stadt.graz.at

Hinweis: Für alle Datumseingaben gilt das Format „TT.MM.JJJJ".

Sie können das Formular direkt am Bildschirm ausfüllen und ausdrucken. Das fertig ausgefüllte Formular übermitteln Sie bitte an die oben angeführte Kontaktadresse.

1. Angaben zur Erklärung

Ich bin während der letzten fünf Jahre nicht wegen der Finanzvergehen des Schmuggels, der Hinterziehung von Eingangs- und Ausgangsabgaben, der Abgabenhehlerei nach § 37 Abs. 1 lit. a des Finanzstrafgesetzes, BGBl.Nr. 129/1958, in der jeweils geltenden Fassung, der Hinterziehung von Monopoleinnahmen, des vorsätzlichen Eingriffes in ein staatliches Monopolrecht oder der Monopolhehlerei nach § 46 Abs. 1 lit. a des Finanzstrafgesetzes von einer Finanzstrafbehörde bestraft worden. Ich bin während der letzten fünf Jahre wegen vergleichbarer Finanzstrafvergehen auch nicht im Ausland bestraft worden.

Durch das Urteil eines Gerichtes bin ich noch nicht eines Gewerbes verlustig geworden.

Mir ist keine Gewerbeberechtigung deswegen entzogen worden, weil ich die für die Ausübung des Gewerbes erforderliche Zuverlässigkeit verloren habe (§ 87 Abs. 1 Z. 3 GewO. 1994) oder weil ich wegen Beihilfe zur unbefugten Gewerbeausübung bestraft worden bin (§ 87 Abs. 1 Z. 4 GewO. 1994). Weiters ist hinsichtlich meiner Person kein Widerruf gemäß § 91 Abs. 1 GewO. 1994 meiner Bestellung zum Geschäftsführer oder Filialgeschäftsführer wegen Zutreffens der im § 87 Abs. 1 Z. 3 oder 4 GewO. 1994 angeführten Voraussetzungen erfolgt.

Ich nehme zur Kenntnis, dass wahrheitswidrige Angaben zur Nichtigerklärung der Gewerbeberechtigung führen können (§ 363 Abs. 1 Z. 3 GewO. 1994).

Ich stimme der Erteilung der Anordnungsbefugnis und meiner Bestellung zum/zur gewerberechtlichen Geschäftsführer/in zu.

2. Datum und Unterschrift

Ort _____ Datum _____ Unterschrift _____

Alle Eingaben löschen | Erklärung drucken

9.9 Sacheinlagevertrag (Einbringungsvertrag)

Anmerkung: *Zum Thema Einlagen siehe Tz 3.1.2.4.*

EINBRINGUNGSVERTRAG

Vor mir, Dr. Peter Rechtsfreund, öffentlicher Notar mit Amtssitz in Graz und der Amtskanzlei in 8020 Graz, Kanzleistraße 11a, sind heute in Graz erschienen

1. **Barbara Exekjutiv**, geboren am 6.6.1980, Musterstraße 99, 8020 Graz, als alleinvertretungsbefugter Geschäftsführer der Durchblickfenster GmbH
2. **Sandra Vorstand**, geboren am 10.10.1977, Musterstraße 15, 8010 Graz, als alleinvertretungsbefugter Geschäftsführer der Klarglas Fensterglaserzeugungs GmbH in Gründung,

und haben errichtet und zu Akt gegeben nachstehenden

SACHEINLAGEVERTRAG

§ 1. Gegenstand

Die Durchblickfenster GmbH bringt hiermit den Geschäftsanteil im Nennbetrag von € 35.000,-- an der Bruchsicherglas GmbH mit allen Rechten und Pflichten in die neu gegründete Klarglas Fensterglaserzeugungs GmbH ein.

§ 2. Einbringung

1. Der eingebrachte Geschäftsanteil entspricht einer Beteiligung von 80% am Stammkapital der Klarglas Fensterglaserzeugungs GmbH.
2. Die Einbringung erfolgt gem Art III UmgrStG mit Wirkung zum 1.4.2012 als Einbringungsstichtag.
3. Mit Ablauf des Einbringungsstichtages gehen alle mit dem Geschäftsanteil verbundenen Rechte und Pflichten auf die Klarglas Fensterglaserzeugungs GmbH über.

§ 3. Wert

1. Der Geschäftsanteil wird von der Klarglas Fensterglaserzeugungs GmbH zu einem Einbringungswert in Höhe von € 100.000,-- übernommen.
2. Die Durchblick Fenster GmbH erhält dafür einen Geschäftsanteil an der Klarglas Fensterglaserzeugungs GmbH zu einem Nennwert von € 100.000,--.

§ 4. Abtretung

1. Die Durchblick Fenster GmbH tritt den vertragsgegenständlichen Geschäftsanteil an der Bruchsicherglas GmbH an die Klarglas Fensterglaserzeugungs GmbH mit schuldrechtlicher Wirkung zum Einbringungsstichtag gemäß § 2 ab.
2. Die Klarglas Fensterglaserzeugungs GmbH übernimmt den vertragsgegenständlichen Geschäftsanteil an der Bruchsicherglas GmbH.

§ 5. Schlussbestimmungen

1. Die Durchblick Fenster GmbH haftet für Rechts- und Sachmängel gemäß den geltenden gesetzlichen Vorschriften.
2. Der gegenständliche Vertrag ist im Zweifel mit dem Ziel zu interpretieren, dass die steuerlichen Voraussetzungen gemäß UmgrStG erfüllt werden.
3. Die Vertragsparteien werden die Geschäftsführung der Bruchsicherglas GmbH ohne schuldhaftes Zögern von der Übertragung verständigen.
4. Die Durchblick Fenster GmbH erklärt hiermit ausdrücklich ihre Zustimmung zur Teilnahme der Klarglas Fensterglaserzeugungs GmbH an allfälligen Generalversammlungen der Bruchsicherglas GmbH und entsprechenden Stimmrechtsausübung auch vor ihrer Eintragung als Gesellschafterin im Firmenbuch.
5. Sämtliche aus der Errichtung dieses Vertrags resultierenden Kosten trägt die Klarglas Fensterglaserzeugungs GmbH in Gründung.

Graz, am

Unterschriften der Geschäftsführer

Unterschrift des Notars

9.10 Geschäftsordnung einer GmbH-Geschäftsführung

Anmerkung: *Zum Thema Geschäftsordnung der Geschäftsführung siehe Tz 4.1.5.*

GESCHÄFTSORDNUNG

§ 1. Anzahl der Geschäftsführer und Vertretungsbefugnis

1. Die GmbH verfügt über zwei Geschäftsführer.
2. Die GmbH wird durch die zwei Geschäftsführer gemeinsam oder je einen Geschäftsführer gemeinsam mit einem Prokuristen vertreten.

§ 2. Aufgaben der Geschäftsführung

1. Die Geschäftsführung führt die laufenden Geschäfte der GmbH in eigener Verantwortung auf Basis
   - der einschlägigen gesetzlichen Bestimmungen
   - des Gesellschaftsvertrags
   - dieser Geschäftsordnung und
   - allfälliger Beschlüsse und Weisungen der Gesellschafter.

2. Diesbezüglich obliegen ihnen insbesondere:
   - die Führung der erforderlichen Geschäftsbücher, die Aufstellung eines jährlichen Rechnungsabschlusses, der Bilanz sowie die Erstellung der Vorschläge über die Gewinnverteilung;
   - Veranlassung der durch das Gesetz vorgeschriebenen Anmeldungen zum Firmenbuch und die Führung des Anteils- und des Protokollbuches;
   - Vorbereitung und Einberufung der Generalversammlung, insbesondere die Abfassung der entsprechenden Tagesordnungen und Berichte an die Generalversammlung;
   - Ausführung von Generalversammlungsbeschlüssen.

3. Die Geschäftsführer sind auf Verlangen eines Gesellschafters verpflichtet, an Sitzungen der Generalversammlung teilzunehmen. Sie verfügen dort über kein Stimmrecht.

4. Die Geschäftsführung ist in ihrer Gesamtheit für die Leitung der GmbH verantwortlich. Durch die Geschäftsverteilung werden die Geschäftsführer nicht von der gemeinsamen Verantwortung für die gesamte Geschäftsführung befreit.

5. Die Geschäftsführer trifft die Pflicht, einander unabhängig von der Geschäftsverteilung wechselseitig zu unterstützen. Hierbei haben sie sich insbesondere über alle relevanten Vorkommnisse hinsichtlich der GmbH zu unterrichten. Jeder Geschäftsführer hat das Recht, in sämtliche Unterlagen der Gesellschaft Einsicht zu nehmen. Dieses Recht besteht unabhängig davon, ob sie sein Ressort betreffen oder nicht.

§ 3. Geschäftsverteilung

1. Die Geschäftsbereiche werden auf die Geschäftsführer der GmbH entsprechend der Ressortverteilung verteilt. Die Gesamtverantwortlichkeit der Geschäftsführung wird durch diese Ressortverteilung nicht berührt.
2. Die Ressorts werden wie folgt verteilt:
   a) <u>Geschäftsführer A:</u>
      - Controlling
      - Finanzielles Rechnungswesen
      - Personal
      - Administration
      - Organisation
      - IT
      - [usw]
   b) <u>Geschäftsführer B:</u>
      - Einkauf
      - Verkauf
      - Produktion
      - Marketing
      - Öffentlichkeitsarbeit
      - [usw]
3. Meinungsverschiedenheiten über die Ressortzugehörigkeit von Angelegenheiten entscheidet die Generalversammlung.
4. Die Geschäftsführer sind nur im Rahmen ihres jeweiligen Ressorts zur Erteilung von Weisungen berechtigt.

§ 4. Beschlüsse der Gesamtgeschäftsführung

1. Sämtliche wichtigen Entscheidungen, welche das Gesamtinteresse der GmbH berühren unterliegen der Beschlussfassung durch die Gesamtgeschäftsführung. Hierzu zählen insbesondere
   - [je nach konkretem Unternehmen].
2. Beschlüsse der Gesamtgeschäftsführung sind jedenfalls erforderlich für:
   - sämtliche Angelegenheiten, in denen ein Geschäftsführer die Entscheidung durch die gesamte Geschäftsführung verlangt,
   - sämtliche Geschäfte, die der Zustimmung der Generalversammlung bedürfen,
   - sämtliche Geschäfte, die der Zustimmung eines allenfalls eingerichteten Aufsichtsrats bedürfen,
   - Finanzierungsgeschäfte ab einem Wert von € 50.000,--,
   - Anschaffungsgeschäfte und Investitionen ab einem Wert von € 50.000,--,
   - Einleitung oder Beendigung von Prozessen, ausgenommen Eintreibungsverfahren bis € 5.000,--,

- Prüfungsaufträge an die Revision und Behandlung der entsprechenden Berichte,
- Änderungen der Führungsorganisation und sonstige ressortübergreifende organisatorische Maßnahmen.

3. Jedes Mitglied der Geschäftsführung ist berechtigt, über jede wesentliche Angelegenheit seines Aufgabenbereiches oder des Aufgabenbereiches eines anderen Geschäftsführers unter Angabe des Zwecks und der Gründe die Beschlussfassung in der Gesamtgeschäftsführung zu verlangen.

§ 5. Geschäftsführersitzungen

1. Geschäftsführersitzungen finden regelmäßig, aber zumindest einmal im Monat statt. Als Ort der Sitzung dient grundsätzlich der Sitz der GmbH. Es kann einvernehmlich ein anderer Ort für die Sitzung gewählt werden.
2. Finden Sitzungen nicht regelmäßig zu einem fixen Termin statt, so sind Geschäftsführersitzungen formlos und unter Wahrung einer Frist von vier Tagen einzuberufen. In dringenden Fällen kann die Frist entfallen. Jeder Geschäftsführer hat das Recht, die Einberufung einer Sitzung zu fordern.
3. Die Fassung von Beschlüssen im Umlaufweg (schriftlich, per E-Mail, Telefax), fernmündlich oder in vergleichbarer Form ist zulässig unter der Bedingungen, dass diesem Verfahren von keinem Geschäftsführer ausdrücklich widersprochen wird.
4. Die Sitzungen sind durch die Geschäftsführer zu protokollieren. Das Protokoll ist von allen Geschäftsführern zu unterfertigen. Beschlüsse im Umlaufweg haben in das Protokoll der nächstfolgenden Sitzung aufgenommen zu werden.
5. Die Geschäftsführung ist beschlussfähig, wenn alle Geschäftsführer geladen wurden und zumindest die Hälfte der Geschäftsführer anwesend ist. Jeder Geschäftsführer hat eine Stimme. Beschlüsse werden mit einfacher Mehrheit gefasst. Wurden zwei Geschäftsführer bestellt, haben Beschlüsse einstimmig zu erfolgen. Ist ein Geschäftsführer verhindert, so kann er sich auf Basis einer schriftlichen Erklärung durch einen anderen vertreten lassen.

§ 6. Zustimmungsbedürftige Geschäfte

1. Hinsichtlich der im folgenden genannten Geschäfte und Maßnahmen, die der Zustimmung durch die Generalversammlung der GmbH bedürfen, hat die Geschäftsführung die entsprechende Zustimmung rechtzeitig vorab einzuholen.
2. Folgende Geschäfte bedürfen der vorherigen Zustimmung der Generalversammlung der GmbH:
   - die jährlich zu erstellende Geschäftsplanung inklusive Jahresbudget;
   - die Veräußerung des Unternehmens der Gesellschaft sowie bedeutende Ausweitungen des Unternehmens oder eine grundlegende Änderung des tatsächlich ausgeübten Unternehmensgegenstandes;

- Erwerb und Veräußerung von Gesellschaftsvermögen, falls der Gegenwert in diesem Einzelfall 10 vH des Stammkapitals der Gesellschaft übersteigt;
- Erwerb, Veräußerung sowie Belastung von Liegenschaften für die Gesellschaft oder der Gesellschaft;
- Bestellung und Abberufung von Prokuristen.

§ 7. Informations- und Berichtspflichten

1. Die Geschäftsführer haben die Generalversammlung der GmbH in regelmäßigen Abständen zu informieren, über
   - den Gang der Geschäfte sowie
   - die Lage des Unternehmens

   Die Information erfolgt in Quartalsberichten, allenfalls weiteren regelmäßigen Berichten und einer Abweichungsanalyse.
2. Kommt es zu wesentlichen Abweichungen oder einer Veränderung hinsichtlich von Planwerten, so haben die Geschäftsführer der Generalversammlung der GmbH unaufgefordert Bericht zu erstatten.
3. Die Generalversammlung der GmbH ist uneingeschränkt berechtigt, jederzeit weitere mündliche oder schriftliche Berichte von der Geschäftsführung zu jeder die GmbH betreffenden Angelegenheit zu verlangen.
4. Die Geschäftsführer sind verpflichtet, ein internes Kontrollsystem zu installieren, das den Anforderungen des Unternehmens (§ 22 Abs 1 GmbHG) entspricht.

§ 8. Abwesenheit, Erkrankung und Urlaub

1. Im Fall von Abwesenheit oder Erkrankung haben die Geschäftsführer einander ohne schuldhafte Verzögerung zu informieren.
2. Die Urlaubseinteilung ist zwischen den Geschäftsführern im Einvernehmen festzulegen. Hierbei ist jedenfalls auf die Geschäftsinteressen und die ordnungsgemäße Fortführung der Geschäfte während des Urlaubs Rücksicht zu nehmen.

§ 9. Schlussbestimmungen

1. Die gegenständliche Geschäftsordnung tritt mit dem Tag der Beschlussfassung durch die Generalversammlung am [Datum] in Kraft.
2. Änderungen der Geschäftsordnung erfolgen durch die Generalversammlung.
3. Diese Geschäftsordnung ist jedem der Geschäftsführer nachweislich auszuhändigen.

9.11 Geschäftsbrief

Anmerkung: *Zu den notwendigen Angaben auf Geschäftsbriefen und Bestellscheinen siehe Tz 4.1.6.*

Full-Throttle-Start-Up-Consulting-GmbH
Unternehmensberatung
8020 Graz, Aulus Ageriusstraße 5, Österreich/Austria
Tel. +43 123 456 789   Fax +43 123 456 780   Email: office@fullthrottle.at
www.full-throttle-gmbh.at

Beate Gründer
Beispielweg 58a
8045 Graz

Unser Zeichen/Bearbeiter	Datum
RE1234-2012/Müller	16.2.2016

Zahlungserinnerung

Sehr geehrte Frau Gründer,

nochmals vielen Dank für die Inanspruchnahme unserer Leistungen, die wir zu Ihrer vollsten Zufriedenheit auftragsgemäß erbringen durften.

Unsere diesbezüglich Rechnung Nr. 1234 vom 1.2.2012 iHv € 8.955,20 wurde allerdings trotz Fälligkeit leider noch nicht von Ihnen beglichen. Wir dürfen Ihnen daher beiliegend erneut die gegenständliche Rechnung mit Bitte um unverzügliche Zahlung übermitteln.

Falls der Rechnungsbetrag bereits von Ihnen überwiesen wurde, betrachten Sie dieses Schreiben bitte als gegenstandslos.

Mit freundlichen Grüßen

Full-Throttle-Start-Up-Consulting-GmbH

Georg Mann	Nora Notum
Geschäftsführer	Geschäftsführer

Beilage: 1 Rechnungskopie

Firmenbuchgericht: LG für ZRS Graz | FN: 123456a | Hippo-Bank, BLZ 12345 | Kto. Nr. 1234569
IBAN: AT121234500123456789 | BIC: BKHIPPO | UID: ATU99999999

9.12 Geschäftsführerbestellungsbeschluss

GESELLSCHAFTERBESCHLUSS

der

Durchblickfenster GmbH
mit dem Sitz in Graz

Der alleinige Gesellschafter der Durchblickfenster GmbH fasst hiermit nachstehenden

BESCHLUSS:

Zum Geschäftsführer der Gesellschaft mit der Befugnis, die Gesellschaft selbstständig zu vertreten, wird hiermit bestellt:

Max Mustermann, geb. 2.8.1976, Musterstraße 1, 8010 Graz.

Der bestellte Geschäftsführer nimmt die Bestellung an und vertritt somit die Gesellschaft alleine und selbstständig nach außen.

Graz, am

....
Max Mustermann

9.13 Anmeldung eines neuen Geschäftsführers

Anmerkung: *Zum Thema Geschäftsführerbestellung siehe Tz 3.1.2.7 und 4.1.1.*

An das
Landesgericht für Zivilrechtssachen Graz
– als Firmenbuchgericht –
Marburgerkai 49
8010 Graz

FN: 123456a

Einschreiter:	Lisbeth Menedscher, geboren am 15.4.1956, 8010 Graz, Beispielplatz 1
	als selbstständig vertretungsbefugte Geschäftsführerin der **Durchblickfenster GmbH** mit der Geschäftsanschrift in 8010 Graz, Mustergasse 1
vertreten durch:	Dr. Peter Rechtsfreund, Notar 8020 Graz, Kanzleigasse 11a (als Bevollmächtigter gem § 5 Abs 4a NO)

ANTRAG
auf Eintragung eines Geschäftsführerwechsels

1-fach

2 Beilagen

Mit Generalversammlungsbeschluss vom heutigen Tag wurde:

Frau **Lisbeth Menedscher** mit Wirkung zum 31.8.2011, 24:00, als Geschäftsführerin abberufen und wurde ihr die Entlastung erteilt,

Frau **Barbara Exekjutiv**, geboren am 6.6.1980, mit Wirkung zum 1.9.2011 zur Geschäftsführerin der Durchblickfenster GmbH bestellt. Sie vertritt selbstständig.

Vorgelegt werden:

./A Beurkundung der außerordentlichen Generalversammlung vom 25.8.2011,

./B die Musterzeichnungserklärung des neu bestellten Geschäftsführers

Es ergeht sohin der

ANTRAG

um Bewilligung nachfolgender Eintragungen in das Firmenbuch:

(Löschungen sind seitlich mit dem Zeichen # gekennzeichnet)

GESCHÄFTSFÜHRER (handelsrechtlich)

Lisbeth Menedscher, geboren am 15.4.1956, 8010 Graz, Beispielplatz 1

vertritt selbstständig seit 1.5.1992

Barbara Exekjutiv, geboren am 6.6.1980

vertritt selbstständig seit 1.9.2011

PERSONEN

Lisbeth Menedscher, geboren am 15.4.1956
Beispielplatz 1
8010 Graz

Barbara Exekjutiv, geboren am 6.6.1980
Musterstraße 99
8020 Graz

Graz, am

(notariell) beglaubigte Unterschrift der Geschäftsführer in vertretungsbefugter Zahl

9.14 Musterzeichnungserklärung

Dient zur Vorlage beim Landesgericht für Zivilrechtssachen Graz

MUSTERZEICHNUNGSERKLÄRUNG

Ich, **Barbara Exekjutiv**, geb. am 6.6.1980, Musterweg 7, 8020 Graz, werde als selbstständig vertretungsbefugte Geschäftsführerin die Firma

Durchblickfenster GmbH

zeichnen wie folgt:

(notariell) beglaubigte Unterschrift
Durchblickfenster GmbH

Graz, am

9.15 Firmenbucheingabe Prokura

Anmerkung: *Zum Thema Prokura siehe Tz 4.2.1.*

An das
Landesgericht für Zivilrechtssachen Graz
– als Firmenbuchgericht –
Marburger Kai 49
8010 Graz

FN 123456a

Einschreiter:	1. Georg Mann, geboren am 1.4.1980, 8010 Graz, Musterstraße 3
	2. Nora Notum, geboren am 24.12.1975, 8045 Graz, Gaiusweg 126a
	als Geschäftsführer der **Full-Throttle-Start-Up-Consulting-GmbH** mit der Geschäftsanschrift 8020 Graz, Aulus Ageriusstraße 5
vertreten durch:	Dr. Lex Imperfecta, Rechtsanwalt 8010 Graz, Anwaltsgasse 4a
	(Vollmacht erteilt, auch zum Empfang von Zustellungen und Geld)

ANTRAG
auf Eintragung einer Prokura

1-fach

Beilagen (1-fach):

./A Gesellschafterbeschluss über Erteilung der Prokura

./B Musterzeichnungserklärung

Die Gesellschafter der Full-Throttle-Start-Up-Consulting-GmbH, mit Sitz in Graz, eingetragen im Firmenbuch des LG für ZRS Graz unter der FN 123456a, haben mit Beschluss vom 15.2.2012 Herrn **Gert Geschäftig** Gesamtprokura erteilt. Mit dem Recht, die Gesellschaft jeweils gemeinsam mit einem Geschäftsführer zu vertreten.

Als gemeinsam vertretungsbefugte Geschäftsführer der Full-Throttle-Start-Up-Consulting-GmbH stellen wir unter Vorlage der genannten Urkunden den

ANTRAG

das LG für Zivilrechtssachen Graz möge folgenden Beschluss fassen und folgende Eintragung vornehmen:

BESCHLUSS

In der Firmenbuchsache mit der Firmenbuchnummer FN 123456a

Full-Throttle-Start-Up-Consulting-GmbH
Aulus Ageriusstraße 5
8020 Graz
Sitz in der politischen Gemeinde Graz

PROKURIST: Gert Geschäftig, geboren am 1.4.1977, 8054 Graz, Gerichtsweg 7a

Er vertritt die Gesellschaft seit 15.2.2012 gemeinsam mit einem Geschäftsführer.

Graz, am

(notariell) beglaubigte Unterschriften der Geschäftsführer in vertretungsbefugter Zahl

9.16 Kapitalerhöhungsbeschluss

Anmerkung: *Zum Thema Kapitalerhöhung siehe Tz 6.2.*

PROTOKOLL

aufgenommen am 1.2.2012 von mir, Klaus Rechtmäßig, öffentlicher Notar mit dem Amtssitz in Graz und der Amtskanzlei in 8020 Graz, Kanzleigasse 3, über die heute in den Geschäftsräumen der „Full-Throttle-Start-Up-Consulting-GmbH" in 8020 Graz, Aulus Ageriusstraße 5 abgehaltene

außerordentliche Generalversammlung

der „Full-Throttle-Start-Up-Consulting-GmbH" mit dem Sitz in Graz.

Anwesend sind die Gesellschafter:

1. Georg Mann, geboren am 1.4.1980, 8010 Graz, Musterstraße 3, als gesamtvertretungsbefugter Geschäftsführer der „Full-Throttle-Start-Up-Consulting-GmbH"
2. Christoph Muster, geboren am 3.3.1979, 8010 Graz, Beispielweg 56

die Geschäftsführerin:

3. Nora Notum, geboren am 24.12.1975, 8045 Graz, Gaiusweg 126a, als Geschäftsführerin der Full-Throttle-Start-Up-Consulting-GmbH;

zur Beurkundung:

4. der gefertigte Notar.

Es wird festgestellt, dass alle Gesellschafter der „Full-Throttle-Start-Up-Consulting-GmbH" mit dem Sitz in Graz und der Geschäftsanschrift 8020 Graz, Aulus Ageriusstraße 5, FN 123456a LG Graz, nämlich Georg Mann und Christoph Muster anwesend sind und sohin das gesamte Stammkapital vertreten ist.

Die genannten Gesellschafter sind mit der Abhaltung dieser Generalversammlung sowie mit der bekannten Tagesordnung und dem Ort der Generalversammlung einverstanden. Die Generalversammlung ist damit zu allen Punkten der Tagesordnung beschlussfähig.

Alle Anwesenden stimmen dem Vorsitz durch Christoph Muster zu.

Die Tagesordnung wird wie folgt erledigt:

Die Generalversammlung fasst zu diesem Tagesordnungspunkt einstimmig folgende Beschlüsse:

1. Das Stammkapital der Gesellschaft wird von € 35.000,-- um zur Gänze bar einzuzahlende € 35.000,-- auf € 70.000,-- erhöht.
2. Alle bisherigen Gesellschafter werden zur Übernahme der durch die Erhöhung des Stammkapitals geschaffenen neuen Stammeinlage im Verhältnis ihrer bisher übernommenen Stammeinlagen zugelassen.
3. Der Kapitalerhöhungsbetrag ist zur Gänze innerhalb von 21 Tagen ab heute gerechnet bar auf das Konto Nr. 123456789 bei der Hippo Bank, BLZ 12345, einzuzahlen.
4. Die mit der Kapitalerhöhung verbundenen Kosten und Abgaben (inklusive Gesellschaftssteuer sowie gerichtliche Eintragungsgebühren) werden von der Gesellschaft getragen.
5. Der Gesellschaftsvertrag wird in § 3 dahingehend geändert, dass er in den Punkten 1. und 3. künftig lautet wie folgt:
„Das Stammkapital beträgt € 70.000,--."
„Das Stammkapital wird von den Gesellschaftern mit folgenden Stammeinlagen übernommen: Christoph € 45.500,-- und Georg € 24.500,--."

Nachdem alle Tagesordnungspunkte erledigt wurden, schließt der Vorsitzende die außerordentliche Generalversammlung.

Hierüber wurde dieses Protokoll aufgenommen, gelesen, genehmigt und gefertigt.

Graz, am

Unterschrift des Notars

Unterschrift des Vorsitzenden

9.17 Umlaufbeschluss

Anmerkung: *Zum Thema Beschlussfassung siehe Tz 4.3.*

Full-Throttle-Start-Up-Consulting-GmbH
Unternehmensberatung
8020 Graz, Aulus Ageriusstraße 5, Österreich/Austria
Tel. +43 123 456 789   Fax +43 123 456 780   Email: office@fullthrottle.at
www.full-throttle-gmbh.at

Umlaufbeschluss

Bericht:

Im Rahmen der Gründung der Full-Throttle-Start-Up-Consulting-GmbH wurden zwei Pkw für Unternehmenszwecke angeschafft. Nachdem die beiden Pkw mittlerweile eine Laufleistung von jeweils rund 150.000 km und ein Alter von 3 Jahren aufweisen, soll Ersatz angeschafft werden. Zu diesem Zweck hat die Geschäftsführung mehrere Pkw-Modelle verglichen, um ein Ersatzmodell auszuwählen (siehe Beilage). Als Ergebnis hat sich die Geschäftsführung dazu entschlossen Angebote für den Ankauf von zwei Pkw der Marke „Roman", Modell „Julchen" 1.4 Sport (Listenpreis: € 25.000,--) einzuholen. Die Angebote können wie folgt zusammengefasst werden:

Händler:	angebotener Preis:	Nachlass:
Falke GmbH, Graz	€ 45.000,--	10%
Wald+Wiese GmbH, Graz	€ 47.000,--	6%; darüber hinaus bietet Wald+Wiese ein Servicepaket für 2 Jahre an; das Servicepaket hat einen Gegenwert von € 2.000,--
Reh KG, Leibnitz	€ 40.000,--	20%; das Angebot beinhaltet eine Garantieverlängerung einschließlich Servicepaket und Mobilitätsgarantie für 4 Jahre

ANTRAG

Die Gesellschafter werden ersucht, der Anschaffung von zwei Pkw der Marke „Roman", Modell „Julchen" 1.4 Sport bei der Reh KG um € 40.000,-- inkl Nebenbedingungen, ihre Zustimmung zu erteilen.

Graz, am

Nora Nothum   *Georg Mann*

1) Abstimmung über die Beschlussfassung im Umlaufweg:

Unterschrift, Ort, Datum	stimme zu	stimme nicht zu
Christoph Muster, Graz, 03.02.2016	x	
Georg Mann, Graz, 01.02.2016	x	
Fabian Freund, Wien, 08.02.2016	x	
Ingrid Investorin, Linz, 15.02.2016	x	

2) Abstimmung über die Anschaffung der Pkw wie im Antrag der Geschäftsführung beschrieben:

Unterschrift, Ort, Datum	stimme zu	stimme nicht zu
Christoph Muster, Graz, 03.02.2016	x	
Georg Mann, Graz, 01.02.2016	x	
Fabian Freund, Wien, 08.02.2016		x
Ingrid Investorin, Linz, 15.02.2016	x	

9.18 Abtretungsvertrag

Anmerkung: *Zum Thema Abtretung von Geschäftsanteilen siehe Tz 6.4.*

NOTARIATSAKT

§ 1. Vertragsparteien

Vor mir, Peter Rechtsfreund, öffentlicher Notar mit dem Amtssitz in Graz und der Amtskanzlei in 8020 Graz, Kanzleistraße 11a, sind heute in Graz erschienen Georg Mann und Nora Notum und haben errichtet und zu Akt gegeben nachstehenden

Kauf- und Abtretungsvertrag

abgeschlossen zwischen

1. **Georg Mann**, geboren am 1.4.1980, 8010 Graz, Musterstraße 3, Unternehmer
2. **Nora Notum**, geboren am 24.12.1975, 8045 Graz, Gaiusweg 126a, Angestellte

wie folgt:

§ 2. Vertragsgegenstand

1. Die Gesellschafter der Full-Throttle-Start-Up-Consulting-GmbH mit dem Sitz in Graz und der Geschäftsanschrift Aulus Ageriusstraße 5, 8020 Graz, FN 123456a LG für ZRS Graz, sind
   - Georg Mann, geboren am 1.4.1980, 8010 Graz, Musterstraße 3, mit einem Geschäftsanteil, der einer vollständig geleisteten Stammeinlage im Nominale von € 24.500,-- entspricht, und
   - Christoph Muster, geboren am 3.3.1979, 8010 Graz, Beispielweg 56, mit einem Geschäftsanteil, der einer vollständig geleisteten Stammeinlage im Nominale von € 44.500,-- entspricht.
2. Gegenstand dieses Kauf- und Abtretungsvertrags ist der gesamte Geschäftsanteil von Georg Mann entsprechend einer zur Gänze geleisteten Stammeinlage im Nominale von € 24.500,--; im Folgenden als „abgetretene Beteiligung" bezeichnet.

§ 3. Verkauf, Abtretung

1. Georg Mann verkauft, übergibt und tritt die abgetretene Beteiligung im Nominale von € 24.500,-- an Nora Notum ab.

2. Nora Notum nimmt diese Abtretung an, kauft und übernimmt die abgetretene Beteiligung.
3. Die Abtretung wird mit Errichtung dieses Kauf- und Abtretungsvertrags wirksam. Mit Errichtung dieses Kauf- und Abtretungsvertrags gehen alle mit der abgetretenen Beteiligung verbundenen Rechte und Pflichten, Gefahr und Zufall sowie Nutzen und Lasten auf Nora Notum über. Als Verrechnungsstichtag für das auf die abgetretene Beteiligung entfallende Ergebnis (Bilanzgewinn) gilt jedoch der Beginn des [Datum].

§ 4. Abtretungspreis

Der Abtretungspreis für die abgetretene Beteiligung beträgt € 150.000,--. Er ist 14 Tage ab Errichtung dieses Vertrages zur Zahlung fällig.

§ 5. Übergang von Rechten und Pflichten

1. Nora Notum unterwirft sich allen Bestimmungen des ihr bekannten Gesellschaftsvertrags der Full-Throttle-Start-Up-Consulting-GmbH in der derzeit geltenden Fassung.
2. Nora Notum erwirbt die abgetretene Beteiligung mit allen daraus resultierenden Rechten und Pflichten gegenüber Gesellschaft und Mitgesellschaftern. Der Übergang gilt mit Unterzeichnung des gegenständlichen Vertrages als erfolgt.
3. Nora Notum wird Georg Mann für alle von ihr übernommenen Pflichten und Verbindlichkeiten, die sich aus dem Gesellschaftsverhältnis ergeben, schad- und klaglos halten, sofern keine Verletzung des § 7 vorliegt.

§ 6. Gewährleistung

1. Georg Mann gewährleistet, dass der gegenständliche Geschäftsanteil sein unbeschränktes Eigentum und nicht mit Rechten Dritter belastet ist. Er ist verpflichtet, allfällig auftretende, noch von ihm zu vertretende Verbindlichkeiten ohne Verzug zu berichtigen und Nora Notum in dieser Hinsicht vollkommen schad- und klaglos zu halten.
2. Georg Mann gewährleistet weiters, dass neben dem Gesellschaftsvertrag keine sonstigen Vereinbarungen existieren, die die mit dem gegenständlichen Geschäftsanteil assoziierten Mitgliedschaftsrechte berühren.

§ 7. Schlussbestimmungen

1. Dieser Vertrag unterliegt österreichischem Recht unter Ausschluss der Verweisungsnormen.
2. Sämtliche Streitigkeiten aus diesem Vertrag werden durch das sachlich zuständige Gericht am Wohnsitz von Georg Mann entschieden.

3. Änderungen dieses Vertrages bedürfen der Schriftform, sofern nicht Notariatsaktform erforderlich ist. Dies gilt auch für die Vereinbarung des Abgehens vom Schriftformgebot.
4. Wird oder ist eine Bestimmung dieses Vertrages unzulässig, unwirksam oder undurchsetzbar, beeinträchtigt dies die Zulässigkeit und Wirksamkeit der übrigen Bestimmungen nicht. Die Vertragsparteien haben die betroffene Bestimmung durch eine erlaubte, wirksame und durchsetzbare Bestimmung zu ersetzen, die dem Zweck der zu ersetzenden Bestimmung am nächsten kommt. Das gilt sinngemäß auch für ergänzungsbedürftige Lücken.
5. Alle mit der Errichtung und Durchführung dieses Vertrags verbundenen Kosten und allfällige Abgaben trägt Nora Notum.
6. Das Original des Vertrages geht an Georg Mann. Nora Notum erhält eine beglaubigte Kopie.

Anlagen: Anlage 1 – Liste der (freien) Dienstnehmer

Graz, am

Unterschrift Vertragsparteien

Unterschrift Notar

9.19 Firmenbucheingabe Gesellschafterwechsel

Anmerkung: *Zum Thema Anmeldung eines Gesellschafterwechsels siehe Tz 6.4.*

An das
Landesgericht für Zivilrechtssachen Graz
– als Firmenbuchgericht –
Marburger Kai 49
8010 Graz

FN 123456a

Einschreiter:	Nora Notum, geboren am 24.12.1975, 8045 Graz, Gaiusweg 126a
	als Geschäftsführerin der **Full-Throttle-Start-Up-Consulting-GmbH** mit der Geschäftsanschrift 8020 Graz, Aulus Ageriusstraße 5
vertreten durch:	Dr. Peter Rechtsfreund, Notar 8020 Graz, Kanzleigasse 11a (als Bevollmächtigter gem § 5 Abs 4a NO)

ANTRAG

auf Eintragung eines Gesellschafterwechsels

Beilagen (1-fach):

A./ Abtretungsvertrag

Die **Full-Throttle-Start-Up-Consulting-GmbH** mit Sitz in Graz und der Geschäftsanschrift Aulus Ageriusstraße 5, 8020 Graz ist im Firmenbuch des LG für ZRS Graz unter der FN 123456a protokolliert.

Mit Abtretungsvertrag vom 15.3.2012 hat der Gesellschafter Georg Mann, 8010 Graz, Musterstraße 3, seinen Geschäftsanteil an Nora Notum abgetreten, welcher damit neu in die Gesellschaft eingetreten ist.

Die Zustellanschrift des neuen Gesellschafters ist wie folgt:

Nora Notum
Gaiusweg 126a
8045 Graz

Als allein vertretungsbefugter Geschäftsführer der Full-Throttle-Start-Up-Consulting-GmbH stelle ich unter Vorlage der genannten Urkunden den

ANTRAG

das LG für ZRS Graz möge folgenden Beschluss fassen und folgende Eintragung vornehmen:

1. Löschung des Gesellschafters Georg Mann
2. Eintragung des neuen Gesellschafters
   Nora Notum, mit einer Stammeinlage von   € 12.500,--
   hierauf geleistet   € 12.500,--

Graz, am

Unterschrift der Geschäftsführer in vertretungsbefugter Zahl

9.20 Auflösungsbeschluss

Anmerkung: *Zum Thema Auflösung siehe Tz 7.1.*

PROTOKOLL

aufgenommen am 28.9.2012 von mir, Klaus Rechtmäßig, öffentlicher Notar mit dem Amtssitz in Graz und der Amtskanzlei in 8020 Graz, Kanzleigasse 3, über die heute in den Geschäftsräumen der „Full-Throttle-Start-Up-Consulting-GmbH" in 8020 Graz, Aulus Ageriusstraße 5 abgehaltene

außerordentliche Generalversammlung

der „Full-Throttle-Start-Up-Consulting-GmbH" mit dem Sitz in Graz.

Anwesend sind die Gesellschafter:

1. Georg Mann, geboren am 1.4.1980, 8010 Graz, Musterstraße 3, als gesamtvertretungsbefugter Geschäftsführer der „Full-Throttle-Start-Up-Consulting-GmbH"
2. Christoph Muster, geboren am 3.3.1979, 8010 Graz, Beispielweg 56

die Geschäftsführerin:

3. Nora Notum, geboren am 24.12.1975, 8045 Graz, Gaiusweg 126a, als Geschäftsführer der Full-Throttle-Start-Up-Consulting-GmbH;

zur Beurkundung:

4. der gefertigte Notar.

Es wird festgestellt, dass alle Gesellschafter der „Full-Throttle-Start-Up-Consulting-GmbH" mit dem Sitz in Graz und der Geschäftsanschrift 8020 Graz, Aulus Ageriusstraße 5, FN 123456a LG für ZRS Graz, nämlich Georg Mann und Christoph Muster anwesend sind und sohin das gesamte Stammkapital vertreten ist.

Die genannten Gesellschafter sind mit der Abhaltung dieser Generalversammlung sowie mit der bekannten Tagesordnung und dem Ort der Generalversammlung einverstanden. Die Generalversammlung ist damit zu allen Punkten der Tagesordnung beschlussfähig.

Alle Anwesenden stimmen dem Vorsitz durch Christoph Muster zu.

Die Tagesordnung wird wie folgt erledigt:

Die Generalversammlung fasst zu diesem Tagesordnungspunkt einstimmig folgende Beschlüsse:

1. Die Gesellschaft wird mit Wirkung zum 1.10.2012 aufgelöst. Sie tritt mit diesem Datum in das Stadium der Liquidation. Die Firma der Gesellschaft wird mit dem Zusatz „in Liquidation" ausgestattet. Die Firma wird daher künftig „Full-Throttle-Start-Up-Consulting-GmbH in Liquidation" lauten.
2. Im Hinblick auf die Auflösung und Liquidation der Gesellschaft werden Frau Nora Notum und Herr Georg Mann mit Wirkung zum 30.9.2012 als Geschäftsführer der Gesellschaft abberufen.
3. Herr Georg Mann, geboren am 1.4.1980, 8010 Graz, Musterstraße 3, Gesellschafter, wird mit Wirkung zum 1.10.2012 zum Liquidator der Gesellschaft bestellt. Der Liquidator vertritt die Gesellschaft selbstständig.

Nachdem alle Tagesordnungspunkte erledigt wurden, schließt der Vorsitzende die außerordentliche Generalversammlung.

Hierüber wurde dieses Protokoll aufgenommen, gelesen, genehmigt und gefertigt.

Graz, am

Unterschrift des Notars

Unterschrift des Vorsitzenden

9.21 Firmenbucheingabe Auflösung und Liquidation

An das
Landesgericht für Zivilrechtssachen Graz
– als Firmenbuchgericht –
Marburger Kai 49
8010 Graz

FN 123456a

Einschreiter:	Georg Mann, geboren am 1.4.1980,
	8010 Graz, Musterstraße 3
	als Gesellschafter und Liquidator der **„Full-Throttle-Start-Up-Consulting-GmbH"** mit Sitz in Graz und der Geschäftsanschrift 8020 Graz, Aulus Ageriusstraße 5
vertreten durch:	Dr. Lex Imperfecta, Rechtsanwalt
	8010 Graz, Anwaltsgasse 4a
	(Vollmacht erteilt, auch zum Empfang von Zustellungen und Geld)

ANMELDUNG

der Auflösung und Liquidation der Gesellschaft

1-fach

Beilagen (1-fach):

./A Protokoll über die außerordentliche Generalversammlung vom 28.9.2012

In der außerordentlichen Generalversammlung vom 28.9.2012 wurde beschlossen, die Full-Throttle-Start-Up-Consulting-GmbH mit Wirkung zum 1.10.2012 aufzulösen und in das Stadium der Liquidation treten zu lassen.

Die Firma der Gesellschaft erhält den Zusatz in Liquidation, sodass die Firma der Gesellschaft künftig „Full-Throttle-Start-Up-Consulting-GmbH in Liquidation" lautet.

Im Hinblick auf die Auflösung und Liquidation der Gesellschaft wurden Georg Mann und Nora Notum mit Wirkung zum 1.10.2012 als Geschäftsführer abberufen.

Gleichzeitig wurde Herr Georg Mann, geboren am 1.4.1980, 8010 Graz, zum Liquidator der Gesellschaft bestellt. Herr Georg Mann vertritt die Gesellschaft selbstständig.

Als selbstständig vertretungsbefugter Liquidator der „Full-Throttle-Start-Up-Consulting-GmbH" mit dem Sitz in Graz stelle ich unter Vorlage der genannten Urkunden den

ANTRAG

das LG für ZRS Graz möge folgenden Beschluss fassen und folgende Eintragung vornehmen:

BESCHLUSS

In der Firmenbuchsache mit der Firmenbuchnummer FN 123456a

Full-Throttle-Start-Up-Consulting-GmbH
Aulus Ageriusstraße 5
8020 Graz
Sitz in der politischen Gemeinde Graz

werden die nachstehenden Eintragungen mit der Eintragungsnummer [Nummer] bewilligt:

(Löschungen sind seitlich mit dem Zeichen # gekennzeichnet):

FIRMA

\# „Full-Throttle-Start-Up-Consulting-GmbH"

„Full-Throttle-Start-Up-Consulting-GmbH in Liquidation"

Generalversammlungsbeschluss vom 28.9.2012

Die Gesellschaft ist aufgelöst.

GESCHÄFTSFÜHRER (handelsrechtlich)

Georg Mann, geboren am 1.4.1980, 8010 Graz, Musterstraße 3

vertritt seit 1.9.2011 gemeinsam mit einem anderen Geschäftsführer

Funktion gelöscht

Nora Notum, geboren am 24.12.1975, 8045 Graz, Gaiusweg 126a

vertritt seit 1.9.2011 gemeinsam mit einem anderen Geschäftsführer

Funktion gelöscht

ABWICKLER, LIQUIDATOR

Georg Mann, geboren am 1.4.1980, 8010 Graz, Musterstraße 3

vertritt seit 1.10.2012 selbstständig

PERSONEN

Georg Mann, geboren am 1.4.1980, 8010 Graz, Musterstraße 3

Funktion gelöscht

Nora Notum, geboren am 24.12.1975, 8045 Graz, Gaiusweg 126a

Funktion gelöscht

Georg Mann, geboren am 1.4.1980, 8010 Graz, Musterstraße 3

Graz, am

(notariell) beglaubigte Unterschrift Liquidator

9.22 Veröffentlichung Gläubigeraufforderung

GLÄUBIGERAUFFORDERUNG

Die Full-Throttle-Start-Up-Consulting-GmbH mit dem Sitz in Graz und der Geschäftsanschrift Aulus Ageriusstraße 5, 8020 Graz, FN 123456a, LG für ZRS Graz, wurde aufgelöst und ist in Liquidation getreten.

Die Gesellschaft führt nun den Zusatz „in Liquidation", die Firma lautet nunmehr „Full-Throttle-Start-Up-Consulting-GmbH in Liquidation".

Die Gläubiger der Gesellschaft werden aufgefordert, sich beim Liquidator der Gesellschaft, Herrn Georg Mann, pA „Full-Throttle-Start-Up-Consulting-GmbH in Liquidation", Aulus Ageriusstraße 5, 8020 Graz, zu melden.

Graz, am

Unterschrift Liquidator

9.23 Firmenbucheingabe Erlöschen der Firma

Anmerkung: *Zum Thema Löschung siehe Tz 7.3.*

An das
Landesgericht für Zivilrechtssachen Graz
– als Firmenbuchgericht –
Marburger Kai 49
8010 Graz

FN 123456a

Einschreiter:	Georg Mann, geboren am 1.4.1980, 8010 Graz, Musterstraße 3
	als Liquidator der **„Full-Throttle-Start-Up-Consulting-GmbH in Liquidation"** mit Sitz in Graz und der Geschäftsanschrift 8020 Graz, Aulus Ageriusstraße 5
vertreten durch:	Dr. Lex Imperfecta, Rechtsanwalt 8010 Graz, Anwaltsgasse 4a (Vollmacht erteilt, auch zum Empfang von Zustellungen und Geld)

ANMELDUNG

des Erlöschens der Firma

1-fach

Die Liquidation der unter „Full-Throttle-Start-Up-Consulting-GmbH in Liquidation", FN 123456a, LG für ZRS Graz, protokollierten Gesellschaft in Liquidation ist abgeschlossen.

Die Bücher und Papiere werden dem Gesellschafter Christoph Muster in Verwahrung gegeben.

Das Erlöschen der Firma wird hiermit zur Eintragung angemeldet.

Graz, am

(notariell) beglaubigte Unterschrift Liquidator

9.24 Antrag auf Eröffnung des Konkursverfahrens

Anmerkung: *Zum Thema Auflösung und Insolvenz bzw Konkurs siehe Tz 7.2.5.*

An das
Landesgericht für Zivilrechtssachen Graz
Marburger Kai 49
8010 Graz

Schuldnerin: Full-Throttle-Start-Up-Consulting-GmbH

8020 Graz, Aulus Ageriusstraße 5

vertreten durch: Dr. Lex Imperfecta, RA in Graz
8010 Graz, Anwaltsgasse 4a
Vollmacht erteilt

ANTRAG

auf Eröffnung des Konkursverfahrens

2-fach

2 Beilagen

Unser Unternehmen wurde am 1.10.2011 unter der Firma Full-Throttle-Start-Up-Consulting-GmbH im Firmenbuch des LG für ZRS Graz zu FN 123456a protokolliert.

Das Stammkapital unseres Unternehmens beträgt € 70.000,--. Es ist voll einbezahlt und wird von Christoph Muster mit einer Stammeinlage von € 45.500,-- und Georg Mann mit einer Stammeinlage von € 24.500,-- gehalten. Geschäftsführer sind Nora Notum und Georg Mann.

Der Standort unseres Unternehmens ist in 8020 Graz, Aulus Ageriusstraße 5.

Betriebsgegenstand unsers Unternehmens ist die Unternehmens- und Existenzgründungsberatung, die Entwicklung von Businessplänen und Vermarktungsstrategien sowie ähnlichen Dienstleistungen, die Veranstaltung und die Abhaltung von Seminaren und Schulungen sowie der Erwerb, der Besitz, die Verwaltung und die Beteiligung an anderen Unternehmen der gleichen oder ähnlichen Art.

Wir beschäftigen derzeit keine Dienstnehmer.

Wir legen einen Status unseres Unternehmens per 30.9.2012 als Beilage ./A sowie eine Kreditorenliste als Beilage ./B vor. Die im Status ausgewiesenen Aktiva belegen, dass ausreichendes Vermögen zur Deckung der Verfahrenskosten vorhanden ist.

Der Kassastand beziffert sich derzeit mit € 4.999,99.

Durch unseren ausgewiesenen Vertreter stellen wir daher den

ANTRAG

auf Eröffnung des Konkursverfahrens.

Graz, am

Unterschrift Geschäftsführer in vertretungsbefugter Zahl

Paragrafenverzeichnis

AbgÄG 2014 130

ABGB
§ 936 45
§ 1016 56
§§ 1072–1079 114
§§ 1153–1164 65
§§ 1165–1171 65
§§ 1175–1216e 17
§ 1299 75
§ 1489 76

AktG 32
§ 39 60
§ 47a 31
§ 79 31
§ 95 36
§ 187 110
§ 215 Abs 1 127
§§ 216 ff 122

AngG
§ 1 65
§ 20 67
§ 27 67

Arbeitsruhegesetz (ARG) 77

Arbeitsvertragsgesetz (ArbVG)
§ 36 88
§ 110 89
§§ 216 ff 39

Arbeitszeitgesetz (AZG) 77

ASchG 77

ASVG
§ 4 Abs 4 65
§ 67 77

BAO
§ 35 42
§ 80 77

EStG
§ 2 Abs 4 Z 2 26

§ 5 .... 26, 31
§ 22 Z 2 65

Firmenbuchgesetz (FBG)
§ 10 Abs 2 125
§ 10 Abs 3 125
§ 39 128
§ 39 Abs 1 123
§ 40 .... 123, 125, 127

Gerichtsgebührengesetz (GGG) 15
TP 10 .... 15, 57, 59

GesRÄG 2013 .... 129 f

GewO
§ 94 Z 74 .... 49, 63

GmbHG
§ 2 154
§ 6 107
§ 6 Abs 4 .... 64, 96, 100
§ 6a 107
§ 8 103
§ 8 Abs 1 97
§ 8 Abs 2 .... 85, 113
§ 9 77
§ 10 .... 100, 107
§ 10 Abs 3 .... 58, 146
§ 10 Abs 4 .... 59, 74
§ 10 Abs 6 .... 76, 84
§ 10a 60, 107
§ 10b 50, 60
§ 15 54
§§ 15 ff 62
§ 16 Abs 2 66
§ 16 Abs 3 66
§ 16a 68, 119
§ 18 57
§ 20 68
§ 21 70
§ 21 Abs 2 71
§ 22 Abs 1 158
§ 22 Abs 2 98
§ 24 .... 31, 83
§ 24 Abs 3 74

§ 25	56, 68, 73, 75 f, 78, 84, 102	§ 41 Abs 2 und 3	86
§ 25 Abs 1a	75	§ 41 Abs 4	83, 87
§ 25 Abs 2	75	§ 42 Abs 4	87
§ 25 Abs 3 Z 1	73	§ 42 Abs 6	87
§ 25 Abs 3 Z 2	73	§ 44	87
§ 25 Abs 4	73	§ 45 Abs 1	99
§ 25 Abs 6	76	§ 48	84
§ 26 Abs 2	74, 77	§ 48 Abs 1	99
§ 27 Abs 7	84	§ 49	85
§ 28a	70	§ 49 ff	105
§ 29 Abs 1	88	§ 50	85
§ 29 Abs 6	88	§ 50 Abs 1	82, 121
§ 30	89	§ 50 Abs 3	49, 82
§ 30a Abs 2	90	§ 50 Abs 4	82, 96, 100, 102
§ 30b Abs 1	89, 99	§ 51	72
§ 30b Abs 5	99	§ 51 Abs 1	83
§ 30c	89	§ 52 Abs 3	96
§ 30d	89	§ 52 Abs 6	73
§ 30f	91	§ 52f	106
§ 30g Abs 1	91	§§ 54 ff	97, 108
§ 30g Abs 3	91	§§ 55 ff	50
§ 30g Abs 4	92	§ 56 Abs 3	77
§ 30i Abs 1	91	§ 58	111
§ 30i Abs 3	91	§ 59	110
§ 30j	89	§ 61 Abs 2	104
§ 30j Abs 1	92	§ 63 ff	100
§ 30j Abs 2	92	§ 64 Abs 1	101
§ 30j Abs 4	80, 92	§ 64 Abs 2	77
§ 30j Abs 5	92	§§ 66 ff	53
§ 30j Abs 6	92	§ 70	53
§ 30k	92	§ 72 Abs 1	84
§ 30l	93	§ 72 Abs 2	102
§ 31	92	§§ 72 ff	101
§ 34 Abs 2	82	§ 73 Abs 2	95
§ 35 Abs 1	83	§ 74	97
§ 36 Abs 1 und 2	80	§ 74 Abs 1	102
§ 36 Abs 2	80, 85	§ 76	85
§ 37	99	§ 76 Abs 1	95
§ 38 Abs 1 bis 3	81	§ 76 Abs 2	95
§ 38 Abs 3	99	§ 76 Abs 3	112
§ 38 Abs 6	81	§ 76 Abs 4	112
§ 38 Abs 6 und 7	81	§ 78	81, 115
§ 39	98	§ 78 Abs 1	95, 112
§ 39 Abs 2	81	§ 78 Abs 2	95
§ 40 Abs 1	83	§ 78 Abs 2 und 3	95
§ 40 Abs 2	83, 98	§ 79	85, 112
§ 41 Abs 1	86	§ 81	112

§ 82	76, 112
§ 82 Abs 1	96 f
§ 82 Abs 2	96 f
§ 82 Abs 3	97
§ 83 Abs 1	97
§ 83 Abs 2	74
§§ 84 ff	121
§ 86	124
§ 89 Abs 2	99
§§ 89 ff	118
§ 94 Abs 2	88
§ 122 Abs 2 Z 1	110

Insolvenzordnung (IO)

§ 66	123
§ 67	123
§ 69	77

Investmentfondsgesetz (InvFG)

§ 2	88

Kapitalberichtigungsgesetz (KapBG) . 107

Kapitalverkehrsteuergesetz (KVG)

§ 10a	146

KStG

§ 19	127
§ 24	31

Notariatsordnung (NO)

§ 5 Abs 4a	161, 173
§ 54	46

Notariatstarifgesetz (NTG) 15

Unternehmensgesetzbuch (UGB)

§ 2	24, 32, 41
§ 14	72
§§ 17 ff	47
§ 38	46
§ 48	78
§ 48 Abs 2	78
§§ 48–53	77
§ 49 Abs 1	78
§ 49 Abs 2	78
§ 50 Abs 1	78
§ 51	78
§ 52 Abs 1	78

§ 53 Abs 1	78
§ 53 Abs 2	78
§ 54 Abs 1	79
§ 54 Abs 2	79
§§ 54-58	77
§ 55	79
§ 57	79
§ 58	79
§ 58 Abs 2	79
§ 58 Abs 3	79
§§ 105–160	23
§ 112	16, 25, 27
§ 118	25, 29
§ 160	24
§§ 161–177	27
§ 178	21
§ 189	20, 26, 31
§ 193	70
§ 221	39, 93, 111
§ 222	70
§ 229	107
§ 231	70
§ 232 Abs 2 Z 22	96
§ 232 Abs 3 Z 21	96
§ 243	70
§ 268	93 f
§ 269	94
§ 275	94

UmgrStG 117
Art III 153

Unternehmensreorganisationsgesetz (URG)

§ 22	80
§ 22 Abs 1	74
§ 25	104
§ 26	74
§ 28	74

UWG 47, 77

Wohnungseigentumsgesetz (WEG)

§ 12	88

Zivilprozessordnung (ZPO)

§ 228	86

Stichwortverzeichnis

Abberufungsklage 66
Ablauf der im Gesellschaftsvertrag bestimmten Zeit 121
Abschlussprüfer 62, 93
Abtretung 170
Abwicklung, OG 27
actio pro socio . *Siehe Mitgliedschaftsklage*
Adoption 14
Aktiengesellschaft 14, 32
Aktionär 38
Anbietungsrecht 46, 113
Anfechtung 86
Anmeldung 15, 116
Anstellungsverhältnis .... 67 f
Anstellungsvertrag 64, 69
Arbeitnehmervertreter 89
Aufbringung 51
Aufgriffspflicht 141
Aufgriffsrecht .... 46, 113 f
Auflösung 117, 128, 142
– Firmenbucheingabe 177
– Gerichtsbeschluss 125
– Verfügung der Behörde 124
Auflösungsbeschluss 175
Auflösungsgrund 22, 121
– gesellschaftsvertraglich 122
Aufnahmevertrag 22
Aufsichtsrat 34, 36, 41, 62, 69, 88
– Abberufung 89
– Aufgaben 92
– Bestellung 89
– fakultativ 88, 105
– Funktionsdauer 89
– notwendig 88
– Organisation 91
– Pflichten 92
– Rechte 92
– Weisung 70
Aufspaltung 124
Ausfallshaftung 53
Ausschuss 92
Außengesellschaft 19
Außenverhältnis 69
Austritt
– GesbR 22
– KG 29
– OG 26

Bareinlage 51
Bargründung 33, 51
Beendigung 95, 117, 128
– GesbR 22
– KG 29
– OG 26
Beglaubigung 15
Berichtspflicht 158
Beschluss
– Anfechtbarkeit .... 85 f
– fehlerhaft 85
– Nichtigkeit .... 85 f
Betriebsrat 89
Beweislastumkehr 75
Bezugsrecht 96
Buchführungspflicht, OG 26

Deliktsfähigkeit 62
Dienstvertrag, freier 65
Differenzhaftung 60, 104
Doppelvertretung 71
Drittelparität 89
Drittorganschaft 31
Durchgriffsprinzip 16

Ediktsdatei 45
Ehe 14
Einbringungsvertrag 153
Einlage 50
– GesbR 21
– KG 29
– OG 26
Einlagenrückgewähr 55, 97
Einlagepflicht 100
Einpersonengesellschaft 14, 42
Eintragung 57
– konstitutiv 25, 28, 34, 41, 59
Eintragungspflicht 20
Eintritt 95
– GesbR 22
– KG 29
– OG 26
Einzelgeschäftsführung 71
– GesbR 20
Einzelprokura 78
Einzelvertretung 72
Entlastung 76

Erbweg	95
Eröffnungsbilanz	120, 128
Errichtungserklärung	54, 57
Europäische Wirtschaftliche Interessenvereinigung, EWIV	14
Familien-GmbH	41
Filialprokura	78
Firma	46 f, 57, 139
Firmenbuch	15, 64
– Anmeldung	146
– Auflösung und Liquidation	177
– Eintragung	57, 128
– Erlöschen der Firma	181
– Gesellschafterwechsel	173
– Prokura	164
Firmenbuchgericht	89
Fortsetzungsbeschluss	127
Freiberufler	20
Fremdorganschaft	31
Fusion	124, 128
Gebühren, Kapitalgesellschaften	32
Gegenstand	139
Gemeinde	14
Gemeinschaft, familienrechtlich	14
Generalversammlung	41, 62 f, 69, 79, 143
– Beschlussfähigkeit	81
– Beschlussgegenstand	83
– Beschlussmehrheit	81
– Einberufung	80
– Weisungsrecht	69
Genossenschaft	14
Gerichtsbeschluss	128
Gerichtsgebühren	15
Gerichtsstand	144
Gesamtgeschäftsführung	70, 156
Gesamtprokura	78
Gesamtvertretung	57, 72
GesbR	14
– Gesellschaftsvertrag	20
Geschäft	
– außergewöhnlich	25
– gewöhnlich	25
– zustimmungsbedürftig	157
Geschäftsanschrift	57
Geschäftsanteil	50, 140
– Einziehung	111
– Teilung	46, 112, 141
– Übertragung	141

Geschäftsbrief	159
Geschäftsfähigkeit	62
Geschäftsführer	41, 57, 62, 72, 143
– Abberufung	66
– Abwesenheit	158
– Anmeldung	161
– Bestellung	54, 62
– Bestellungsbeschluss	160
– gewerberechtlich	63
– Haftung	56
– Rücktritt	68
– Vertretung	71
– Wechsel	161
Geschäftsführersitzung	157
Geschäftsführung	69
– als Sonderrecht	64
– Aufgaben	155
– GesbR	20
– KG	28
– OG	25
Geschäftsjahr	141
Geschäftsordnung	91, 155
Geschäftsverteilung	156
Geschäftszweig	57
Gesellschaft	
– Fortsetzung	127
– kapitalistische	42
– offene	23
– stille	14
– Vertretung	143
Gesellschafter	95, 140
– Beginn und Ende	95
– Haftung gegenüber Dritten	104
– Pflichten	100
– Rechte	96
– säumig	53
– Vermögensrechte	96
– Weisung	76
Gesellschafterbeschluss	128
– Auflösung	121
Gesellschafterwechsel	111
– Firmenbucheingabe	173
Gesellschaftsformen	13
– ausländische	39
Gesellschaftsrecht	13
Gesellschaftsvermögen	50
– Aktiengesellschaft	32
– GesbR	18
– KG	28

189

– OG 23
Gesellschaftsvertrag   13, 41, 46, 57, 69, 139
– Aktiengesellschaft 32
– Änderung 105
– Checkliste 136
– GesbR 20
– KG 28
– OG 24
– Vorvertrag 137
Gesellschaftszweck 13
Gewährleistung 171
Gewerbeanmeldung 150
Gewerbeausschlussgründe 152
Gewinn
– GesbR 21
– KG 29
– OG 26
Gläubigeraufforderung 180
Gläubigeraufgebot 109
Gläubigeraufruf 109, 128
Gleichbehandlungsgrundsatz 16, 31
GmbH 40
– groß 93
– Größenklassen 93
– klein 93
– kleinst 93
– light 129
– mittelgroß 93
– vor der Eintragung 45
GmbH & Co KG 30
Gründerhaftung 60
Gründerlohn 54
Gründerpersönlichkeit 132
Grundlagengeschäft 20
Gründung 95
– Aktiengesellschaft 34
– Checkliste 132
– gemischt 33, 51
– KG 28
– Offene Gesellschaft 24
– privilegiert .... 50, 52, 60 f
– Rechtsakt 44
Gründungsbericht 58
Gründungshaftung 59
Gründungskosten 54, 144
Gründungsprivilegierung .... 60 f
Gründungsschritte 134
Gründungstheorie 40
Gründungsvorvertrag 45

Haftung 115
– Aktiengesellschaft 32
– bei Übertragung des Geschäftsanteils 104
– des Scheinvertreters 56
– gegenüber den Gesellschaftern 76
– gegenüber der Gesellschaft 72
– gegenüber Gläubigern der Gesellschaft
  und Dritten 77
– gemäß § 39 AktG 60
– GesbR 18
– Geschäftsführer 56
– KG 28
– OG 23
– zur ungeteilten Hand 74
Handelndenhaftung 56
Handlungsfähigkeit 62
Handlungsvollmacht 77, 79
Hauptbuch 15
Hauptversammlung 34, 37, 39
Herrschaftsrechte 98

Indossament 33
Informationspflicht 158
Inhaberaktie 33
Inhaberpapier 111
Innengesellschaft 18
Innenhaftung 72
Innenverhältnis 69
Insichgeschäft 71, 73
Insolvenzverfahren 73
– Ablehnung der Eröffnung 123
Internetadresse 58

Jahresabschluss 94

Kaduzierungsverfahren 53, 95, 111
Kapitalanteil
– OG 26
Kapitalerhöhung 106
– nominelle 107
– ordentliche 106
Kapitalerhöhungsbeschluss 166
Kapitalgesellschaft 14, 30
Kapitalherabsetzung 95, 108
– ordentliche 108
– vereinfacht 110
Kapitalschnitt 111
Kapitalvertreter 89
Klage auf Nichtigerklärung 86

Kollusion 71
Kommanditgesellschaft 14, 27
Kommanditist 27
Komplementär 27
Konkurseröffnung 123, 128
Konkursverfahren
– Antrag auf Eröffnung 183
Konzession 58
Körperschaftssteuer 31
Kreditinstitut, Bestätigung 149
Kündigungsrecht 46, 141

Lagebericht 94
Land- und Forstwirt 20
Liquidation 117, 128, 142
– Firmenbucheingabe 177
– OG 27
Liquidationserlös 96
Liquidationsgewinn 128
Liquidationsüberschuss 125
Liquidatoren 118, 128
– Abberufung 119
– Bestellung 118
– Eintragung ins Firmenbuch 119
– geborene 118
– gekorene 118
– Rechte und Pflichten 120
– Rücktritt 119
Löschung 125

Mangel
– formell 86
– inhaltlich 86
Mantelung 46
Maßnahmen, außerordentliche 20
Mehrheit, einfache 82
Minderheitenrechte 99
Mindestkapital 33, 40
Mitgliedschaftsklage 15, 21
Mitgliedschaftsrechte
– Übertragbarkeit 46
Mitverkaufsrecht .... 46, 113 f
Mitwirkungsklage 66
Musterzeichnungserklärung 58, 163

Nachhaftung 24
Nachschuss 141
Nachschusspflicht 101
Nachtragsliquidation 126, 128
Namensaktie 33

Namensfunktion 47
Nebenleistung 103
Nennbetragsaktie 33
Neueintragung, Kosten 15
Nichtigkeitsklage 122, 128
Niederschrift 83
Nominierungsrecht 64
Notariatsakt 20, 46, 111
Notariatsgebühr 15
Notgeschäftsführer 67

Offene Gesellschaft 14
– Gebühren 23
– Gesellschaftsvertrag 24
– Gründung 24
Orderpapier 111
Organe 62, 69, 143
– Aktiengesellschaft 34
Organhaftung 75
Organisationen des öffentlichen Rechts . 14
Organwalter 69

Passiv vertretungsbefugt 72
Personengesellschaft 14, 15
Privatstiftung 14
Prokura 77
– Firmenbucheingabe 164
Prokurist 72
Prüfberichte 58

Rechtsform 57
Rechtsnatur
– GesbR 18
– KG 28
– OG 23
Rechtspersönlichkeit 18
– Aktiengesellschaft 32
Rechtswidrigkeit 73
Reorganisationsmaßnahmen 74
Ressortverteilung 71, 75
Rübenleistungspflicht 103

Sacheinlage 51
Sacheinlagevertrag 153
Sachgründung 33, 51, 58
Salvatorische Klausel 144
Satzung 34, 118
Satzungsänderung 34
Schadenersatzanspruch 76
Scheinvertreter 56

191

Schlussbilanz 128
Schuldverhältnis 14
Selbstkontrahieren 71
Selbstorganschaft 15
Sitz 46, 48, 57, 139
Sitztheorie 40
Societas Europaea, SE 14, 38
Societas Unius Personae 14
Solennisierung 46
Sonderrecht 46, 100
Spaltung 124, 128
Sparkasse 14
Sparkassenverein 14
Squeeze-out 95
Staat 14
Stammeinlage 46, 50
– gründungsprivilegiert 61
Stammkapital 46, 50, 57, 140
Stellvertreter 91
Stimmrechtsausschluss 82
Stimmrechtsvollmacht 82
Stückaktie 33
SWOT-Analyse 133
Syndikatsvertrag 82

Tochtergesellschaft 42
Trennungsprinzip 30
Treuepflicht 16, 31, 103
Typenzwang 13

Übertragung 95
Übertragung von Todes wegen 115
Umlaufbeschluss 168
Umsatzschwellenwerte 20
Umwandlung 128
– übertragende 124
Unternehmensgegenstand 13, 49, 69
Urkundensammlung 15

Verbot der Einlagenrückgewähr 97
Verein, sonstiger 14
Verkauf 170
Verlust
– GesbR 21
– KG 29
– OG 26
Vermögen, Verteilung 125
Verschmelzung 124
Verschuldensmaßstab, objektiv 75
Versicherungsverein 14
Vertragsgegenstand 170
Vertretung 71, 143
– aktiv 72
– GesbR .... 20 f
– KG 28
– OG 25
Vertretungsbefugnis 57
Vertretungsmangel 63
Vertretungsnotstand 67
Verwaltungsrat 39
Vetorecht 64
Vinkulierung 46, 113
Vorbelastungshaftung 60, 104
Vorbelastungsverbot 60
Vorgesellschaft 55
Vorgründungsgesellschaft 45
Vorkaufsrecht .... 46, 113 f
Vorsitzender 91
Vorstand .... 34 f
Vorvertrag 137

Werkvertrag 65
Wertpapier, negoziabel 111
Wettbewerbsverbot 16, 25, 74
Wiener Zeitung 45, 129
Wirtschaftsprüfer 94

Zweckvermögen 14